U0632923

装备力量的打造者

——全球最有影响力的军工企业

高 丽 秦 利 王 新 主编

国防工业出版社

·北京·

内 容 简 介

军工企业是一个国家战略性产业的重要组成部分，承载着一个国家国防与军队建设、武器装备研制生产与保障的重要任务，其创新能力的高低直接关系到国家核心竞争力的强弱。《装备力量的打造者——全球著名军工企业》一书择取全球综合实力领先的十个著名军工企业，详细描述了各军工企业的发展历程、组织结构、业务产品以及军工合作等内容，帮助读者特别是国防科研人员全面了解这些军工企业的武器装备研制生产能力、创新能力，并通过分析各军工企业在不同时期业务侧重的变化，进而了解其所在国家的国防建设及国防需求的变化，希望为我国军工企业及国防科技的创新发展提供启示和参考。

图书在版编目（CIP）数据

装备力量的打造者：全球最有影响力的军工企业/高丽，秦利，王新主编. —北京：国防工业出版社，2016.6
ISBN 978-7-118-10793-7

Ⅰ.①装… Ⅱ.①高… ②秦… ③王… Ⅲ.①军工企业—工业企业管理—研究—世界 Ⅳ.①F416.48

中国版本图书馆 CIP 数据核字（2016）第 118570 号

※

国防工业出版社出版发行
（北京市海淀区紫竹院南路23号　邮政编码　100048）
北京嘉恒彩色印刷有限责任公司
新华书店经售
*
开本710×1000　1/16　印张13　字数240千字
2016年6月第1版第1次印刷　印数1—2000册　定价56.00元

（本书如有印装错误，我社负责调换）

国防书店：（010）88540777　　　发行邮购：（010）88540776
发行传真：（010）88540755　　　发行业务：（010）88540717

编写人员

主　　编　高丽　秦利　王新
参编人员　（按姓氏笔划排序）

　　　　　　王朝飞　齐　洋　闫庆红　李法勇

　　　　　　张　晓　易利华　周　倩　钱　旭

　　　　　　童　欣

PREFACE / 前言 ▮▮▮

　　当今世界全球化步伐加快，国际政治经济形势趋于复杂，地区冲突、部分国家内乱一直没有间断，国家间、地区间、不同势力间为维护各自利益上演着一幕幕力量博弈的大片，而其中军事力量是无可争议的主角。从美国到俄罗斯、日本，无一不全力发展自身的军事力量，致使先进的武器装备层出不穷，成为本国军事实力、国防实力的具体体现。当这些闪亮登场的武器装备吸引着全球的目光的时候，打造这些武器装备的各国军工企业一次又一次地跃入人们的视线，成为不可忽视的关注目标。

　　军工企业承载着各国国防与军队建设、武器装备研制生产与保障的相关任务，是国家国防与军队建设力量的重要组成部分，是国家国防实力的重要支撑，是国家安全的重要支柱，具有重要的地位和作用。实际上，各国出于国家利益和国防安全的考量，都大力扶持军工企业的发展，从政策、资金和技术上给予军工企业以支持，使军工企业成为相对独立、稳健发展的一个特殊行业。虽然近年来全球整体经济形势不断下滑，西方主要国家发布的国防预算不同程度地缩减，使一些以国防合同为主要收入来源的军工企业受到一定程度的影响。但是，从整体上看，军工企业在传统防务业务受到冲击的情况下，通过培育新的利润增长点、转换军工产品方向、重视新材料和新技术应用等多种方式和途径，不断开拓新的领域。同时，积极开展军民合作，加大军品民用力度，各军工企业之间的相互合作也在不断加强和深化，使自身保障能力不断提升，企业自身的产品生产能力和核心竞争力不断增强。研究军工企业的具体情况，能够加深我们对这些军工企业的全面了解，从它们的发展历程中学习好的做法和经验，为我国军工企业和国防建设的更好发展提供借鉴。

　　本书根据若干著名机构对全球军工企业的评价结果，选择了最具影响力的10家国外军工企业作为研究对象。虽然这10家企业各具特色，具体情况各不相同，但是都具有较长发展历程和很强的整体实力，在某一行业或领域具有不可替代的作用和领军地位，具有雄厚的产品开发能力。本书主要从企业概况、组织机构、军工业务等方面介绍军工企业的情况。其中：企业概况部分，主要介绍各个公司的历史由来、简要的发展历程以及当今各公司在全球军工企业中的地位；组织机构部分，重点介绍与军工业务相关的业务集团与下属企业或相关企业；军工业务部分，是本书的重点，主要关注该企业与军工相关的业务与产品，并对近两年公司获得的部分大额军工合同加以介绍。

通过对每家军工企业进行较为详细的描述，希望读者不仅能对这些军工企业的武器装备研制生产能力、创新能力有一个相对全面的了解，还可以了解该企业与所在国家的政府机构以及与国际上其他国家的政府机构的合作情况，以及这些军工企业之间在某些项目及产品研发、生产上开展合作的情况，等等。此外，本书也为读者提供了进一步开展深入分析研究的线索和基础信息，通过各家军工企业在不同时期业务侧重的变化，了解这些军工企业所在国家的国防建设及相应的国防需求。

需要说明两点：一是本书所提到的防务收入，定义为某公司为国内外国防和政府机构提供的产品与服务所获得的收入，包括武器销售、军事服务等；二是对于各家公司商用及民用部分的业务和产品，本书采取略写或不写的原则。

本书内容均以军工企业官方网站发布的信息作为主要参考依据，由于时间及能力有限，难免有疏漏之处，敬请广大读者批评指正。

CONTENTS / **目录** ||||

第一章

洛克希德·马丁公司

洛克希德·马丁公司是全球领先的航空航天、安全和信息技术公司，也是全球最大的军火商，既是美国国防部的最大防务承包商，也是美国政府在信息技术、系统一体化和培训领域的最大供应商。近年来，洛克希德·马丁公司一直占据斯德哥尔摩国际和平研究所百强军工企业、防务新闻百强军工企业排行榜的榜首。

美国洛克希德·马丁公司由洛克希德公司与马丁·玛丽埃塔公司于 1995 年合并成立，总部位于马里兰州的贝塞斯达。2014 年，洛克希德·马丁公司的净销售额达 456 亿美元，约有 112 000 名员工，其中约一半的员工是科学家、工程师和 IT 专家。

洛克希德公司的历史可追溯至 1912 年成立的 Alco 水上飞机公司，后改名为洛希德飞行器制造公司，并于 1920 年将名称中的洛希德（Loughead）改为洛克希德（Lockheed）。1926 年，艾伦·洛克希德正式成立了洛克希德飞机公司，该公司于 1929 年被底特律飞机公司收购。1934 年，罗伯特·E·格劳斯从底特律飞机公司手中购买了洛克希德飞机公司，将其进行重组并更名为洛克希德公司。之后洛克希德公司不断开发新的航空航天产品、武器等，如 C-130"大力神"运输机、两倍音速战斗机 F-104、三星宽体喷气客机 L-1011、美国最大的 C-5"银河"喷气运输机等。1943 年，洛克希德公司成立了臭鼬工厂，该工厂承担了大量的技术创新和秘密研究工作。1991 年，洛克希德公司还参与了先进战术战斗机计划的竞标，研制出号称 20 世纪以来最优秀的 F-22 战机。1993 年，洛克希德公司收购了通用动力公司的 F-16 生产部门。

马丁·玛丽埃塔公司成立于 1961 年，由成立于 1928 年的格伦·L·马丁公司与美国玛丽埃塔公司合并组成，是化工、航空航天、电子领域的领导者。1993 年，马丁·玛丽埃塔公司先后收购了通用电气公司的航空航天业务和通用动力公司的航天系统业务单元，并收购了桑迪亚公司，获得了桑迪亚国家实验室的管理合同。

多年来，洛克希德·马丁公司不仅是美国国内首屈一指的军工企业，在全球也处于领先地位。

组织机构

洛克希德·马丁公司将其组织机构按照不同的业务分工，设有 6 个公司，如图 1.1 所示。

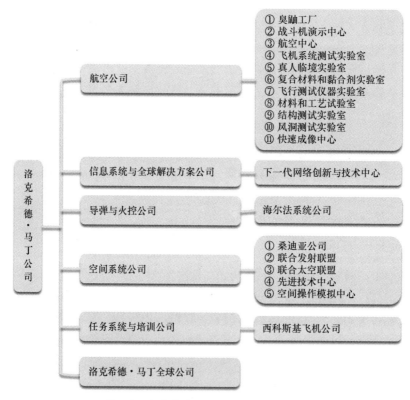

图 1.1 洛克希德·马丁公司组织机构图

一、航空公司

洛克希德·马丁航空公司的总部位于德克萨斯州的福特沃斯，拥有先进的激光超声检测和激光直接制造技术，致力于战术飞机、空运、航空研究的发展。

洛克希德·马丁航空公司知名的项目和产品有第五代战机 F－35 "闪电Ⅱ" 和 F－22 "猛禽"、F－16 "战隼"、C－130J "超级大力神"、第一代隐形战机 F－117 "夜鹰" 以及 C－5M "超级银河" 运输机等，这些都是美国军队的重要装备。

洛克希德·马丁航空公司的实验室和研究中心支持其产品研发、测试、生产及服务的升级。

（一）臭鼬工厂

臭鼬工厂成立于 1943 年，最初是洛克希德公司为满足美国陆军空中战术服务司令部应对德国飞机威胁的需求，而设立的一个喷气式战斗机项目。洛克希德·马丁公司的工程师最初提交的设计方案是 XP－80 流星喷气式战斗机，1943 年 6 月，该设计被采用并由洛克希德公司开始生产，标志着臭鼬工厂的诞生。臭鼬工厂以担任秘密研究计划为主，承载着先进技术的基础研究，并创造了多项突破性的技术、研发了多型里程碑式的飞机，并以隐形飞机和侦察机而闻名，如 U－2 侦察机、SR－71 "黑鸟" 侦察机以及 F－117 "夜鹰" 战斗机和 F－35 "闪电Ⅱ" 战斗机、F－22 "猛禽" 战斗机等。臭鼬工厂的高度自治的管理创新模式是其他军工企业及一般企业学习的样本。2013 年 6 月，臭鼬工厂在其 70 周年纪念宣传片中披露了第六代战机和全球打击系统等未来概念武器。

（二）战斗机演示中心

战斗机演示中心位于阿灵顿，目的是向人们展示洛克希德·马丁公司的第五代战斗机项目 F－35 "闪电Ⅱ" 战斗机和 F－22 "猛禽" 战斗机，该中心主要供美国国防部和国会议员就第五代战斗机项目进行讨论，同时展示产品，也为该项目的合作伙伴如诺斯洛普·格鲁曼公司和普惠公司等提供相关展示服务。

（三）航空中心

航空中心位于玛丽埃塔，是 F－22 "猛禽" 战斗机性能的重要演示中心，设有先进的 F－22 战斗机座舱演示器，提供基于现实威胁场景的空—空、空—地模拟演示，可向人们演示 "猛禽" 战斗机无与伦比的性能，如隐身性能、速度、空气动力学性能等。

（四）飞机系统测试实验室

飞机系统测试实验室的主要工作是进行气流和模型测试、燃料和机载制氮系统测试、飞行器系统测试、综合环境测试、鸟撞测试、机载地面测试、压力和爆破测试等。

（五）真人临境实验室

真人临境实验室的前身是著名的船舶/航空一体化实验室，是一个大型的虚拟现实系统，其技术应用于洛克希德·马丁公司的空间系统公司、创新中心、"灯塔"项目等。该实验室主要提供洞穴状自动虚拟系统、头戴式显示装置、动作捕捉系统、左右手触觉系统、球形摄像机、模拟工具包等。

（六）复合材料和黏合剂实验室

复合材料和黏合剂实验室主要进行流程开发、认证、零件和样品加工、复合材料和结构的修复等活动，为生产和开发试验项目提供支持。

（七）飞行测试仪器实验室

飞行测试仪器实验室的主要活动是将具体的飞行测试装置安装到飞机上，为飞行提供电力恢复、硬件制造组装、仪器仪表安装、应变仪安装等。

（八）材料和工艺实验室

材料和工艺实验室，主要提供化学分析、机械测试、金属/失效分析、非金属材料等。

（九）结构测试实验室

结构测试实验室支持与结构测试有关的所有飞机和大型零件结构的测试，如机身静态和持久性测试、飞机和零件校准测试、质量特性/转动惯量等。

（十）风洞测试实验室

风洞测试实验室主要通过风洞测试为飞行器设计提供数据，包括低速风洞、可压缩流风洞、推力测量装置、先进研发设备、水流装备、试验流体动力学设备等。

（十一）快速成型中心

快速成型中心主要是利用快速成型工具，从计算机辅助设计数据库直接生成3D硬件，包括立体光刻造型、选择性激光烧结、熔融沉积成型、直接金属制造等。

2014年，洛克希德·马丁航空公司的销售收入约149亿美元，约有25 000名员工。

二、信息系统和全球解决方案公司

洛克希德·马丁信息系统和全球解决方案公司是联邦政府服务和信息技术的重要承包商，业务覆盖民用和国防领域，在信息技术解决方案、管理服务及先进技术专业知识等方面提升洛克希德·马丁公司的竞争力。

洛克希德·马丁信息系统和全球解决方案公司旗下的下一代网络创新与技术中心是世界级的技术中心，为网络研发及客户与合作伙伴间的合作与创新活动而设，是可以有效辅助洛克希德·马丁公司的研发、测试设备的最新机构。该中心的活动集中在七大领域的合作，包括可重构的空间、全球网络靶场、云计算平台、绿色IT数据中心、远程监控、高清晰度可视电话会议、全球站点连接等。该中心是洛克希德·马丁公司全球靶场的盖瑟斯堡结点，与全世界的实验室和开发中心联接，该网络的安全性通过高速连接到因特网、本地管理接口、HiWAE、GVNet 及密级网络等来确保。

下一代网络创新与技术中心联合其他一些公司成立了洛克希德·马丁网络安全联盟，该联盟整合了网络安全方面的最好的商业提供方案，将领先的网络安全公司的优势与专业领域知识、"系统级的系统"① 结合，服务于政府的网络安全需要。加入到网络安全联盟中的公司有施耐德电气旗下的美国电力转换公司、加州技术公司、思科公司、戴尔公司、易安信公司及其 RSA 安全部门、惠普公司、英特尔公司、瞻博网络公司、迈克菲公司、微软公司、美国网域存储技术有限公司、威睿公司和赛门铁克公司等。

2014 年，洛克希德·马丁信息系统和全球解决方案公司的销售收入约为78 亿美元，约有 24 000 名员工。

三、导弹和火控公司

洛克希德·马丁导弹和火控公司，以为美国及其盟国军队设计、开发及制造精确交战、航空航天与防务系统而著称，提供空中导弹防御系统、战术导弹、空—地精确打击武器系统、后勤及其他技术服务、火控系统、任务作战支持、备战、工程支持、载人和无人地面车辆、工程服务、全球飞行解决方案、C^4ISR② 产品支持、威胁应对服务等，同时也为全球的民用核能源产业及军队的绿色能源计划提供产品和服务。

洛克希德·马丁导弹和火控公司在全球 50 多个国家设有 50 多条产品和服务线，其业务与产品主要集中在以下领域：

- 空中及导弹防御领域的产品采用经过实战验证的"直接碰撞动能杀伤"③ 技术，增强其打击能力。
- 火控和态势感知④领域，导弹和火控公司是世界领先的旋翼和固定翼飞机的精确瞄准和导航系统的提供商，为全球 25 个国家提供超过7 600套电光和雷达系统。
- 地面车辆领域，有几十年的设计、开发、生产地面车辆的经验，将其专业的标志系统融入到一系列的载人和无人军用车辆上，并将其纯熟

---

① Systems – of – Systems（SoS），也称"系统之系统"、"成体系系统"，是上下关联的多个分散且独立的系统，是面向任务的系统集合体，它共享其中每个子系统的资源和性能，其功能和性能超过其中单一系统的总和。

② C^4ISR 是指 Command，Control，Communication，Computer，Intelligence，Surveillance，Reconnaissance，即指挥、控制、通信、计算机、情报、监视、侦查，一般也称自动化指挥系统。

③ Hit – to – Kill，也称直接碰撞杀伤。

④ Situational Awareness，即态势感知，包括态势觉察、态势理解和态势预测，在航天、空中交通控制、核反应控制、军事战场、网络等领域都有重要应用。

的自主技术应用到一系列的地面平台中。

- ◎ 核系统与解决方案业务在提供海军潜艇、航空母舰、水面舰船的安全关键的核设备和控制系统领域有 50 多年的历史，处于世界领先水平，电子技术的应用产品和系统更有效持久。

- ◎ 打击系统，有先进的制导和搜索系统，提供世界上最先进的空—地精确打击武器。

- ◎ 战术导弹，整合了世界上最好的战术导弹、制导炮弹及发射平台等，其反装甲弹和短距、远程制导炮弹等具有"发射后不管"[①] 的存活能力、超强的杀伤力及精确打击的准确度等。

- ◎ 其他先进系统，该领域的先进系统团队可为工程师提供从无人系统到战场可视化系统等方面的技术、支援、创新和最先进的系统等。

海尔法系统公司是洛克希德·马丁导弹和火控公司的下属公司，于 1995 年由洛克希德·马丁公司和波音公司合资成立，现在是洛克希德·马丁公司的全资子公司。海尔法系统公司位于美国弗罗里达州的奥兰多，是目前唯一一家生产地狱火导弹的公司。海尔法系统公司是美国国防部的百大防务承包商之一，2014 年从美国国防部获得了价值 2.63 亿美元的合同。

2014 年，洛克希德·马丁导弹和火控公司销售收入约 77 亿美元，其中有 68% 来自美国军方及政府客户，主要有美国陆军、美国海军、美国空军、美国海军陆战队、NASA 等。

四、空间系统公司

洛克希德·马丁空间系统公司主要为国家安全领域客户、民用和商用客户设计、开发、测试、生产、运营全方位的先进系统，专注于载人航天、全球通信系统、商业航天、传感与探索系统、导弹防御系统、战略导弹、商业发射系统、监视与导航系统等业务。该公司的主要产品包括载人航天系统和一系列的遥感、导航、气象和通信卫星及设备等，空间观测和行星际飞船、激光雷达、舰队弹道导弹以及导弹防御系统等。洛克希德·马丁空间系统公司比较知名的产品和项目有用潜艇发射的"三叉戟Ⅱ"D5 型舰载弹道导弹、天基红外系统、先进极高频卫星、为 NASA 设计的猎户座多用途载人飞船、全球定位系统Ⅲ、同步运行环境卫星 R 系列、美国海军的新一代窄波段卫星通信系统——移动用户目标系统。

洛克希德·马丁空间系统公司下设有以下重要机构。

（一）桑迪亚公司

桑迪亚公司成立于 1949 年，当时是美国电话电报公司旗下西部电气公司

---

① Fire – and – Forget，即发射后不管，是指导弹有自主引导能力，能自动搜索、跟踪并命中目标，不用发射后再去控制。

的全资子公司，成立不久就开始接手管理桑迪亚国家实验室。1993 年，桑迪亚公司成为洛克希德·马丁公司的全资子公司，负责为美国能源部的国家核安全管理局运营管理桑迪亚国家实验室。

桑迪亚国家实验室源于第二次世界大战时的意在研制原子弹的"曼哈顿计划"①，前身是 1945 年在洛斯阿拉莫斯国家实验室设立的"Z-部门"，负责与洛斯阿拉莫斯国家实验室的设计工作相关的军械设计和组装。1945 年秋，"Z-部门"搬移到桑迪亚基地，并在 1948 年进行重组成为洛斯阿拉莫斯国家实验室的一个分支实验室，命名为桑迪亚国家实验室。1949 年之前，桑迪亚国家实验室由加利福尼亚大学运营，1949 年 11 月 1 日开始由桑迪亚公司运营和管理，并从洛斯阿拉莫斯国家实验室脱离出来成为一个独立的实验室。1979年，桑迪亚实验室被美国国会定位为国家实验室，设在美国能源部的国家核安全管理局名下。现在桑迪亚国家实验室采用政府所有合同运营模式，是美国联邦政府资助的研发中心之一。

桑迪亚国家实验室的使命是成为国家顶级的为国家安全和技术创新服务的科学工程实验室，具体有以下几个方面：

- ☾ 在核武器领域，通过维护、保护核武器库来支持美国的核威慑政策。
- ☾ 在防务系统与评估领域，为美国的防御和国家安全领域提供新的装备。
- ☾ 在能源与气候领域，确保能源与资源的稳定供应，以及保护基础设施。
- ☾ 在国际、国土和核安全领域，聚焦核资产、核材料的保护，宣布核紧急反应，主导全球的核不扩散。

桑迪亚国家实验室的总部位于新墨西哥州，在加利福尼亚州、德克萨斯州、内华达州及夏威夷等地设有测试场或实验室，设有华盛顿项目办公室、卡尔斯巴德项目组、内华达项目组和位于德克萨斯州的武器评估测试实验室，在加利福尼亚州的是其第二大实验室。

- ☾ 托诺帕试验场②是桑迪亚公司于 1957 年为原子能委员会试验导弹和非核原子武器而成立的，位于内华达州，主要为美国能源部、美国国家核安全管理局资助的武器项目进行测试、评估和研发工作，也为其他政府机构及其承包商的武器项目承担测试工作。
- ☾ 考爱岛导弹试验靶场位于夏威夷，是一个火箭发射场，主要为美国政

---

① 随着"曼哈顿计划"的进展而陆续建立起的国家实验室有劳伦斯伯克利国家实验室、洛斯阿拉莫斯国家实验室、橡树岭国家实验室、阿贡国家实验室、阿姆斯国家实验室、布鲁克海文国家实验室、桑迪亚国家实验室等。

② http：//ttr. sandia. gov/.

府机构进行武器研发、测试、评估等。考爱岛导弹试验靶场是租用美国海军位于巴金沙滩的太平洋导弹试验靶场的场地。

● 桑迪亚科技园①建于 1998 年，位于桑迪亚国家实验室附近，由桑迪亚国家实验室资助，由同年成立的桑迪亚科技园开发公司协助管理。

2014 财政年度，桑迪亚国家实验室的运营经费约 26 亿美元，约有 10 800 名员工。

（二）联合发射联盟

联合发射联盟②成立于 2006 年，洛克希德·马丁公司和波音公司各持有 50% 的股份，该公司将发射领域经验最丰富、最成功的发射系统——阿特拉斯（也称宇宙神）和德尔塔——联合起来，为美国国防部、NASA、国家海洋和大气管理局和美国国家侦察局等机构提供空间发射服务。联合发射联盟的发射器有三大家族：阿特拉斯 V、德尔塔 II 和德尔塔 IV。2014 年，联合发射联盟在美国国防部百大防务承包商中名列第 14，从美国国防部获得了 25.19 亿美元的合同。

（三）联合空间联盟

联合空间联盟③成立于 1995 年，由洛克希德·马丁公司和波音公司各持有 50% 的股份。该公司拥有空间飞行操作合同和空间项目操作合同，并且是 NASA 的航天器管理、培训以及国际空间站等项目的主要合作伙伴，并获得 NASA 颁发的质量性能的最高荣誉——乔治·M·罗奖章。

（四）先进技术中心

先进技术中心成立于 20 世纪 50 年代，是综合性的科技中心，也是专注于航空航天领域研发活动的最大的技术中心之一。先进技术中心设有 235 个实验室，其中 42 个实验室致力于飞行硬件研发。先进技术中心的研发领域包括空间科学和仪器设备、建模仿真与信息科学、热科学、材料和结构、先进电信、精确指向与控制、现象学、光学与电光等。

先进技术中心与美国国防部、国土安全部、NASA 等机构的项目开发团队保持强有力的联系，并通过洛克希德·马丁公司更好地提高技术能力，缩短开发时间，减少开发和运行成本。

先进技术中心仅工程师和科学家就有 700 多名，他们致力于将技术突破成果转化为实际的商业解决方案。

2014 年，洛克希德·马丁空间系统公司的销售收入约 81 亿美元，98% 的收入来自美国政府及军方客户。

---

① http://sstp.org/.

② http://www.ulalaunch.com/.

③ http://www.unitedspacealliance.com/.

五、任务系统和培训公司

洛克希德·马丁任务系统和培训公司成立于 2012 年，由之前的海洋系统和传感器业务单元与全球培训和物流业务单元以及电子系统业务单元等联合组成，主要提供系统工程、软件开发、综合项目管理、供应链解决方案和物流服务、全球安全的训练和模拟技术以及民用和商业市场服务。2015 年洛克希德·马丁公司收购美国联合技术公司旗下的西科斯基飞机公司，并将该公司归于任务系统和培训公司。

洛克希德·马丁任务系统和培训公司知名的产品和项目主要有"宙斯盾"作战系统①、F–35"闪电Ⅱ"培训系统、濒海战斗舰、K–MAX 吊运无人直升机、配备有反水面武器系统的世界上最先进的海上直升机——MH–60R 海鹰直升机。

2014 年，洛克希德·马丁任务系统和培训公司的销售收入约 71 亿美元，现有 33 000 多名员工，大部分员工是计算机系统、软件和硬件工程专家。

西科斯基飞机公司②源于 1923 年成立的西科斯基航空工程公司，该公司于 1925 年更名为西科斯基制造公司，后于 1928 年更名为西科斯基航空公司。1929 年，西科斯基航空公司成为美国联合飞机与运输公司的子公司，并于 1934 年更名为西科斯基飞机公司，后归入联合飞机公司即今天的联合技术公司。2015 年，西科斯基飞机公司被洛克希德·马丁公司收购。

西科斯基飞机公司是世界上最大的直升机制造公司之一，在民用直升机、军用直升机和固定翼飞机的设计、制造和服务领域居世界领先地位，并为直升机和固定翼飞机提供备件以及 MRO③ 服务。西科斯基飞机公司是美国海军 UH–60M 黑鹰直升机项目的主承包商，最大的客户是美国国防部。

西科斯基飞机公司的业务覆盖了 5 大洲的 40 个国家，并通过合资公司的方式在美国以外的地方展开业务。在美国，西科斯基飞机公司旗下主要有 3 个公司。

西科斯基吉事通直升机公司主要提供民用飞机组装业务。

西科斯基联合飞机集团公司则主要提供直升机管理、维修及包机业务，还在阿拉巴马州、德克萨斯州、印第安纳州、肯塔基州及蒙大拿州等地设有工程和设计中心。

---

① 洛克希德·马丁公司是"宙斯盾"作战系统的开发者，40 多年来一直是美国海军的"宙斯盾"作战系统工程代理商。

② http://www.sikorsky.com/Pages/Home.aspx.

③ MRO 是 Maintenance, Repair and Overhaul 的缩写，意为飞机维修与翻修，是指对航空器或者航空部件所进行的任何检测、修理、排故、定期检修、翻修和改装工作，涉及民用航空和军用航空领域。

西科斯基航空航天服务公司是公司的全球服务与支援机构，包括西科斯基支持服务公司、直升机支持服务公司、德科航空航天公司。

- 西科斯基支持服务公司成立于 1984 年，总部位于威斯康辛州密尔沃基，设有三个部门：飞机服务部门，负责大型飞机的改进和西科斯基飞机产品的损坏修理；维修服务部门，负责固定翼和旋翼飞机的合同维修和基地支持；现场服务操作部门，主要负责提供现场服务。

- 直升机服务公司成立于 1968 年，1988 年被西科斯基飞机公司收购，位于康涅狄格州的特伦伯尔市，现已成为世界上最大的旋翼飞机售后支持公司，服务全球 75 个国家的客户。

- 德科航空航天公司成立于 1979 年，总部位于威斯康辛州密尔沃基，是世界领先的飞机部件、服务和解决方案提供商，拥有世界上最大和最多样化的飞机零件库存。德科航空航天公司旗下的德科修理服务公司成立于 1986 年，是通过美国联邦航空管理局认证的、洛克希德·马丁 C－130B－H 运输机认证的大修零部件修理中心。

西科斯基飞机公司还设立了第三方的海外客户支持中心，包括位于韩国的韩国时代航空航天公司和英国沃金的曼恩航空集团（工程公司）。

另外，西科斯基飞机公司还与海湾直升机公司签署谅解备忘录，计划在卡塔尔开设卓越航空中心，服务中东地区的客户。

中国自 1984 年起开始从西科斯基飞机公司引进民用直升机，S－76 和 S－92 直升机广泛用于人员运输、搜索救援、要人专机等多个领域。

西科斯基飞机公司与上海雏鹰科技有限公司于 2003 年合资成立上海西科斯基飞机有限公司，为 S－76，S－92，S－300 等直升机项目的中美合作奠定了坚实的基础，同时也为中航工业集团航空产品的全球化采购、美国西科斯基开拓中国直升机市场和后续的航材、售后服务、销售提供支持，建立了坚固的平台。

2014 年，西科斯基飞机公司净销售额达 75 亿美元，约有雇员 15 260 人。

六、洛克希德·马丁全球公司

洛克希德·马丁全球公司成立于 1975 年，是洛克希德·马丁公司的全资子公司，是一个专注于研究、设计、开发、制造高科技产品和服务的全球型企业，主要业务是将洛克希德·马丁公司的产品运送给美国以外的客户，有 3 000 多名员工。

业务与产品

洛克希德·马丁公司的业务总的来说涉及四大板块：航空航天和防务、信息技术、空间业务及新兴业务。

一、航空航天和防务业务

洛克希德·马丁公司的航空航天和防务业务的项目与产品涉及飞机、地面车辆、导弹和制导武器、导弹防御、海军系统、雷达系统、传感器与飞行感知、战术通信、培训和物流、运输与安全管理以及无人系统等。下面分别予以介绍。

1. 飞机

在飞机领域、洛克希德·马丁公司的产品、项目与系统涉及 A-10 "雷电Ⅱ式"攻击机、洛克希德·马丁公司的臭鼬工厂为美国国防部高级研究计划局设计的空中可重构嵌入式系统项目、先进复合材料运输机、高级开发项目、C-130J "超级大力神"、C-5 银河运输机、F-16 战隼、为日本自卫队生产的 F-2 支援战斗机、第五代战机 F-22 "猛禽"和 F-35 "闪电Ⅱ"联合攻击战斗机、混合式飞艇、K-MAX 吊运无人直升机、军民两用"大力神"运输机 LM-100J 和 382J、轻于空气的飞行器的停场系统、MH-60R 海鹰直升机、P-3 "猎户座"海上巡逻机、与韩国航空航天工业公司联合生产的 T-50 多用途教练机（韩国称为"金鹰"教练机）以及 U-2 蛟龙夫人高空侦察机等。以下就 F-35 "闪电Ⅱ"联合攻击战斗机和 C-5M "超级银河"运输机这两个产品项目做重点介绍。

F-35 "闪电Ⅱ"联合攻击战斗机，简称 F-35 "闪电Ⅱ"。F-35 "闪电Ⅱ"计划缘于 20 世纪 90 年代美国国防部的"联合先进攻击机"计划，目的是替代美国空军的 A-10 和 F-16 战斗机、美国海军的 F/A-18 战斗机、美国海军陆战队的鹞式战机，以及至少其他 10 个国家的战斗机等。

F-35 "闪电Ⅱ"是当今世界上最先进的多型号、多功能战机，它融合了雷达隐身技术、先进电子系统、先进的动力系统以及综合一体化的传感器包等，具有高致命性、低成本、高持续性的特点，可进行联网操作，代表了飞机创新史上的一个里程碑。F-35 "闪电Ⅱ"有三种主要型号：F-35A 常规起降型、F-35B 短距/垂直起降型、F-35C 航母舰载型。参与 F-35 "闪电Ⅱ"研制与生产的国家，除美国外，还有英国、意大利、荷兰、土耳其、加拿大、澳大利亚、丹麦和挪威。

C-5M "超级银河"运输机是美国空军最大的、也是唯一战略空运机，是洛克希德·马丁公司在 C-5 银河系列运输机的基础上实施航空电子现代化项目、进行可靠性增强和换发计划改造的结果。与其他飞机相比，C-5M "超级银河"运输机能运载更多的货物（相当于防地雷伏击车辆载重的 6 倍，相当于 5 架直升机的载重），能飞行更远的距离。C-5M "超级银河"运输机自1970 年开始服役，至今拥有 43 项世界纪录，在越南战争、沙漠风暴行动、持久自由行动以及卡特里娜飓风等事件中发挥了重要作用。

另外，洛克希德·马丁公司旗下的西科斯基飞机公司还提供直升飞机业务，其业务和产品涉及民用直升机、军用飞机等，提供飞机备件和 MRO 服务。

（一）民用直升机

西科斯基飞机公司的民用直升机具体如下。

- S-76 直升机系列，如 S-76D 直升机，与先前型号相比，具有巡航速度更快、燃油效率更高、运行更为安静的优点，可用于执行近海石油作业、要客运输、搜救和应急医疗服务等任务。
- S-92 直升机系列，是一款多任务飞机，根据任务不同，有 S-92 搜救直升机、S-92 搜救直升机、S-92 公务直升机、S-92 近海石油直升机、S-92 国家元首直升机等型号。
- 轻型涡轮直升机系列，其最新型的 S-434TM 直升机正在研制。
- 轻型活塞直升机系列，该系列的 S-300CTM 与 S-300CBiTM 直升机被认为是世界上最好的活塞动力直升机。
- 双涡轮螺旋桨飞机，如型号为 M28 的军民两用直升机。

（二）军用直升机

西科斯基飞机公司的军用直升机具体如下。

- 黑鹰直升机系列，如 UH-60 黑鹰直升机、S-70i™ 黑鹰直升机等。西斯科基飞机公司目前最著名产品为 UH-60 黑鹰直升机，美国总统使用的直升机（海军陆战队一号）也一直使用西科斯基公司产品，目前海军陆战队一号机队由一架 VH-3（H-3 海马）和一架 VH-60（UH-60 黑鹰）组成。
- 海鹰直升机系列，目前世界上有 600 多架海鹰直升机在役，著名的型号有 MH-60R 和 MH-60S 直升机，另外该系列还有 S-70B™ 海鹰反潜战/反水面战直升机。
- 双发中型运输机，例如 H-92 超级鹰海上直升机，是 S-92 直升机的变体，具有军用航电系统升级能力，提升了抗弹性，可有效抵抗导弹攻击。
- 重型运输直升机，如 CH-53 军民两用双发重型运输直升机，可用于反潜和救援，可承担大量海陆两栖运输任务，大大增强了美国海军陆战队的海基战略优势。
- 轻型涡轮直升机，例如：269 系列直升机已有超过 3 750 架飞机服役；S-333TM 直升机及在 S-333TM 基础上升级的 S-434TM 直升机，S-434TM 增加了四叶旋翼和驱动系统、升级了传动功能、增加了燃油箱容量。
- H-3 直升机系列，是中型反潜多用途直升机。自 1959 年以来，H-3

系列飞机广泛用于美国海军、美国空军及美国海岸警卫队以及其他国家的军队。

◐ 侦查固定翼飞机，如 SA2 – 37B™ 和 SA – 38B™ 飞机，可用于边境监视、海上和海岸巡逻、信号拦截、雷达探测、药物检测、搜救、数据中继、环境监测、污染探测控制等。

2. 地面车辆

洛克希德·马丁公司的地面车辆产品与系统有无人机动应用系统、下一代通用车辆、"浩劫"多任务地面作战装甲模块车辆、高机动性火箭炮系统、联合轻型战术车辆、轻型装甲车、指挥控制车以及班组任务支援系统等。

3. 导弹和制导武器

洛克希德·马丁公司的导弹和制导武器产品与系统有陆军战术导弹系统 Block ⅠA Unitary、高机动性火箭炮系统、最新型号为"罗密欧"的著名的地狱火导弹Ⅱ、洲际弹道导弹、直接攻击制导火箭弹、为美国国防部高级研究计划局研发的"综合传感器即是结构"（ISIS）① 无人浮空器平台、远程对陆攻击射弹、可发射 AGM – 114 地狱火导弹的 M299 导弹发射器、远程反舰导弹、"标枪"反装甲武器系统、联合空对地距外导弹、多管火箭发射系统 M270A1 和 M270 等。

海军发射与弹药系统包括 MK41 垂直发射系统、单核发射器、可扩展式发射系统、垂直发射反潜火箭、"爱国者先进能力 – 3"导弹、铺路石Ⅱ型双模激光制导炸弹、铺路石Ⅱ增强型激光制导训练设备、铺路石Ⅱ + 激光制导炸弹、减程训练火箭弹、"外科手术刀"超小型制导航空炸弹、战术战斧武器控制系统、三叉戟Ⅱ D5 型舰载弹道导弹等。

4. 导弹防御

洛克希德·马丁公司导弹防御领域的产品、项目与系统有："宙斯盾"作战系统，指挥控制作战管理与通信系统，中程增程空防系统及其内部通信子系统，"爱国者先进能力 – 3"导弹及其分段改进，末段高空区域防御系统等。

5. 海军系统

洛克希德·马丁公司海军系统产品与系统包括：反潜作战训练靶，宙斯盾作战系统，SEA – 4000 水面防空战驱逐舰，濒海战斗舰，MH – 60R 海鹰直升机，马尔林自主水下航行器，多任务战斗舰，海军发射与弹药系统，遥控灭雷系统等。

---

① Integrated Sensor is Structure（ISIS）是美国国防部高级研究计划局的一个项目，是用一组运行于同温层的飞艇来替代几种空中监视平台，包括波音公司的 E – 3 机载预警与控制系统和 E – 8C 联合监视目标攻击雷达系统。2009 年，洛克希德·马丁公司获得美国国防部高级研究计划局价值 4 亿美元的合同，为该项目建造高空飞艇演示机，该飞艇演示机能携带功能强大的雷达，可从 300km 以外发现藏于树冠下的汽车。

6. 雷达系统

洛克希德·马丁公司雷达系统产品与系统及相关项目包括地基空中监视雷达、中程增程防空系统、凤凰眼 AN/APY – 12 雷达、太空篱笆项目、AN/TPQ – 53 反火力目标捕获雷达、战术侦察与反隐藏雷达、三维远征长程雷达等。

7. 传感器与态势感知

洛克希德·马丁公司在传感器与态势感知领域的产品与相关设备包括：涉及定向能和红外对抗的阿库莱特激光解决方案，武装航空侦察机，能够提高地面传感器性能的先进的中央电子单元信号处理器，以及包含了 Dragon Dome™、Dragon Scout™、Dragon Shield™、Dragon Star™、Dragon Stare™、Dragon Den™ 和 Net Dragon 等的情报监视侦察 "龙家族" 系列飞机，该领域还设有机载多情报实验室。

8. 战术通信

洛克希德·马丁公司战术通信领域的产品与系统包括可用于美国海军 MH – 60R 和 MH – 60S 多任务海鹰直升机的通用驾驶舱航空电子包、虚拟平台 Lingo Link™、新型 3G/4G 无线通信系统 MONAX™、战术级作战人员信息网、通用通信平台以及可突出战术优势的 "油石" 网络工具包等。

9. 训练和后勤

洛克希德·马丁公司训练和后勤领域的产品与服务包括 F – 35 "闪电 Ⅱ" 训练系统、全球供应链服务、人类负重外骨骼机器人、"洛马之星" 测试系统、军事飞行训练系统、多功能训练辅助平台、服务于美国海军海上系统司令部的港口提升项目、特种作战部队承包商后勤支持服务、战术作战情景任务演习系统、TTU594A/E 任务备战测试套装、城市作战训练系统、TacScape 产品线（包括防务领域的 Topscene 战术地形可视化系统、TacWarrior、TacScene 和 TacForge，以及民用领域的 GeoSketch）等。

10. 运输与安全管理

洛克希德·马丁公司运输与安全管理领域的产品及服务包括 ATOP 项目①、先进火车管理系统、自动化飞行服务站、航路自动化现代化计划、空中交通管理逻辑套件、"马尔林" 自主水下航行器、海洋 21™ 解决方案、提供空中交通管理解决方案的 "地平线" 计划和 "地平线" 空中交通管理系统等。

11. 无人系统

洛克希德·马丁公司无人系统领域的产品与系统主要包括 "沙漠鹰" Ⅲ 无人机系统、远征地面控制系统、第二代 "猎鹰" 高超音速飞行器、"怒火" 无人机系统、高空飞艇、混合式飞艇、Indago 垂直起降无人机系统、K – MAX® 吊运无人直升机、"马尔林" 自主水下航行器、持续威胁探测系统、遥控灭雷系统、

---

① Advanced Technologies and Oceanic Procedures，先进技术与洋区程序。

班组任务支援无人车辆系统、"沙克芬"电脑系统、"潜行者"无人机、战术侦察与反隐身雷达、舰载监视与打击无人机、垂直起降的先进侦察用嵌入建制无人系统、车辆控制站软件、X56A 多用途气动弹性示范无人机等。

二、信息技术业务

信息技术领域的产品涉及生物信息、云计算、网络安全、健康与生命科学、信息管理等。在网络安全方面，主要提供网络情报企业解决方案、网络情报经营服务、网络情报专业服务、网络杀伤链、网络安全联盟、系统工程生命周期中的安全等，并设有安全情报中心。洛克希德·马丁公司是美国联邦政府信息管理领域最大的供应商之一。

三、空间业务

空间业务领域的产品、系统、项目与相关服务可以分为四大部分：气候监测、卫星产品、太空探索、发射器等。

1. 卫星

卫星项目及产品包括：A1200 卫星，先进极高频卫星，国防气象卫星项目，国防卫星通信系统，用于地球观测与探索的"地球眼－2"卫星，全球定位系统，全球定位系统地面控制部门支持，移动用户目标系统，天基红外系统等。

2. 太空探索

在太空探索方面，洛克希德·马丁公司参与了 NASA 的火星大气与挥发物演化探测器，以及可进行地震调查、测地学和热传递内部探索的"洞察号"火星着陆器等项目，并参与了 NASA 预计于 2016 年发射的"起源—光谱资源解码风化层安全鉴别探测器"项目。另外，洛克希德·马丁公司不仅为 NASA 的宇宙飞船设计、制造、管理界面区成像光谱仪，而且还是"猎户座"多用途载人飞船的主承包商。

3. 发射器

在发射器领域，洛克希德·马丁公司通过"阿特拉斯5"（也称"宇宙神－5"）运载火箭和"雅典娜"系列运载火箭为用户提供发射服务。

四、新兴业务

洛克希德·马丁公司的新兴业务领域涉及的产品有先进航空航天产品、数据分析、机器人、纳米复合材料、可再生能源、科学发现等。

（1）在机器人领域，洛克希德·马丁公司的机器人创新覆盖了灾害反应到深空探测等领域。

● 在人类机能增进方面，有班组任务支援系统，并参加了美国国防部高级研究计划局的机器人挑战赛。

- 在远程操控方面，洛克希德·马丁公司的机器人技术应用于舰载监视与打击无人机、"沙克芬"电脑系统、远征地面控制系统、火星大气与挥发物演化探测器、车辆控制站软件等。

- 在威胁回避方面，洛克希德·马丁公司的机器人技术应用于 K – MAX 吊运无人直升机、"沙漠之狐"、"潜行者"无人机、"怒火"无人机、Indago 垂直起降无人机系统、无人机动应用系统等。

（2）在先进航空航天技术领域，洛克希德·马丁公司主要提供的产品和服务涉及未来空中优势，空中机动性，持续的情报、监视与侦察等。

（3）在数据分析领域，洛克希德·马丁公司主要进行网络安全、预测、医疗分析，以及在洛克希德·马丁公司与南加利福尼亚州大学成立的南加州大学—洛克希德·马丁量子计算中心①进行的量子计算等。

（4）在纳米技术领域，洛克希德·马丁公司主要提供电子与传感器、能源储备、整体计算机材料工程、多功能材料等相关的产品与服务。

（5）在可再生能源领域，洛克希德·马丁公司主要研究智能能源、自然能源和安全能源，如智能电网、太阳能、海洋热能转换、波能、潮汐能、核能等多种能源的生产与使用。

军工合作

作为美国国防部最大的防务承包商，洛克希德·马丁公司在 2014 年从美国国防部获得了价值 253.09 亿美元的合同，占美国国防部授予的总合同金额的 8.84%。同时，洛克希德·马丁公司还为其他国家的国防部门提供军工产品，并与其他军工企业进行军工合作。以下是洛克希德·马丁公司近年获得的部分合同。

- 2014 年 12 月，海尔法系统公司获得对外军售合同，在 2016 年 11 月 30 日前向澳大利亚、伊拉克、卡塔尔、沙特阿拉伯、约旦、印度尼西亚、埃及和黎巴嫩等国提供 2 109 枚地狱火 II 导弹模型，空对地导弹模型如 AGM – 114R、AGM – 114R – 3、AGM – 114P4 – A，以及训练制导导弹 TGM M36E7 和空中训练导弹 ATM – 114Q – 6 等。

- 2014 年 6 月，获得美国空军价值 18.6 亿美元的固定价格合同，为其天基红外系统提供地球同步轨道卫星 GEO – 5 和 GEO – 6。

- 2014 年 6 月，旗下的西科斯基飞机公司获得美国空军授予的一份价值 128 亿美元的工程与制造开发合同，为美国空军开发 UH – 60M 黑鹰直升机的衍变机型，用于执行美国空军的作战搜救任务。

---

① http：//www.isi.edu/research_ groups/quantum_ computing/home.

- 2014 年 6 月，旗下的西科斯基飞机公司与加拿大政府就加拿大海上直升机项目签署补充合同，为加拿大国防部提供 CH-148 飓风直升机，以替换原有的即将退役的海王直升机。

- 2014 年 5 月，旗下的西科斯基飞机公司获得美国海军的一份价值 12.4 亿美元的合同，为美国总统办公室建立一支新的"海军一号"直升机编队，为美国海军陆战队改装、测试并交付 6 架经美国联邦航空局认证的 S-92 直升机和两架训练模拟机。

- 2014 年 4 月，海尔法系统公司获得价值约 2 841 万美元的合同，向沙特阿拉伯、印度尼西亚和约旦出售"地狱火 II"空对地战术集装箱化①模型，涉及的具体型号包括 AGM-114R、AGM-114R-3 和 AGM-114P-4A 等。

- 2014 年 3 月，获得美国海军 6.989 亿美元的合同，为美国海军建造两艘濒海战斗舰。

- 2014 年 3 月，获得美国陆军价值 2.55 亿美元的合同，为其生产制导多管火箭发射系统单一火箭。

- 2013 年，海尔法系统公司获得价值 2.49 亿美元的陆军合同，为沙特阿拉伯、韩国、科威特、荷兰、澳大利亚等国提供 3 318 个"地狱火 II"导弹模型。

- 2013 年 12 月，获得韩国价值 2.23 亿美元的合同，为韩国的 AH-64E 阿帕奇直升机提供现代化目标捕获指示瞄准具/飞行员夜视传感器系统。

- 2013 年 12 月，宣布与日本三菱重工集团合作，共同为日本生产 F-2 式飞机。

- 2013 年 6 月，与其他 14 家公司共同获得美国海军一份价值 9 亿美元的合同，为美国空间和海上作战中心提供作战支持服务。

- 2013 年 4 月，获得美国空军一份为期 5 年、价值 2.49 亿美元的合同，为美国空军的战区作战管理核心系统升级指挥和控制系统。

- 2013 年 4 月，获得美国海军一份价值 5 700 万美元的合同，为美国海军水面舰艇电子战系统改进项目（SEWIP）第二阶段（Block 2），升级舰队电子战防御系统，以应对反舰导弹的威胁。在该合同下，洛克希德·马丁公司负责升级美军所有的航空母舰、巡洋舰、驱逐舰和其他舰船上的 AN/SLQ-32（V）2 系统。

- 2013 年 3 月，获得美国海军一份为期 5 年、价值 1 亿美元的合同，为

---

① 集装箱化是指将武器、装备等与标准化的集装箱结合起来，增强武器、装备在海上、陆地作战的适应性。

美国海军所有的"宙斯盾"舰提供作战系统工程服务，包括设计、开发、整合、测试和寿命周期支持等。

○ 2013 年 1 月，获得 NASA 一份价值 1.67 亿美元的合同，为 NASA 的约翰逊航天中心提供设备开发和操作服务，为人类太空飞行任务提供硬件、软件、数据和显示系统等。

联系方式

地　　址：6801 Rockledge DR Bethesda，MD 20817
联系电话：（201）242 - 4397
E - mail：social. media@ lmco. com
网　　址：http：//www. lockheedmartin. com/

第二章

波音公司

　　波音公司是全球最大的航空航天公司，是世界领先的民用飞机和军用飞机、防务及航天与安全系统制造商，是 NASA 的主要服务承包商和国际空间站的主承包商，还是美国最大的出口制造商之一。同时，波音公司也是世界知名的导弹、防御系统、火箭发动机、卫星、电子等领域产品和服务的提供商。

　　波音公司成立于 1916 年，总部位于美国芝加哥。2014 年，波音公司的总收入达 908 亿美元，研发支出约 30.47 亿美元，在全球近 70 个国家有约 165 500 名雇员。

　　1916 年，波音公司创始人威廉·波音在西雅图成立了太平洋航空产品公司，次年更名为波音飞机公司。1927 年，波音公司的子公司波音航空运输公司成立。1928 年年初，波音飞机公司和波音航空运输公司联合收购了太平洋航空运输公司。同年 10 月，波音飞机与运输公司成立，并收购了波音飞机公司和波音航空运输公司所有的股票，控制了太平洋运输公司。1929 年，波音飞机与运输公司更名为联合飞机与运输公司，并大力扩张，到年底时，旗下的公司包括波音飞机公司、波音航空运输公司、太平洋航空运输公司、钱斯·沃特公司、汉密尔顿金属飞机部门、波音加拿大飞机公司、斯托特航空公司、诺斯洛普飞机公司、斯蒂尔曼飞机公司、西科斯基航空公司、标准钢铁螺旋桨公司、普惠飞机公司等。1934 年，联合飞机与运输公司被拆分成 3 个独立的公司：联合飞机公司、波音飞机公司和联合航空运输公司。第二次世界大战期间，波音飞机公司为美军制造大量的 B－17、B－29 轰炸机，20 世纪 50 年代开发出了 B－47、B－52 军用喷气飞机，并成为主要的小型涡轮发动机生产商。1961 年，波音飞机公司改名为波音公司。

　　成立初期，波音公司以生产军用飞机为主，同时兼顾民用运输机。20 世纪60年代以后，波音公司的主要业务由军用飞机转向民用飞机，先后开发了波音727、波音737、波音747、波音757、波音767、波音777、波音787等一系列型号的飞机，逐步确立了其全球主要民用飞机制造商的地位。美国总统的专机"空军一号"就是由该公司生产的波音707以及波音747改装而成。

　　自20世纪60年代起，波音公司开始频繁参与到美国及其他国家的航天事业中。1961年，波音公司开始为"阿波罗"计划开发"土星五号"第一级助推器。1963年，NASA选择波音公司来制造8艘"绕月轨道器"飞船，以完成近距月球摄影。第一艘波音公司制造的"绕月轨道器"于1966年发射，并向地球传回第一张月球照片。1969年，波音公司开始制造月球漫游车，该漫游车于1971年被宇航员首次在月球上使用。1973年，波音公司开始为美国海军制造导弹巡逻水翼艇。1974年，NASA与波音公司签署制造哈勃太空望远镜部分部件的合同。1978年，波音公司开始生产波音767、波音757飞机。1979年，波音公司制造的AEM-2同温层悬浮微粒和气体实验卫星，被发射到地球轨道①。1985年，波音公司开始着手国际空间站的初步设计，并于1987年赢得了为国际空间站设计生活区和工作区的10年期合同。1990年，波音公司研制的"惯性上面级"②助推器发射了欧洲航空航天局用于研究太阳的"尤利塞斯"号科学探测器。1995年，波音777成为航空史上首款获得美国联邦航空局批准自投入运营起就能进行双发延程飞行③的飞机。

　　20世纪90年代之后，波音公司通过多次收购，不断壮大自己实力，丰富自己的业务和产品。1996年，波音公司收购了罗克韦尔国际公司的航空和国防工业部门，此举让波音公司成为当时全球实力最强的航空公司。1997年，波音公司与原麦克唐纳·道格拉斯公司④（通常称作"麦道公司"）合并，新的波音公司诞生。2000年，对休斯电子公司的航天和通信业务的收购使波音公司拥有了世界领先的天基信息通信⑤技术，随后波音公司收购了全球领先的飞行信息服务供应商杰普逊·桑德森公司⑥。同一年，波音公司还收购了澳大

---

①　Earth Orbit 是指地球围绕太阳运行的路径，大体呈偏心率很小的椭圆形。

②　Inertial Upper Stage（IUS），即惯性上面级，是上面级的一种。上面级是具有自主独立性的飞行器，是航天运输系统的重要组成部分，任务性质介于运载器与航天器之间，可增强运载火箭适应能力，能够完成轨道转移、空间部署等任务。

③　延程飞行是指飞机的运行航路上有一点到合适机场的距离超过60min飞行（以双发涡轮为动力的飞机）或超过180min飞行（以两台以上涡轮发动机为动力的客机）的运行。

④　麦道公司曾是美国最大的军用飞机生产商，著名的F-4"鬼怪"、F-15"鹰"、C-17军用运输机、DC系列以及MD系列民用飞机就产自该公司。

⑤　Space-Based Information 是指通过地球观测、全球卫星导航系统和卫星通信收集、提取到的信息。

⑥　杰普逊·桑德森公司是世界领先的飞行信息、飞行计划服务、航空气象服务、维护信息及航空训练系统供应商，核心业务是航空图和电子导航数据等导航服务，曾在全球航空市场中占有85%的市场份额。

利亚的德哈维兰飞机公司，2009 年将其更名为波音航空结构—澳大利亚公司。随后，波音公司又收购了机场和航空运输解决方案供应商——普雷斯顿航空解决方案公司，航线信息和资料供应商——大陆数据图形公司，机组排班系统供应商——SBS 国际公司和航空业高级维护软件供应商——航空信息系统有限公司。2006 年，波音公司收购了航空航天业务中最大的新型航空零部件及相关售后服务独立供应商——艾维奥公司。

　　波音公司是全球航空航天业翘楚，人们或许对波音公司印象最深的是其民用飞机，但其军工领域的产品和服务在世界军工市场也有着不容忽视的地位。

组织机构

　　波音公司的组织机构按照其业务内容，可以划分为民用飞机集团和防务、航天与安全集团两大业务集团，以及波音资本公司、工程运营技术部、波音共享服务集团、波音国际公司、政府运作办公室等，如图 2.1 所示。

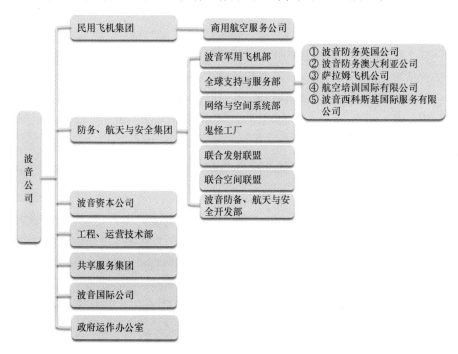

图 2.1　波音公司组织机构图

一、波音民用飞机集团

　　波音民用飞机集团总部位于西雅图，是全球民用飞机的领导者和重要制造商。包括原麦道公司的飞机在内，波音民用飞机集团目前在全球有 10 000 多架民用飞机在役，占全球民用飞机市场份额的3/4。

商用航空服务公司是波音民用飞机集团的下属公司，设有材料服务、编队服务、飞行服务和信息服务等4个业务单元，提供包括零件和库存管理、飞机改进、工程支持、飞行员、维修和客舱安全培训、导航与计划产品、空中交通管理、燃料效率咨询等在内的服务。

波音民用飞机公司有非常著名的5大飞机家族项目，分别是波音737、波音747、波音767、波音777、波音787，另外还有波音商务喷气式飞机和VIP飞机等。

2014年，波音民用飞机集团的收入达599.9亿美元，约有83 000名雇员。

二、波音防务、空间与安全集团

波音防务、空间与安全集团的前身是组建于2002年的波音综合防务系统集团，2010年更名为波音防务、空间与安全集团，总部设在密苏里州的圣路易斯。

波音防务、空间与安全集团在业务上整合了波音公司的防务、空间、情报和通信业务，如军用飞机、卫星和太空飞行，自动化指挥系统与网络等，以及相关的支持服务业务等。波音防务、空间与安全集团下设的机构有：波音军用飞机部，全球支持与服务部，网络与空间系统部，波音鬼怪工厂，联合发射联盟，联合空间联盟，波音防务、空间与安全发展部等。其中，全球支持与服务部又包括波音防务英国公司、波音防务澳大利亚公司、萨拉姆飞机公司、航空培训国际有限公司、波音西科斯基国际服务有限公司等。

2014年，波音防务、空间与安全集团的收入达308.81亿美元，约有53 000名员工。

（一）波音军用飞机部

波音军用飞机部是波音防务、空间与安全集团旗下最大的业务部，主要进行战术、加油和补给等飞机、武器、监视、作战以及无人机载系统等的研发、生产、改进，涉及三个方面：一是用于全球打击的载人和无人军用飞机及武器系统，包括战斗机与武器系统（如联合直接攻击炸弹）；二是垂直升降机业务，包括旋翼和倾转旋翼飞机无人机载系统；三是机动、监视与作战业务，包括指挥与控制、战斗管理、机载系统与反潜、运输机、加油机等。

波音军用飞机部的主要项目包括：EA-18G"咆哮者"电子攻击机，F/A-18E/F"超级大黄蜂"，F-15E"攻击鹰"战斗轰炸机，F-15"沉默鹰"隐身战斗机，CH-47支努干直升机，AH-64阿帕奇武装直升机，AH-6轻型攻击/武装侦察飞机，V-22鱼鹰式倾转旋翼飞机，小型战术无人机系统，H-6U"小鸟"无人直升机，S-100无人机，"扫描鹰"无人机，"综合者"无人机，波音737空中预警管制机，空中预警控制系统，C-17环球霸王Ⅲ，KC-46A加油机项目，P-8A海神和P-8I反潜机等。

2014年，波音军用飞机部的收入约为135.11亿美元，在全球有约21 000

名员工。

（二）全球服务与支持部

波音公司全球服务与支持部通过为其客户提供全面的支持解决方案来实现价值最大化。其业务包括飞机维修、改进和升级，供应链管理，工程和物流支持，飞行员和维修培训，以及其他与防务和政府有关的服务。

一是综合物流服务，提供全方位的飞机和武器系统的寿命周期物流服务，在线、实时、综合的信息系统为该服务提供保证。

二是维修、改进和升级业务，为军事客户提供高质量的、快捷的、价优的飞机服务，其服务中心大多接近已停用的军事设施或军事基地。

三是训练系统和政府服务业务，为国内外的客户提供培训服务，以及物流和资产管理解决方案等，为 24 个使用最新技术的飞机平台培养了约 350 名培训师。该业务单元下设：①波音公司 2008 年收购的专门为美国国防部提供跟踪与配送服务和软件系统的织锦解决方案公司；②波音公司 2012 年收购的面向航空航天国防武器系统和商业航空领域提供领先的企业级 MRO 和后勤支持软件的开发商米罗技术公司。

波音公司全球服务与支持部在全球有 260 多个业务办事处，下属的公司如下。

- ◉ 波音防务英国公司①，成立于 1996 年，在英国设有 27 个办事处，为英国国防部和美国国防部的一些项目提供支持。该公司是英国旋翼飞机的重要提供商，进行分析模型、模拟和试验，提供武器的应用前培训，并参与了 C–17 全球霸王的综合支援专案项目。

- ◉ 波音防务澳大利亚公司②的历史可追溯至 1937 年，在澳大利亚的 13 个办事处主要为澳大利亚国防军及一些国际客户提供支持，涉及的业务包括战术和升降飞机、攻击战斗机支援服务、综合物流支持、建模与仿真，以及监视和行动项目等，是澳大利亚国防军高频通信网络现代化项目和空中防御指挥控制系统的主承包商。

- ◉ 萨拉姆飞机公司③成立于 1988 年，总部位于沙特阿拉伯，波音公司是其最大股东，由波音工业技术集团、沙特阿拉伯航空公司、沙特先进产业公司和海湾投资公司以及国家工业化公司一起出资成立。

- ◉ 航空培训国际有限公司④成立于 1998 年，波音公司和阿古斯特韦斯兰公司各持股 50%，总部位于英国的谢伯恩。该公司的攻击直升机训

---

① http：//www. boeing. co. uk/Products – Services/Boeing – Defence – UK.

② http：//www. boeing. com. au/Boeing – In – Australia/Subsidiaries/Boeing – Defence – Australia.

③ http：//www. alsalam. aero/.

④ http：//www. atil. co. uk/index. htm.

练服务为飞行员、地勤人员和维修人员提供培训解决方案。航空国际培训公司与英国国防部签有为期 20 年的服务合同，为英国陆军的阿帕奇 AH MK1 攻击直升机提供培训服务。

◎ 波音西科斯基国际服务有限公司于 2013 年由波音公司和西科斯基飞机公司合资成立，目的是增强在沙特阿拉伯王国的旋翼飞机编队可持续服务的竞争力。

（三）网络与空间系统部

网络与空间系统部的总部位于弗吉尼亚州的阿灵顿，业务涉及电子和信息化解决方案，以及空间与情报系统、太空探索、战略导弹和防务系统等。

1. 电子与信息解决方案系统业务部

电子与信息解决方案系统业务部位于弗吉尼亚州的费尔法克斯，主要负责开发和提供先进的电子系统，以及网络安全、指挥控制、通信、情报监视与侦察系统解决方案等，该业务部门包含 6 个业务领域。

◎ 先进技术项目，为海上监视、海上声学及特殊项目提供技术解决方案，其专业领域在小型、轻量低功率电子、遥感无人值守传感器、网络通信解决方案、无人水下系统、声学解决方案、任务规划场地支持以及操作支持和支援等。

◎ $C^3$① 解决方案，提供地面指挥控制、机载指挥控制通信系统（即 C^3 系统）、综合网络和战术系统以及高端通信等，包括高级超视距终端系统系列和战斗幸存者定位器通信设备等。

◎ 赛博与安全解决方案，为联邦、商业和国际市场等客户提供赛博监视和数据分析、赛博培训和模拟、安全评估、任务保障及信息作战能力等，并且提供赛博安全解决方案和数据分析。该业务领域设有赛博参与中心，该中心聚集了波音公司的赛博安全专家、客户、合作伙伴以及研究者等，提供用来跟踪和识别赛博渗透的工具，并试验先进的固定和移动赛博解决方案，共享威胁信息。

◎ 电子与传感器解决方案，由波音公司的两个全资子公司组成：一个是亚贡传感系统技术公司②，另一个是数字接收器技术公司③，这两个公司的专业领域主要是应用于空中、陆地和海上的情报监视与侦察任

---

① C^3 是指 Command，Control and Communication，即指挥控制通信。

② 亚贡传感系统技术公司（Argon ST Inc.，http：//www.argonst.com/），于 2004 年由传感系统技术公司与亚贡工程联合公司合并成立，2010 年被波音公司收购。亚贡传感系统技术公司是著名的 C^4ISR 解决方案提供商，主要客户包括美国海军、美国空军及美国国土安全部等。通过对该公司的收购，波音公司增强了其在传感器、通信系统等领域的业务实力。

③ 数字接收器技术公司（Digital Receiver Technology，DRT）成立于 1997 年，2008 年被波音公司收购成为其全资子公司。数字接收器技术公司主要负责设计、制造、销售通信测试与测量设备。

务系统，产品包括舰船信号侦察设备、增强型中空侦察和监视系统、机载可重构多任务情报、监视与侦察系统、灯塔机载通信情报、DRT收集系统等。

◎ 情报系统小组，为美国及其盟国的防务和安全领域提供先进设备的开发、整合和系统应用等，通过收集计划、大数据管理、先进分析流程和确保企业层面的信息分享等来提供服务。

◎ 任务执行业务，主要是为美国情报界、美国国防部及民用和商业客户提供卫星地面系统，同时也提供空间指挥控制及空间态势感知等高专业度的服务。

2. 空间与情报系统业务部

波音空间与情报系统业务部位于加利福尼亚州的埃尔塞贡多，是波音公司提供全方位的空间与试验性系统和政府及商业用卫星的核心部门，该部门涵盖的内容业务如下。

◎ 商业卫星系统，覆盖了通信卫星的设计、整合和测试，应用于商业通信、科学与环境的卫星装备等。1961 年以来，波音公司生产了用于军事和商业及科学领域的一流的太空及通信系统。

◎ 波音商用卫星服务，主要为美国政府及其他卫星用户提供创新性的解决方案。

◎ GPS ⅡF 卫星，为美国军队的卫星无线电导航系统建造 12 颗 GPS ⅡF 卫星。

◎ 追踪与数据中继卫星系统（TDRS），波音公司共生产了 3 颗 TDRS 卫星：TDRS K，TDRS L 和 TDRS M。同时，波音公司也为 NASA 的 TDRS 地面终端提供了升级服务。

◎ 宽波段全球卫星通信，大大增强了士兵的通信能力、覆盖面和操作弹性。

◎ X－37B 轨道试验飞行器，是一款无人太空飞行器，由太阳能提供动力，由美国空军用于探索可重复利用的太空飞行器技术。

3. 太空探索业务部

波音公司太空探索业务部位于德克萨斯州的休斯顿，是全球领先的可重复使用和载人航天的系统与服务提供商，承担的重要项目和提供的服务如下。

◎ 太空发射系统，是 NASA 深空探测项目的重要组成部分，是世界上最大的最可靠的火箭系统。波音公司与 NASA 的马歇尔航天中心合作，负责该系统关键阶段和航空电子的设计、开发、制造和组装。

◎ 发射产品与服务领域，包含波音公司的两个子公司：一个是波音商业太空公司，为海上发射公司提供有效载荷装备及相关服务；另一个是波音发射服务公司，主要为"德尔塔"火箭提供发射服务。

- 波音 CST - 100 载人宇宙飞船，是 NASA 商业载人计划的一部分，首次载人太空飞行预计于 2017 年实现。
- 国际空间站，波音公司是 NASA 国际空间站的主承包商，为国际空间站的美国国家实验室设计制造部件，如远程高级有效载荷测试装置，该实验室可进行生物、物理、材料及地球和空间科学等领域的研究实验。

4. 战略导弹与防御系统业务部

波音公司的战略导弹与防御系统业务部位于阿拉巴马州的亨茨维尔，针对各段（助推、中段、末端）弹道导弹的威胁提供综合的导弹防御解决方案，该业务领域的重要项目及服务如下。

- "长弓"武器系统，由波音公司与以色列航空航天工业公司联合生产，是以色列国防部的第一个具有可操作性的国家导弹防御系统。
- 车载"复仇者"，是美国陆军一款可移动发射、机动的近距空防系统。
- 定向能系统，波音公司在定向能领域是业界的领军者，该系统可通过使用高能激光用于反火箭—火炮—迫击炮系统、反无人机以及反情报监视侦察等。定向能系统领域重要的项目有高能量激光移动实验机器、海军固态激光技术成熟项目、MK38 战术激光武器系统，及空军研究实验室的太空监视系统等。
- 地基中段防御系统，是美国唯一的可以防御远程弹道导弹的系统，波音公司是该系统的主承包商，拥有该系统的开发和维护合同。
- "爱国者先进能力 - 3"导弹系统，使用"直接碰撞动能杀伤"技术来拦截和摧毁战术弹道导弹、巡航导弹和敌军飞机。
- 战略导弹系统，波音公司 50 多年来一直是美国空军陆基洲际弹道导弹系统的重要承包商。

（四）波音鬼怪工厂

波音鬼怪工厂，也称"波音幻影工厂"，其历史可追溯至 20 世纪 50 年代[①]。波音鬼怪工厂的雏形是麦克唐纳飞机公司为其负责的美国海军 F - 4"鬼怪"战斗机项目在圣路易斯战斗机工厂内设立的一个专门从事新产品研制的机构。20 世纪 60 年代，麦克唐纳飞机公司收购道格拉斯飞机公司，成立麦道公司。原麦克唐纳飞机公司为 F - 4"鬼怪"战斗机研制生产而组建的研究团队，逐渐发

---

① 关于波音"鬼怪工厂"的介绍，参考、引用了《大飞机》2014 年 01 期刊载的《波音的"鬼怪工厂"》，作者是蒲小勃、许泽，并由吕剑摘编。

展为麦道公司的"研究发展部"，成为麦道公司的研发核心，为政府承担了一系列"黑色项目"（即涉密项目）的研究。

20世纪90年代，为与洛克希德公司的"臭鼬工厂"竞争，麦道公司创建与之类似的创新研发机构，并希望该机构能够以"鬼怪式"的创新思维帮助各业务集团解决技术难题，提供创新的解决方案。"鬼怪工厂"由此得名。

1995年，麦道公司重新调整研发力量，将为政府从事航宇研究的部门都合并到鬼怪工厂，关闭位于圣地亚哥的麦道技术公司和位于加利福尼亚州长滩的先进运输机发展部，而后者的技术工作也同样合并至鬼怪工厂。此次大规模的调整合并，扩大了鬼怪工厂的影响力，让麦道公司在先进技术的实际应用方面取得了成效。

1997年，波音公司兼并麦道公司，包括鬼怪工厂在内。本次收购中最有价值的收获之一就是获得了鬼怪工厂。鬼怪工厂成为波音公司一部分并继续得到发展，增加了原波音公司在西雅图和帕姆戴尔的人员，在新波音公司防务部门中继续发挥其独特作用，成为波音公司新思想、新技术和新工艺的源泉。

波音公司兼并麦道公司后，鬼怪工厂不仅成为新波音公司的一部分，更成为融合罗克韦尔公司、麦道公司和波音公司的关键。鬼怪工厂与波音公司的原研究机构以及由西雅图飞机制造厂收购的罗克韦尔公司工作组紧密结合，不仅协助将波音公司的运营机构分成3个部分来开发新产品，还作为一个通用技术孵化器来改进整个集团的制造流程，加强了研制与开发新产品的实力。

1999年，波音公司将鬼怪工厂这个研发机构重新定位为一个独立的业务部门，并将其总部从圣路易斯搬至西雅图。迁址西雅图后，鬼怪工厂的基地更接近波音民用飞机集团的工厂，便于综合民用飞机业务，使原波音公司、麦道公司、罗克韦尔公司实现真正的融合。

2010年，随着波音综合防务系统部更名为防务、空间与安全集团，鬼怪工厂被划归至该集团，并进行了重组。整个团队细分为高级系统团队和高级技术团队，前者致力于具体的商业市场，后者致力于为波音公司的所有商业用户提供工程、信息和制造技术支持。

在美国，鬼怪工厂的分支遍布十多个州。这些分支机构的驻地大多有着深厚的航空航天技术专业背景和悠久的型号研制、生产历史，虽然分散各地，却能在鬼怪工厂的统一名号下，分享着丰富的研发资源，同时也能为当地的波音公司下属企业提供更便利的技术支持与保障。

秉持这种就近提供研发支持的理念，鬼怪工厂开始了其全球化的进程。2002年7月，成立于西班牙马德里的波音研究与技术欧洲分部，隶属于鬼怪工厂之下，是从事环境、安全性与可靠性、空中交通管理技术的研究机构。这是波音公司在欧洲的第一个完全自主拥有的研究与发展机构，员工来自欧洲多个国家。

2008 年 1 月，波音公司在澳大利亚建立了鬼怪工厂高级研发分部，这是波音公司扩大澳大利亚业务战略的一部分。新的分部分别以墨尔本和布里斯班为基地，研究涉及先进复合材料、无人机、老化飞机技术、生物燃料、降噪减污、空中交通管理等领域，并与当地研发机构进行合作研究，这被认为是鬼怪工厂推进全球化战略的又一重要步骤。

波音鬼怪工厂下设 4 个业务单元，具体如下。

- 先进军用飞机业务单元，通过创新性的航空航天解决方案为先进攻击、机动、监视和垂直升降等发展可转化的防御能力，著名的产品和项目有"幻影眼"、先进的海军攻击战斗机武器系统以及美国海军的无人舰载空中监视和攻击系统等。

- 先进网络和空间系统业务单元，为国防和民用客户开发新一代网络及太空系统，项目包括"幻影凤凰"纳米/小型卫星、X－51A "乘波者"无人高超声速飞行器、未来太空探索系统等。

- 先进服务业务单元主要负责新业务的开发。

- 战略开发与试验业务单元，设有波音实验室网络，该实验室网络将公司实验室与政府及国内外的商业和民用实验室联系起来。该业务单元下还设有位于圣路易斯的虚拟作战中心、位于澳大利亚的波音系统分析实验室以及波音公司设在安纳海姆和水晶城的研发中心。

（五）联合发射联盟

联合发射联盟[①]成立于 2006 年，洛克希德·马丁公司和波音公司各持有 50% 的股份，该公司将发射领域经验最丰富、最成功的发射系统——阿特拉斯（也称宇宙神）和德尔塔——联合起来，为美国国防部、NASA、国家海洋和大气管理局和美国国家侦察局等机构提供空间发射服务。联合发射联盟的发射器有三大家族：阿特拉斯 V、德尔塔 II 和德尔塔 IV。2014 年，联合发射联盟在美国国防部百大防务承包商中名列第 14，从美国国防部获得了 25.19 亿美元的合同。

（六）联合空间联盟

联合空间联盟[②]成立于 1995 年，由洛克希德·马丁公司和波音公司各持有 50% 的股份。该公司拥有空间飞行操作合同和空间项目操作合同，并且是 NASA 的航天器管理、培训以及国际空间站等项目的主要行业合作伙伴，并获得 NASA 颁发的质量性能的最高荣誉——乔治·M·罗奖章。

（七）波音防务、空间与安全开发部

波音防务、空间与安全开发部拥有在航空和空间飞行器系统、任务系统、

---

① http：//www.ulalaunch.com/.

② http：//www.unitedspacealliance.com/.

测试与工程及项目管理等领域经验丰富的专业人员，旨在确保所属集团的项目的质量，该部门负责的项目有：

- 美国空军 KC – 46 空中加油机；
- 美国空军的总统专机；
- NASA 的 CST – 100 太空飞船；
- 波音公司的 502 "凤凰" 小卫星；
- 波音公司的 777X 商用飞机。

三、波音资本公司

波音资本公司位于华盛顿的兰顿，主要通过与其他业务部门合作，为波音民用飞机、军用飞机、卫星和发射器等产品和服务的销售和交付提供财务支持，是全球金融方案的提供者。2014 年，波音资本公司收入达 4.16 亿美元，约有 160 名员工。

波音资本公司由两个运营小组组成。

- 飞机融资服务小组主要是协助商业飞机客户管理技术资产，构建以资产为基础的财务，并为波音民用飞机公司的产品和服务提供有效的财务解决方案。
- 航天防务融资服务小组成立于 2000 年，主要为政府和商业客户提供构建财务解决方案的服务，包括军事相关的产品、国际防务财务、私人—公共合作伙伴、项目财务、发射器、卫星及相关的太空系统的财务服务等。

四、波音工程运营技术部

波音公司的工程运营技术部的总部位于芝加哥，主要为波音公司各业务部门提供涉及信息技术、研发、测试与评估、一体化企业战略等领域的高质量的技术服务，为确保项目进展顺利，还提供高效的工程、运营、供应商管理支持。

波音工程运营技术部由涉及以下业务的运营小组组成。

- 波音研究与技术小组是波音公司先进的、核心的研发机构。
- 波音测试与评估小组是波音公司内部核心的测试与评估机构，进行飞机产品的飞行测试、空气动力学风洞测试和实验室测试等，以确保波音公司的产品与服务能够符合最高的质量、可靠性、安全性标准。
- 企业技术战略小组负责波音公司长期的技术规划战略。
- 环境、健康与安全小组负责波音公司环境效能和工作场所的安全性的提高与改进。
- 信息技术小组负责各种形式的信息创建、转化、储存、交流及使用。

- 知识产权管理小组负责波音公司的知识产权保护，提供创新能力和竞争优势。
- 工程、运营和供应商管理卓越小组负责确保波音公司及其全球供应链的工程、运营和供应商管理的技术优势。
- 工程运营小组提供预算内的、按期的、高质量的世界级的工程解决方案，并为工程师的职业发展提供改进方案。
- 运营小组确保公司在质量、效率、安全、环境等领域处于领先优势。
- 供应商管理小组确保波音公司的供应商能够有效地协助合作伙伴，在产品开发、寻求供应商、生产、物流及信息系统等领域确保波音公司的全面协调和顺利运转。

五、波音公司共享服务集团

波音公司共享服务集团，为波音公司及其各业务单元提供创新有效的共享服务，为公司航空航天和防务产品提高设计和制造竞争力提供支持。波音公司共享服务集团约有 8 000 名员工。

六、波音国际公司

波音国际公司成立于 2001 年，在全球有 20 多个办事处，主要是通过波音公司与各地的政府建立良好合作关系，使波音公司适应当地的法律、习俗和商业环境，以扩大波音公司的影响力和作用，为波音公司的国际战略和运营提供支持。

七、政府运作办公室

波音公司的政府运作办公室位于弗吉尼亚州的阿灵顿，主要负责波音公司的政府公关工作，是联系波音公司与联邦政府、地方政府及其他机构的纽带。该办公室通过与政府官员和政府机构合作来维护公司利益、提高公司声望和竞争力、赢得项目等。同时，该办公室还与智库机构、公共政策小组及一些国际组织等合作来为波音公司创造更好的发展环境。

业务与产品

波音公司为 150 多个国家的客户提供产品与服务，其业务和产品可以分为三部分：一是民用飞机领域的业务和产品，包括商用航空服务；二是防务业务与产品及相关服务；三是空间业务与产品及相关服务。

一、民用飞机业务

波音公司的民用飞机业务主要是著名的波音五大系列飞机项目：波音737，波音747，波音767，波音777，波音787等。

（1）波音737是中短程、双发动机窄体喷气客机，曾是波音公司历史上最畅销的机型，第三代737系列飞机——新世代737是1993年推出的波音737的升级版，包括波音737-600、737-700、737-800、737-900ER等型号。2011年，波音公司开始研制的新飞机——波音737 MAX，包括737 MAX 7、737 MAX 8和737 MAX 9等型号，计划于2016年首飞，目前已经接到来自17个客户的1 000多架飞机的订单。

（2）波音747即原大型喷气式客机，又称"珍宝客机"，是世界上最易识别的飞机之一，亦是世界首款宽体民用飞机。波音747-8家族飞机是波音747系列第四代，是最新的衍生型号，也是世界上机身最长的民航机，其新机型包括波音747-8洲际客机和波音747-8货机。

（3）波音767是波音公司的一种中到大型宽体双发动机喷气式客机，包括4种型号，其中：客机型号有767-200ER、767-300ER和767-400ER；货机型号有767-300F，军用机型包括波音E-767型预警机、KC-767和KC-46型空中加油机以及VIP运输机。

（4）波音777是长程双发动机宽体客机，是目前全球最大的双发动机宽体客机，包括6种机型：波音777-200，777-200ER，777-300（波音777-200的延长版），777-300ER和777-200LR（世界上航程最长的民用飞机）等客机机型，以及波音777货机。

（5）波音787，亦称"梦幻客机"，是波音公司最新型号的宽体中型客机，是首款使用复合材料建造的主流客机，包含787-3（已取消）、787-8、787-9三种机型。

波音公司民用飞机业务领域还有波音商务喷气式飞机（型号有BBJ、BBJ2、BBJ3、737-700C），以及VIP飞机（包括747-8 VIP、777 VIP、787 VIP等型号）。

波音公司民用飞机业务领域的货机型号有747-8、747-400、747-400ER、777、767-300、737-700C等。

在民用飞机业务领域，波音公司还通过波音商用航空服务公司提供24h的产品、服务支持及综合解决方案，从零配件到飞行员培训、维修、软件解决方案等都在其服务范围之内。

二、防务业务

波音公司提供的防务业务产品和相关服务具体如下。

（一）军用飞机类

1. AH-6 轻型攻击/武装侦察直升机

AH-6 轻型攻击/武装侦察直升机可执行轻型攻击、精确攻击、反装甲、近距作战攻击、侦察、安保与护航、作战搜救等任务。AH-6 轻型攻击/武装侦察直升机的任务计算机可处理大量数据，并快速实现全飞机系统的信息共享，增进了安全性，改进了快速决策功能，提高了空间态势感知能力，减轻了飞行员的负担。

2. AH-64 "阿帕奇" 直升机

AH-64 阿帕奇直升机是现在美国陆军主力的武装直升机，性能卓越、实战表现优异，生存能力强，具有全天候作战能力。阿帕奇直升机的下一代升级版是多任务的 AH-64D 阿帕奇长弓武装直升机，装载有火控雷达。

AH-64 阿帕奇直升机是世界上最先进的多功能作战直升机。自 1984 年向美国陆军交付第一架飞机以来，波音公司已经向其在全球的客户交付了 2 100 架 AH-64 阿帕奇直升机。

3. 波音 737 空中预警管制机

波音 737 空中预警管制机具有卓越的强大的空中监视、通信和战斗管理功能。而 E-3 707 和 E-767 空中预警控制系统则可以满足空中监视和指挥控制需求。

4. B-1B "枪骑兵"

B-1B "枪骑兵" 是一款长距、多任务常规轰炸机，1985 年开始在美国空军服役，曾在阿富汗和伊拉克执行作战任务。

5. B-52 轰炸机

B-52 轰炸机是一种重型轰炸机。B-52H 是 B-52 最后一个正在服役的型号，能够执行实时、常规的全球打击任务，是美军最具战斗力的轰炸机。

6. C-17 "全球霸王" Ⅲ

C-17 "全球霸王" Ⅲ是世界上最先进的多用途运输机，为长距运输飞行设计，可以很好地支持军队的作战任务、灾害反应、人道主义救援及航空医疗后送任务等。截至目前，波音公司已经向美国空军交付 C-17 运输机 223 架，向加拿大、英国等国交付 C-17 运输机 45 架。

7. C-40 系列运输机

C-40 系列运输机包括服役于美国海军的 C-40A，以及服役于美国空军的 C-40B 和 C-40C 等型号。而美国海军陆战队则使用的是 C-40A 的一个变种。C-40 系列运输机可运输货物和乘客，因其高性能、高可靠性而服务不同的任务。

8. CH-47 "支努干" 直升机

CH-47 "支努干" 直升机是一种多功能、双引擎、多任务的重型运输直升机，基本功能是为战场运输部队、大炮、弹药、燃料、水、阻隔材料、供应及装备等，还可以执行医疗后送、灾害救援、搜寻和营救、飞机恢复、消防、降落伞投放、大型工程等任务。

9. EA – 18G "咆哮者" 电子攻击机

EA – 18G "咆哮者" 电子攻击机是在美国海军 F/A – 18E/F "超级大黄蜂" 战斗攻击机的基础之上发展研制而成。EA – 18G 不仅拥有新一代电子对抗设备，同时还保留了 F/A – 18E/F 全部武器系统和优异的机动性能，先进的设计使得其无论在航空母舰的飞行甲板上还是在陆地上都能较好地执行机载电子攻击任务。"咆哮者" 既是当今战斗力最强的电子干扰机，又是电子干扰能力最强的战斗机。

10. F/A – 18E/F "超级大黄蜂"

F/A – 18E/F "超级大黄蜂" 是美国波音公司和麦道公司联合设计生产的一种舰载战斗攻击机，由 F/A – 18C/D 大黄蜂衍生而来，最初在 1995 年试飞。1999 年起 "超级大黄蜂" 陆续进入美国海军服役，以取代老迈的 F – 14 "雄猫式" 战斗机和 A – 6 "闯入者" 攻击机。

11. F – 15E "攻击鹰" 战斗轰炸机

F – 15E "攻击鹰" 战斗轰炸机是美国空军的全天候打击战机，衍生自F – 15战机，可深入打击敌高价值目标，执行密级空中支援任务，进行空陆协同作战。

12. F – 15 "沉默鹰" 隐身战斗机

F – 15 "沉默鹰" 隐身战斗机是 F – 15E "攻击鹰" 的隐身版，机体表面覆盖吸波涂层，具有较好的隐身能力，同时采用了一种可以内置武器挂架的隐形油箱，可以在内部挂架上携带诸如 AIM – 9 "响尾蛇" 近距空空飞弹和AIM – 120先进中距空空飞弹之类的空战武器，也可携带包括 "联合直接攻击弹药" 和 "小直径炸弹" 在内的对地攻击武器。

13. F – 15K "冲击鹰" 攻击战斗机

F – 15K "冲击鹰" 攻击战斗机是波音公司为韩国空军生产的可以执行长距精确打击任务的战斗机，可在免护航的情况下进行全天候作战。F – 15K "冲击鹰" 攻击战斗机是 F – 15E 基础上发展起来的，配备了最新的技术升级系统，更具有杀伤性，生存能力更强、更易维修。

14. "扫描鹰" 无人机

"扫描鹰" 无人机由波音公司与英国因斯图公司联合研制的低成本、长航时的自动无人机，携带红外照相机，能捕捉动态和静态目标，进行实时监控。该无人机完成任务后可由 "天钩" 系统回收，使 "扫描鹰" 摆脱跑道的限制，能在崎岖的山地或舰船上部署，能更好地为美军提供 ISR 能力支持。

15. KC‐46A "飞马" 空中加油机

KC‐46A "飞马" 空中加油机是一种宽体、多任务飞机，采用了最新技术，基于波音767民用飞机改进而成，具有探测、规避、击退威胁的功能，具有高机动性，操作灵活，可向飞行中的飞机加送燃料。该加油机是美国空军为取代KC‐135加油机而提出的解决方案，2011年波音公司被选中为美国空军设计、生产179架KC‐46A加油机。

16. "幻影眼" 无人机

"幻影眼" 无人机使用液态氢作为燃料，能飞到60 000ft的高空，该机型的螺旋桨推进轻型结构使得它能够连续飞行4天，具有很强的搜集数据和信息能力，能展现持久的搜集情报、监视和勘察能力，能够满足美国军方对于高空持续监视的无人机的要求。

17. V‐22鱼鹰式倾转旋翼飞机

V‐22鱼鹰式倾转旋翼飞机是一种由美国贝尔公司和波音公司联合设计制造的、使用倾转旋翼技术的多任务作战飞机。该飞机将直升机的可垂直升降和固定翼螺旋桨飞机的速度快、航程远、油耗低等特点结合起来，2007年开始在美国海军陆战队开始服役。

18. H‐6U "小鸟" 无人直升机

H‐6U "小鸟" 无人直升机是AH‐6I有人侦察直升机的无人机变种，可执行超视距搜寻任务，融合自动化飞行、网络化有效载荷和无人机通信于一体，并辅以旋翼飞机平台。

19. 波音海上监视飞机

波音海上监视飞机有两种：①波音海上监视飞机，配有空中预警控制系统，能够提供先进的情报、监视、侦察功能。②P‐8 "波塞冬" 反潜巡逻机，是波音公司在新一代737‐800飞机的基础上改造升级而成，是世界上最先进的远程反潜和反水面作战飞机，拥有最先进的雷达设备以及鱼雷和反潜导弹，飞行距离和执行任务的时间大为增加，用以取代美国海军服役40多年的P‐3 "奥利安" 巡逻机。P‐8I反潜机（P‐8I）是P‐8A海上巡逻机的一个变种，能够在陆地和水面上空作业，执行反潜作战任务，进行搜索和救援工作，以及远程情报、监视、目标锁定和侦察。相对于P‐8A来说，P‐8I的机动性更强，巡逻范围也更大。

（二）武器

1. 联合直接攻击弹药

联合直接攻击弹药是由波音公司为美国海军和空军联合开发的一种空投炸弹配件，以美国MK‐80系列常规炸弹为基础，加装使用惯性制导和全球卫星定位系统的套件，而成为精确制导武器。该弹药装在由飞机投放的传统炸弹上，将本来无控的传统航空炸弹转变为可控，可在恶劣气象条件下使用。

2. 小直径炸弹

小直径炸弹是波音公司为和洛克希德·马丁公司竞争美国 113kg 小直径炸弹项目而研制的一种新型武器，由美国航空武器中心和空军研究试验室牵头开发。该炸弹的体积是空军现役最小型炸弹的一半，可使飞机携带更多的弹药，攻击指挥控制掩体、防空设施、飞机跑道、导弹阵地、火炮阵地等多种目标。它是美军重点发展的精确制导武器之一，也是美空军全球打击部队的重要机载武器。

3. "鱼叉"导弹

"鱼叉"导弹是一个全天候、超视距的反舰导弹系统，由原麦道公司开发制造。常规的"鱼叉"导弹使用主动雷达导引、低平面、巡航轨道算法等增强存活性和杀伤性，可从固定翼飞机、水面舰船、潜艇等平台发射。"鱼叉"导弹系统也可升级为陆地攻击武器——防区外陆地攻击导弹。

4. 响应增强型防区外对陆攻击导弹

响应增强型防区外对陆攻击导弹，是波音公司为美国空军研制的精确制导、空中发射的巡航导弹，是第一种能够在发射后重新定位目标的武器，在 AGM-84E 防区外陆地攻击导弹的基础上开发而成。该导弹是一种极精确的超地平线空中发射、能够在昼夜和恶劣天气下使用的"人在回路"[①] 或"发射后不管"的精确导弹。它是第一种能够在飞行中利用全球定位系统数据和带有先进数据链的红外寻的器进行目标重新定向的武器，其中先进数据链用于实施对远程陆地或海上目标的精确攻击。

5. 导弹防御

导弹防御领域的重要项目包括：①用于国土防御的地基中段防御系统和激光与电光系统系列。而综合空中导弹防御组合包括箭-3拦截导弹、复仇者空中防御系统，以及使用直接碰撞动能杀伤技术来拦截和摧毁战术弹道导弹、巡航导弹和敌军飞机的"爱国者先进能力-3"导弹系统。②定向能系统可精确消除来自海、陆、空的威胁，波音公司的高能激光移动演示器等定向能产品及系统是一个可追踪并摧毁迫击炮弹和无人机的激光系统，而紧凑激光武器系统则可单独使用或者与车辆/舰船上的武器平台搭配使用。

（三）军用车辆

波音公司的"幻影獾"多功能吉普车可由飞机运送，能够执行中长距作战任务，是世界上最方便运输的作战支持车辆。

（四）网络安全与信息管理

在网络安全与信息管理业务领域，波音公司提供综合配套的网络安全交互

---

① Man-In-The-Loop，即人在回路，是指人工参与来观察、识别、锁定目标，然后转入弹上自动跟踪，或直接操纵导弹攻击目标，是导弹制导的一种方式，已成为解决精确制导武器探测、识别目标和提高命中精度的重要手段，普遍应用于防区外空地导弹。

解决方案，涉及关键基础设施防护网络监视、数据分析、信息安全、任务保障、信息作战等。

1. 箱式网电①

箱式网电是波音公司开发的一个为网络工具和技术提供开发、测试、试验支持的综合系统。该系统可为网络安全业务人员提供培训，是波音公司为培训、平台、演练和评估等开发的有效网络化竞争、虚拟化和集成的硬件和软件解决方案。

箱式网电靶场管理服务②可实现中央集成化的接入靶场管理、控制和使用。波音公司还为客户培训与训练需要提供网络测试预评估服务。

2. 网络防御

波音公司的先进的恶意软件评估服务可对网络流量、网络操作等进行实时监控，快速识别网络威胁。

3. 高级分析

波音公司开发的绊网分析工具③是一个先进的数据分析解决方案，通过快速提取和展示实时的和历史的数据实现全面态势感知，可为国防部及情报界的决策者提供重要的决策参考。美国国防情报局和空军情报分析局都曾使用该工具在美国国防部的涉密网络 SIPRNet④ 中搜索数据。

4. 数据管理

在数据管理领域，波音公司通过其"数据大师"为用户处理、挖掘、传播图像、视频、地图等提供易用可靠的工具，可提供端—端的地理空间信息数据管理解决方案。

5. 信息共享

波音公司的"硬件墙"工具可帮助用户应对信息安全及数据容量不断增大的挑战，可实现快速双向的、跨域的数据转化，以加快信息共享。"硬件墙"是美国跨领域解决方案办公室认证的跨领域解决方案产品。

6. 保密移动通信

波音公司推出的 Black 智能安全手机具有安全性强、保密性强的特点，可对电话信息加密。该手机还进行了硬件加密，并具有自我销毁的功能。Black 智能手机面向的是政府、军队及需要确保通信和数据安全的用户。

7. 数据分析

波音公司的"推斯特"是一个提供数据联合的数据框架体系，具有强大

---

① Cyber – Range – in – a – Box, CRIAB.

② CRIAB Range Management Services.

③ Tripwie Analytic Capability (TAC) Software，可在海量数据中提取所需信息。

④ Secret Internet Protocol Router Network，即机密互联协议路由器网络，是美军在全球范围使用的内联网，用以传输级别高至"机密"一级的信息。

的提取—转化—加载功能，可快速吸收、提取、汇总海量数据，并可将结构化和非结构化的数据转化、标准化成可在多个网络快速传播的多种格式。

（五）培训

波音公司为满足客户需求，开发出了视觉系统、乘员及维修培训系统等，培训系统涵盖了"阿帕奇长弓"训练机、C–17 运输机训练系统，恒定分辨率视觉系统，综合的现实、虚拟和建设性仿真培训，P–8 巡逻机培训等。波音公司开发的恒定分辨率视觉系统和综合的现实、虚拟和建设性仿真培训，可为客户的飞行仿真提供最接近真实环境的培训。

（六）产品支持与服务

波音公司为其产品和系统提供一系列的保障服务和支持系统，以增强其产品的可靠性、降低用户的成本、维持产品的有效性。比较典型的两个项目具体如下。

- A–10 "雷电" II 攻击机的机翼替代项目。A–10 "雷电" II 攻击机，也称"疣猪"，于 1976 年开始服役，是用于对地面部队实施近距离空中支援的双发飞机。为延长该飞机的服役期限，美国空军启动换翼计划，为美国空军半数以上的 A–10 "雷电" II 攻击机更换安装新机翼。根据与美国空军签订的合同，波音公司将在 2018 年前向美国空军交付 233 套 A–10 "雷电" II 攻击机的机翼。

- 波音公司的 QF–16 全尺寸靶机为美国的战机提供新一代的作战培训和测试，由退役的 F–16 战斗机改装而成，目的是测试新开发的武器和战术。

三、空间业务

过去 50 多年，波音公司在空间业务领域不断取得进步，从水星航天舱到国际空间站都见证着波音公司的成就。

（一）先进太空接入

波音公司的鬼怪工厂为美国国防高级研究计划局开发新的小型卫星发射器，并参与了"空中发射辅助太空接入"项目和 XS–1 试验太空飞机的研制。

（二）波音卫星系列

自 1995 年的 702 卫星系列开始，波音公司推出了具有弹性设计，可支持 3～18kW 的有效载荷，可满足用户在更大功率范围内寻找卫星需求的 702HP（高功率）、702MP（中等功率）、702SP（小功率）卫星系列产品。2014 年，波音公司的 502 "凤凰" 小卫星也进入服务的行列，可以满足用户从纳米卫星到地球同步轨道卫星的需求。

（三）航天员空间运输系统

波音公司的 CST–100 载人宇宙飞船是 NASA "商业载人计划" 的一部分，

协助 NASA 往返空间站的运输任务。该飞船可将乘客与货物一起送入到近地轨道地点，如国际空间站或者比奇洛空间站。

（四）全球定位系统

波音公司是全球定位系统卫星项目自 1974 年以来的主承包商，至今已生产 40 多颗 GPS IIF 卫星（包括计时和导航系统）。这些位于距地球 12 000mile 的轨道之上的卫星，已提供累计时长达 520 多年的在轨服务。波音公司现正按照美国空军授予的合同，为其制造 12 颗下一代 GPS IIF 卫星。

（五）国际空间站

国际空间站是历史上最大的、最复杂的国际科学工程空间项目，也是至今人类探索太空取得的最大成就。波音公司将在 2024 年之前及以后继续为国际空间站提供用于访问宇宙飞船的通信系统、新的 NASA 对接系统，用于太阳阵列的锂离子电池等。

（六）空间发射系统

波音公司是 NASA 的空间发射系统的主承包商，承担空间发射系统的设计、开发、测试和运载火箭低温阶段的生产及航空电子套件的开发等工作。空间发射系统将成为最强大的火箭发射系统，其有效载荷更大、速度也更快，可帮助人类在太空进行多样化的探索、科研和安防任务。

（七）联合发射联盟

自 2006 年以来，联合发射联盟的德尔塔 IV 和阿特拉斯 V 火箭多次为国家的发射服务提供支持，已经将 90 多颗卫星发射到预定轨道，为地面部队、预测恶劣天气、个人 GPS 导航及解开太阳系之谜等提供关键支持。

军工合作

作为世界上最大的防务、航天和安全公司之一，波音公司主要为美军、美国政府以及其他国家的军队和政府提供服务。2014 年，波音公司是美国国防部的第二大承包商，从美国国防部获得的合同总金额达到 182.17 亿美元。波音公司还与其他军工企业合作，设计、开发、制造产品提供给客户。以下是波音公司近年获得的部分大额合同。

- 2014 年 9 月，与太空探索公司共同获得 NASA 授予的总价值 68 亿美元的"太空的士"合同，波音公司的 CST－100 和太空探索公司的"龙"飞船将向国际空间站运送航天员和物资。波音公司的合同价值 42 亿美元，确立了其在美国未来载人航天领域的领导地位。

- 2014 年 2 月，获得美国海军授予的价值 24 亿美元的合同，为美国海军生产 16 架 P－8A"波塞冬"飞机，增强其海上巡逻能力。2013 年 8 月，波音公司也曾获得美国海军授予的一份价值 19.8 亿美元的合同，为美国海军制造 13 架 P－8A 反潜机。

- 2014 年 2 月，获得美国空军授予的价值 2 400 万美元的合同，为其提供 2 550 个战斗幸存者定位器，以更有效地搜救伤员。

- 2013 年 12 月，与萨博公司签署联合开发协议，以开发一个新的先进的、节省成本的 T－X 系列系统培训解决方案，来参加美国空军的竞标，该解决方案将取代美国空军的 T－38 空勤人员培训系统。

- 2013 年 9 月，与波兰国防控股公司签署一项备忘录，探索两个公司可以合作的业务领域，以支持波兰防务产业的发展，满足波兰防务的需要。

- 2013 年 7 月，获得澳大利国防部授予的价值 6 000 万美元的合同，为其提供 Vigilare 空防指挥控制系统，并负责该系统的工程、维修、培训服务及系统升级等。

- 2013 年 6 月，获得美国海军航空系统司令部授予的价值约 65 亿美元的 5 年期合同，为美国海军提供 99 架 V－22 鱼鹰式倾转旋翼飞机。

- 2013—2014 年，波音公司陆续向印度空军交付了 4 架 C－17 "全球霸王Ⅲ" 运输机。

联系方式

地　　址：100 North Riverside，Chicago，Illinois 60606

联系电话：312－544－2000

网　　址：http：//www. boeing. com/

第三章

英国宇航系统公司

英国宇航系统公司是英国最大的安全和防务公司，也是全球防务、航空航天和安全产品的重要供应商，在2013年美国防务新闻百强军工企业排行榜和斯德哥尔摩国际和平研究所百强军工企业排名中均列第三。同时，英国宇航系统公司在美国也有不俗的表现，在2014年美国国防部百大承包商中名列第8，从美国国防部获得了价值61.33亿美元的合同。

英国宇航系统公司也称英国航空航天系统公司，成立于1999年，总部位于伦敦和汉普郡的法恩伯勒。2014年，英国宇航系统公司的销售收入达166.37亿英镑（约256.84亿美元），在全球40多个国家拥有约83 400名员工。

英国宇航系统公司的历史可追溯至1960年由布里斯托尔飞机公司与英国电气航空公司等合并成立的英国飞机公司。1977年，工党政府将英国飞机公司、霍克·西德利公司的两家子公司和苏格兰航空公司合并，收归国有，取名英国宇航公司，主要经营民航客机、军用飞机、战术导弹等航空产品，1985年，该公司被私有化。1999年，英国宇航公司与通用电气公司的马可尼电子系统业务部合并成立了英国宇航系统公司。2001年，该公司旗下的制导武器公司马特拉·英国宇航动力公司与阿莱尼亚马可尼系统公司①的导弹部、欧洲宇航防务集团（今为"空中客车集团"）合资成立欧洲导弹集团。自2000年起，英国宇航系统公司陆续收购了30多家公司，出售了20多项业务，以增强公司的竞争优势。

---

① 阿莱尼亚马可尼系统公司成立于1996年，是英国宇航系统公司与意大利莱昂纳多公司的合资公司。

英国宇航系统公司在航空航天、防务、安全等技术领域都处于全球领先地位，并拥有先进的电子、信息技术，其业务与产品覆盖了海上、陆地、空中和赛博等领域。

组织机构

根据发展战略，英国宇航系统公司设有 6 个业务部，即电子系统部、赛博与情报部、平台与服务业务部（美国）、平台与服务业务部（英国）、平台与服务业务部（国际）以及英国总部的业务，如图 3.1 所示。

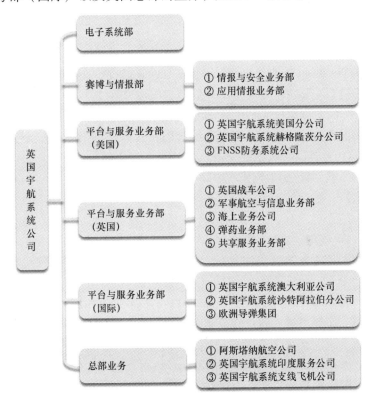

图 3.1　英国宇航系统公司组织机构图

一、电子系统部

电子系统部总部位于美国新罕布什尔州的纳舒厄，2014 年的销售收入约为24.15 亿英镑（约 37.28 亿美元），其中防务业务收入占 79%，约有 12 500 名员工。

电子系统部包括英国宇航系统公司在美国和英国的电子业务，涉及电子战系统、电光传感器、军用和商用数字引擎和飞行控制、下一代军事通信系统与数据链、持久监视与混合电动力系统等。

电子系统部的业务涉及电子作战、瞄准、通信与控制、情报监视与侦查、商用飞机解决方案与混合驱动解决方案等。代表性的系统与产品有 Striker 头盔显示系统、先进精确杀伤武器系统（APKWS™）、数字光驱动平视显示器、数字化电子战系统等。

二、赛博与情报部

赛博与情报部主要在美国和英国开展业务，2014 年的销售收入约为 10.85 亿英镑（约 16.75 亿美元），约有 7 900 名员工。赛博与情报部包括美国的情报与安全业务和英国总部的应用情报业务两大块业务，涵盖了公司的赛博、政府安全、商业与财务安全业务等。

2014 年 12 月，英国宇航系统公司收购了基于云计算的电子邮件和赛博安全产品供应商——银色天空公司，增强了其在赛博安全业务领域的实力。

英国宇航系统公司主要在美国开展情报与安全业务，业务涉及全球分析与操作、地理空间信息情报 – ISR、全球信息技术解决方案、集成电子与作战系统。

英国宇航系统应用情报业务部位于英国，其前身是英国宇航系统德帝克公司，2008 年 9 月英国宇航系统公司收购了德帝克集团，并于 2014 年 1 月将其更名为英国宇航系统公司应用情报业务部，其专业领域包括网络安全、金融犯罪、通信情报、数字转换等。

三、平台与服务业务部（美国）

平台与服务业务部（美国）的总部位于弗吉尼亚州的阿灵顿，2014 年的销售收入约为 32.66 亿英镑（约 50.42 亿美元），约有 16 900 名员工。

平台与服务业务部（美国）包括陆地与武器业务和服务与保障业务，涉及陆战武器、作战车辆、履带式战车和两栖战车、武器系统以及支持解决方案业务等。除了美国和英国，平台与服务业务部（美国）也在瑞典、南非、土耳其等地开展业务。

根据英国宇航系统公司的内部结构调整，自 2015 年 1 月起，平台与服务业务部（美国）归入到赛博与情报部，并在 2015 年的公司年度报告中进行了合并统计。

平台与服务业务部（美国）的分公司和合资公司具体如下。

（一）英国宇航系统美国分公司

英国宇航系统美国分公司于 1999 年由马可尼北美公司和英国宇航公司北美公司合并成立。2005 年，英国宇航系统北美公司更名为英国宇航系统美国分公司，并收购了美国的防务承包商——联合国防工业公司。2008 年，英国宇航系统美国分公司完成了对美国军队和情报机构的装备集成和现代化技术与专业服务提供商——美国 MTC 技术公司的收购。

（二）英国宇航系统赫格隆茨分公司

英国宇航系统赫格隆茨分公司主要为瑞典和国际客户服务，主要的产品包括 BvS10 全地形装甲车、CV90 步兵战车等，其混合动力驱动系统广泛用于军用车辆和民用车辆。该公司的武器系统与支持业务主要开发陆地和海上使用的枪炮系统，包括空中防御枪械系统和平台装载发射系统。

（三）FNSS 防务系统公司

FNSS 防务系统公司是英国宇航系统公司与土耳其努罗尔控股公司于 1988 年合资成立的公司，双方分别持股 49% 和 51%。FNSS 防务系统公司是土耳其和盟国武装部队的履带式装甲车和轮式装甲车及武器系统的主要制造商和供应商。

四、平台与服务业务部（英国）

平台与服务业务部（英国）的总部位于英国，2014 年的销售收入约为 66.23 亿英镑（约 102.25 亿美元），约有 29 600 名员工。

平台与服务业务部（英国）包括英国本土的空中和海上业务、作战车辆、弹药与共享服务等业务，下属的业务部或机构具体如下。

（一）英国战车公司

英国战车公司在英国的特拉福德、纽卡斯尔和布里斯托尔三地设有办事机构，是英国领先的作战、工程、支援车辆提供商，有超过 4 000 台车辆在英国军队服役，提供的产品与服务包括"挑战者 2"主战坦克、"勇士"步兵战车和履带式作战侦察车等，以及相关的升级和支援服务。

（二）军事航空与信息业务部

英国宇航系统公司军事航空与信息业务部在军事航空与信息业务领域走在前列，得到了英国皇家空军和英国政府的支持，自 2011 年开始涉足防务信息业务，并从事最新的固定翼作战飞机和训练飞机的设计与制造。英国宇航系统公司的军事航空与信息业务部还是欧洲战斗机公司的股东之一。

欧洲战斗机公司[①]成立于 1986 年，总部位于德国慕尼黑，源于意大利、德国、英国、西班牙等 4 个国家提出的欧洲战斗机计划，该计划由北约欧洲战斗机和狂风战斗机管理局管理。

欧洲战斗机公司由 4 个公司控股：阿莱尼亚·马基公司持有 21% 的股份，英国宇航系统公司持有 33% 的股份，空中客车集团的空中客车防务与航天公司的德国公司和西班牙公司则分别持有 33% 和 13% 的股份。

———————————

① https://www.eurofighter.com/.

（三）海事业务公司

英国宇航系统公司的海事业务公司已有近 150 年的历史，产值约为 24 亿英镑，有员工近 14 000 人。

英国宇航系统公司的海事业务公司是英国最大的造船公司，也是欧洲最大的造船企业之一、世界上复杂战舰的最大建造商之一。英国宇航系统公司的海事业务公司有海军战舰、海事服务和潜艇等三部分业务，主要进行军舰和潜艇及先进作战系统和装备的设计与制造，并提供相关的服务，如培训解决方案、在役舰船与设备的维修与现代化服务等。海上业务领域的产品有"伊丽莎白女王级"航空母舰、机敏级潜艇、全球战斗舰、"喷水鱼"灭雷系统、997 型 Artisan 3D 中程雷达、"矛鱼"重型鱼雷、海上巡逻舰，以及作战管理系统、可靠性为中心的维修软件等。

英国宇航系统公司海事业务公司的海军战舰部的专业领域在于海军水面舰艇制造、作战系统集成。

英国宇航系统公司海事业务公司的海事服务部主要提供相关的海上系统与服务。

英国宇航系统公司海事业务公司的潜艇部位于英格兰的坎布里亚，主要负责潜艇的开发与生产。

（四）弹药业务部

弹药业务部主要负责设计、提供陆地、海上和空中使用的弹药，为英国国防部及军队提供装备保障。

弹药业务的合资公司——CTA 国际公司于 1994 年由英国宇航系统公司和法国奈克斯特系统公司合资成立，双方各持股 50%。CTA 国际公司位于法国布尔日，是世界领先的的埋头弹制造商和提供商，2015 年获得了价值 1.5 亿英镑的合同，为英国国防部提供 40mm 的埋头加农弹。

（五）共享服务业务部

英国宇航系统公司的共享服务业务部主要为运营提供服务支持，帮助其加强业务、增加产值、降低成本等，业务涉及研究与技术、房地产、IT 策略与架构、人力资源的教育和培训、可保风险和决策支持等。

共享服务业务部下属的机构具体如下。

1. 考达咨询公司

考达咨询公司①成立于 1984 年，是一家为英国政府和防务部门提供模拟与分析咨询的公司，在建模与分析咨询领域已有 30 年的经验。考达咨询公司是防务产业的决策支持咨询业务的市场领导者，与英国国防部签有提供分析支援架构合同，为英国宇航系统公司及客户提供决策支持。

---

① www.corda.co.uk.

2. 耐特沃克斯伙伴公司

耐特沃克斯伙伴公司①成立于2003年，由英国国防部资助并管理，是英国国防部、国防科学与技术实验室及国防产业之间的合作伙伴，为这些机构尤其是英国国防部分析问题、更快更好地决策提供支持，并开发仿真程序。

3. 先进技术中心

先进技术中心主要包括应用智能实验室、隐身材料制造业务和微机电系统业务等。

先进技术中心的应用智能实验室是英国宇航系统公司的重要科研机构，为其提供研发、咨询、专业制造与技术服务等，还为英国国防部、美国国防部、欧洲航空航天局、一些大学及领先的创新型机构等提供协助。应用智能实验室一流的科学家与工程师们的研究领域涉及异常行为检测、生物启发技术、计算工程与流体动力学、反简易爆炸装置及其探测与排除、人类科学、撞击力学建模与测试、非致命性威慑、微与纳米技术和智能材料、光子学与激光技术、雷达与天线开发、步兵负担减轻措施、隐身技术与材料、无人与智能系统等。

先进技术中心的隐身材料制造业务位于北安普敦郡的伍斯特，有50多年的历史，为英国宇航系统公司提供隐身材料，包括微波吸波材料、雷达吸波材料等用于减少军事平台的电磁干扰和低可侦测性的隐身技术等。

先进技术中心的微机电系统业务是英国微纳米网络的一部分，提供设计、制造与成型和产品评估等，研究范围涉及惯性传感与模拟、射频微机电、光微机电、电磁、流控与微流控系统、广义数学建模、化学传感器与化学监测、材料科学与合金、先进涂层技术、来自微机电传感器的先进信息处理与数据融合等。

五、平台与服务业务部（国际）

平台与服务业务部（国际）包括英国宇航系统公司在沙特阿拉伯、澳大利亚和阿曼的业务，还包括其在合资公司欧洲导弹集团的业务（持股37.5%）。

平台与服务业务部（国际）2014年的销售收入约为35.72亿英镑（约55.14亿美元），约有14 000名员工。

（一）英国宇航系统澳大利亚公司

英国宇航系统澳大利亚公司是澳大利亚最多元化的防务与安全公司，总部位于南澳大利亚的爱丁堡产业园区。

英国宇航系统澳大利亚公司的历史可追溯至1953年布里斯托尔飞机公司和英国电气公司在南澳大利亚乌美拉试验场进行的第一代空中防御导弹系统的测试。1961年，布里斯托尔飞机公司和英国电气公司合并成立英国飞机公司。

---

① http://www.niteworks.net/.

1977 年，英国飞机公司被国有化并更名为英国宇航澳大利亚公司。1996 年，英国飞机公司收购澳大利亚联合无线电国防工业公司，得以扩大规模。1999 年，英国宇航系统澳大利亚公司随着英国宇航系统公司的成立而成立，2008 年收购了特尼克斯防务公司，随后在 2010 年收购了澳大利亚信息安全技术公司斯塔赛克公司，进一步扩大了规模，增强了实力。

（二）英国宇航系统沙特阿拉伯分公司

英国宇航系统沙特阿拉伯分公司总部位于利雅得，负责英国宇航系统公司在沙特阿拉伯和中东市场的业务，提供的业务与服务包括军事和技术服务（如训练空军飞行员的教练员）、电子系统、防务系统与装备等。

（三）欧洲导弹集团

欧洲导弹集团①成立于 2001 年，由英国宇航系统公司、欧洲宇航防务集团（今为"空中客车集团"）和莱昂纳多公司合资成立，合资三方的持股比例分别为 37.5%、37.5% 和 25%。欧洲导弹集团在 5 个欧洲国家和美国设有制造工厂，是世界领先的导弹制造商，也是唯一一个设计和生产能够满足陆、海、空三军对各种导弹和导弹系统需求的综合防务公司，生产的导弹系统有 45 种，并有多种对抗项目在研发，为世界上 90 多个武装部队提供产品。

2014 年，欧洲导弹集团的收入达 24 亿欧元，约有 10 000 名员工，在英国、意大利、德国、西班牙、美国等地设有分公司。

六、英国宇航系统公司总部

英国宇航系统公司总部的业务包括在印度的业务、总公司的业务及其合资公司阿斯塔纳航空公司的业务。

（一）阿斯塔纳航空公司

阿斯塔纳航空公司②组建于 2001 年，英国宇航系统公司持有其 49% 的股份。阿斯塔纳航空公司总部位于哈萨克斯坦首都阿斯塔纳，2004 年成为哈萨克斯坦的国家航空公司，有多条国际航线。

（二）英国宇航系统印度服务公司

英国宇航系统印度服务公司总部位于新德里，有 350 多名员工。英国宇航系统印度服务公司在印度有两个合资公司：一个是与马恒达集团合资的印度防务陆地系统公司，主要提供陆地系统相关的业务；另一个是与印度斯坦航空公司合资的英国宇航系统斯坦航空软件公司③，主要提供信息技术

---

① www. mbda – systems. com.

② http：//airastana. com/.

③ http：//www. baehal. com/.

解决方案及工程服务。

（三）英国宇航系统公司支线飞机公司

英国宇航系统公司支线飞机公司源于 1935 年成立的苏格兰航空学院公司，是飞机支持服务与工程领域的托管解决方案的领先供应商，拥有 50 多年的 OEM 支持经验，提供服务的机型包括"喷气流" 31、"喷气流" 32、"喷气流" 41、"先进涡轮螺桨计划"飞机、BAe 146 飞机、爱费罗支线喷气机系列等，有 250 多名员工。

英国宇航系统公司总部在 2014 年的销售收入达 2.79 亿英镑（约 4.31 亿美元），约有 2 500 名员工。

业务与产品

英国宇航系统公司在海、陆、空各种平台系统、军械系统、系统集成等领域有很成熟的技术，处于领先地位。英国宇航系统公司的业务涉及防务、电子与系统集成、军事与技术服务、赛博与情报、安全、信息技术与信息系统、咨询服务等。

一、防务业务

英国宇航系统公司的防务业务在陆地、海上、空中都有涉及，主要设计、开发、制造、集成防务系统及防务装备，从装甲战车到下一代作战飞机再到灭雷舰及核潜艇等，全方位为军队及防务提供保障。

（一）电子与系统

英国宇航系统公司是电子战领域的领导者，支持三种电子战任务：电子攻击、电子防护、电子支援。产品与系统有 AN/AAR-57 通用导弹告警系统、AN/ALE-47 箔条/照明弹投放系统、AN/ALE-52V 对抗系统、AN/ALE-55 光纤拖曳式诱饵、AN/ALE-58 BOL 对抗系统、AN/ALM-288 ALE-47 测试机、AN/ALQ-221 综合电子战、AN/ALQ-94 多频段防御电子控制模块系统、AN/ALQ-144 红外对抗装置、AN/ALQ-157 红外对抗系统、8 个波段的 AN/ALQ-161 接收机、AN/ALQ-212 先进威胁红外对抗、AN/ALQ-239 数字式电子战系统、AN/ASQ-239 电子战/对抗管理系统、AN/ALR-56M 与 AN/ALR-56C 雷达预警接收器、AN/ALR-2001 电子支持量测系统、AN/ALR-94 射频系统、AN/APR-50 防御管理系统、AN/USM-464（A）对抗测试套装、AN/USM-638 射频传输线测试套装 RFTLTS、存储系统测试机、电子战系统与装备、电子战测试设备、通用红外对抗系统、数字化电子战系统。

英国宇航系统公司在电子领域的其他产品有 Commander SL 长距战术空中防御雷达、Artisan 3D 新一代监视雷达、无源雷达识别系统系列、自适应雷达对抗措施、抗干扰 GPS 天线、LiteHUD 作战头盔、Q‑Warrior 头盔显示器、头戴式能量分析和诊断系统、远程反舰导弹长距传感器、全源追踪与识别融合器、传感器自主综合防御辅助套装、机载大面积持续监视系统、全景监视系统、自主实时地面全域监视成像系统、"艺术家"研究示范器、数字光驱动平视显示器、"台风"战斗机集成显示器、轻型仪器吊舱、常规威胁模拟器、作战管理系统、敌我识别询问器、TeamView 被动监视系统、联合询问应答机、敌我识别系统、敌我识别应答机、AN/DPX‑7 新一代敌我识别缩小版应答机、车辆和步行开发雷达开发地面站、干扰投放测试机、功能和杂散电压测试仪、NT4RLG 全球定位系统板、分布式孔径半主动激光导引头、联合战术无线电系统、远程卫士系统、导航和制导系统、地面车辆电力管理系统、自主战术无线防御系统、L‑RODa 栅格装甲防御系统、无人机交换信号情报系统、驾驶员视觉增强系统系列、同步双频战术卫星通信馈电系统、先进卫星通信地面基础设施系统、Ka 波段卫星通信移动天线系统等。

另外，英国宇航系统公司还提供热成像与瞄准相关产品，包括 SkeetIR 微型单眼瞄准镜、UTMet 通用热单筒望远镜、UTM 单筒望远镜、UTC 单筒通用热别针、UTB 别针通用热双筒望远镜、UTB 双筒望远镜、RED‑I 远程目镜显示成像。

英国宇航系统公司还提供地理空间信息开发产品、国家安全和法律实施解决方案、帕拉丁集成管理解决方案、传感器解决方案、紧凑型多频卫星终端 AP‑3C "猎户座"电子支持措施、关键基础设施保护，以及军队技术培训、支持和技术服务培训等。

（二）陆海空武器与装备

1. 武器与系统

英国宇航系统公司的武器与系统包括定向红外对抗炮塔、直接红外线反制炮塔、战术远程炮塔、电磁轨道炮、M777 型 155mm39 口径牵引火炮、40Mk4 舰炮、155mm 口径远程对陆攻击炮弹、Mk 38 Mod 2 机枪系统、Mk 45 Mod 4 舰炮系统、5mm 多重服务—标准制导弹药、Mk 32 鱼雷发射管、"矛鱼"重型鱼雷、"喷水鱼"灭雷系统、波佛斯"狐猴"系统、银弹精确制导组件、先进火炮系统、Mk36 铝条和诱饵干扰弹发射系统、自卫遥控武器系统、先进精确杀伤武器系统、Mk41 垂直发射系统、主动拦截系统、武器界面单元、热成像武器瞄准具、武器控制系统和测试设备、EC‑130H 罗盘呼叫武器系统等。

另外，英国宇航系统公司还有两处弹药厂，其中：霍尔斯顿陆军弹药厂，是美国国防部重要的弹药供应商；雷德福陆军弹药厂，成立于 1940 年代，是美国国防部重要的推进剂生产商。

2. 车辆

英国宇航系统公司的军用车辆与相关系统包括 CV90120 轻型坦克、"挑战者2"主战坦克、RG41新一代轮式装甲战车、M113装甲车系列①、"勇士"步兵战车、布莱德利步兵战车，BvS10装甲全地形车、多用途装甲车、CV90"犲狳"装甲运兵车、RG35防雷车、凯门鳄防地雷反伏击车、RG33防地雷反伏击车系列、RG34多用途防雷车、"战术"系列车辆、AAV7/A1两栖突击车、RG32M轻型战术车辆、M88A2"大力士"装甲抢救车、海军人员输送车、凯门鳄货车，以及Check-6地面车辆后视系统等。

3. 舰船及系统

英国宇航系统公司参与建造的舰船有伊丽莎白级航空母舰、"继承者"级弹道导弹核潜艇、"机敏"级潜艇、全球战斗舰、小型护卫舰、刚性突击艇、海上巡逻舰、拦截快艇、太平洋950多用途快艇、"北极"高性能船以及下一代潜艇指挥系统等。

4. 飞机及系统

英国宇航系统公司飞机产品包括台风战斗机、恶魔无人机、"螳螂"无人机，以及TELEMOS无人机系统和塔拉尼斯无人作战飞机系统、鹰先进喷气式教练机系统、"台风"战斗机前线支持系统及头盔、"鼹鼠"Block 2A电子战自防护系统、F-15战斗机航空电子解决方案、AP-3C"奥利安"电子支援措施以及飞机综合威胁管理解决方案等。

二、军事与技术服务

英国宇航系统公司在军事与技术服务业务上确保客户在维修、现代化、供应链、培训、工程与信息、设备与能源、有效性等领域，以较低的成本获得价值最大化的服务。

在维修服务领域，英国宇航系统公司通过专业的技术人员提供全方位的航空维修和三军维修服务。在航空维修领域，英国宇航系统公司为澳大利亚国防军提供长期的维修服务，并为皇家澳大利亚空军提供F/A-18大黄蜂战机编队的现代化支持服务等。三军维修服务主要是为军用车辆提供相关的服务，并将新开发的综合健康管理系统融入到军用车辆的维修与支持模块中，使作战人员能更好地掌握军用车辆的实时状况，及时检测故障以避免风险，综合健康管理系统用于支持布莱德利战车诊断与维修系统和台风战机的健康管理系统。

现代化服务主要涉及：陆地和海上产品与服务的现代化与升级，如FV430步兵装甲运输车的升级项目；用于无人武器系统的紧急作战需求包；其他用于提高人员防护能力的服务等。英国宇航系统公司位于澳大利亚、中东、英国和美国的干船坞和舰船修理服务为各国海军提供支援解决方案。

英国宇航系统公司还提供供应链服务、培训服务、工程与信息服务、设备

---

① M113装甲车是世界上最大的履带装甲车，有40多个变体，是世界上使用最广泛的战车之一。

与能源服务及可行性服务等。

另外,英国宇航系统公司的梅港修船厂,为位于梅港的美国海军水面舰艇提供维修和翻新服务。

三、安全业务

英国宇航系统公司在安全业务领域保护客户免受各种外在威胁和风险,其业务与产品涉及 JETEYE™ 商务航线红外导弹防御系统、无线连接解决方案、通信流保护服务、数据桥、MUTE 无声通信等,英国宇航系统公司还参与了了美国陆军通信电子司令部下属的生命周期管理司令部的 R2－3G① 项目。

四、IT 和信息系统业务

在 IT 和信息系统业务领域,英国宇航系统公司提供与信息技术和信息系统相关的产品与服务以及解决方案,如 TeraStaro 存储转换和归档存库、联合战术无线电系统软件通信体系架构、作战人员信息网络—战术本地访问波形设备、NavComp 全球定位系统接收机和任务计算机、RBC－NT 全球定位系统接收机、SpaceNav 全球定位系统接收机、数字化融合传感器系统、数据和信息融合系统,以及加密计算机产品、任务计算机系统、Hawklink 机载多用途系统数据链、多功能信息传输系统终端及现场测试设备、光谱红外线成像技术试验台等。

五、赛博与情报业务

英国宇航系统公司的赛博与情报业务涉及先进材料、航空电子、通信情报与通信、关键基础设施、赛博安全、电子战、工程、金融犯罪、地理空间信息、人为因素、成像系统、信息网络、信息系统、实验室服务、维修与升级、雷达等领域。

英国宇航系统公司在赛博与情报业务领域主要提供提供数据驱动业务,并提供数据远景与战略、数据分析、信息可视化、信息开发、数据质量评估等服务以及交互式链接数据、数据二极管解决方案,还提供网络安全监控、代码安全检查、机密安全移动、安全出口网关、网络威胁情报探测、信息安全体系架构、网络渗透测试、登录管理、应对网络威胁的安全战略、战略性网络风险评估、系统和供应链评估、云计算服务等。

---

① R2－3G 全称为 Rapid Response Third Generation,是美国陆军通信电子司令部的 3G 快速反应项目(https://r2csr.army.mil/),主要为现有的平台、系统与子系统提供技术植入、系统集成、制造/成型、测试/认证、研究/分析、后勤支持、培训与工程支持,包括工程再造、逆向工程、返工技术与装备等。该项目合同金额达 164 亿美元,授予多个军工企业,如诺斯洛普·格鲁曼公司、英国宇航系统公司、雷神公司、L－3 通信公司等。

六、电子和系统集成业务

英国宇航系统公司在电子和系统集成业务领域主要提供电子与系统相关产品及解决方案，提高客户尤其是军队的效率和能力，如 Broadswords 电子设备技术、WV640 热摄像机、HAMMER 精确定位系统、全权限数字式发动机控制系统、SpaceWire 抗辐射专用集成电路和评估板、天基红外系统、抗辐射电子设备与存储设备、电传飞行控制系统、热管理系统 RAD750 抗辐射系列产品、多普勒导航装置、灵巧后膛硬片转换盒、TIM 1500™热成像模块、低概率截获测高计、先进的声呐浮标通信连接 Plus、多模接收机、HybriDrive® 驱动系统、AN/ASN－128 多普勒导航系统、辐射和空间级半导体设备、对抗干扰系统、模块化先进作战指挥系统测试设备等。

英国宇航系统公司还提供用于网络中心战的 LINK 16 终端，包括 LINK 16 数据链处理器、LINK 16 联合战术信息分发系统 2H 级终端、LINK 16 联合战术信息分发系统 2M 级终端、LINK 16 联合战术信息分发系统类别 2 级终端等。

七、咨询服务

英国宇航系统公司的咨询服务业务主要为客户提供可靠的决策咨询与支持服务。

英国宇航系统应用智能电子系统小组设计、建造和安装世界领先的电子系统，业务涉及数字系统、软件工程、通信—协议工程、信号处理等。

英国宇航系统公司提供模拟电子技术、机械设计、产品安装和支持、DataRetain 数据存储等，还为仪表系统提供完整的测试服务，包括雷达和光电系统的配置，以及子系统的增强和升级。

在科技创新投资业务领域，主要提供移动生物测定、虹膜识别、人脸识别、标签和跟踪、安全信息技术中心、Assuria 日志管理器、人身安全信息管理、数据库管理系统、监视声音分离等。

英国宇航系统公司还与美国总务管理局合作提供 IT 产品和支持服务、金融解决方案、业务咨询服务、专业工程服务、测试和测量设备、航空电子设备、无人机和相关服务，还为美国军事和政府机构提供取证相关服务。

军工合作

英国宇航系统公司主要为英国国防部和美国国防部及两国的政府机构提供产品与服务。2014 年，英国宇航系统公司从美国国防部获得了价值 48.93 亿美元的合同，是唯一一个进入美国国防部百大防务承包商前十名的非美国企业。以下是 2014 年英国宇航系统公司签订的部分大额合同。

- 2014 年 8 月，与英国国防部签订了价值 3.48 亿英镑的合同，为英国皇家海军建造 3 艘海上巡逻船。
- 2014 年 8 月，获得了来自瑞典国防装备管理局的订单，为瑞典武装部队提供 9 000 发 2P 弹药。
- 2014 年 7 月，与美国国家地理空间情报局签订了价值 3.35 亿美元的 5 年期合同，为地理空间情报数据和产品提供服务支持。
- 2014 年 7 月，与美国陆军签订了价值 4 000 万美元的合同，为其提供通用导弹预警系统的第三代配置。
- 2014 年 6 月，英国宇航系统公司与墨西哥海军签订合同，为其提供 4 只 57 Mk3 舰炮。
- 2014 年 6 月，与英国国防部签订价值 7 000 万英镑的合同，为朴茨茅斯海军基地的 45 型驱逐舰提供服务支持。
- 2014 年 6 月，与英国国防部签订价值 500 万英镑的合同，对台风战斗机机上的 MBDA "硫磺石" 2 空对地精确武器的集成进行评估。
- 2014 年 5 月，与英国国防部签订了价值 1.25 亿英镑的合约，为英国皇家空军 "龙卷风" GR4 战斗机编队提供支持服务。
- 2014 年 4 月，获得了价值 1 680 万英镑的合同，为英国国防部提供 105mm 的照明炮弹 L43A5。
- 2014 年 3 月，与波音防务澳大利亚公司签订了价值 7 700 万美元的合同，为澳大利亚皇家空军的 "楔尾" 机载预警与控制飞机上的电子战子系统提供服务支持。

联系方式

地　　址：Stirling Square, 6 Carlton Gardens, London, SW1Y 5AD United Kingdom (Head Office London)

Chester House, PO Box 87, Farnborough Aerospace Centre, Farnborough, GU14 6YU UK (Farnborough, Hampshire)

联系电话：+44 (0) 1252 373232

网　　址：www. baesystems. com

第四章

雷神公司

雷神公司是全球最大的制导导弹生产商，在武器以及军用和商用电子产品与服务领域有核心竞争力，并在全球多个军工企业排行榜中均居前列。受美国国防部国防预算减少的影响，自2010年以来，雷神公司的防务业务收入逐年递减。

雷神公司成立于1922年，总部位于马萨诸塞州的沃尔瑟姆市。2014年，雷神公司的总收入约为228亿美元，约有61 000名员工。

雷神公司的历史可追溯至1922年成立的美国器械公司，1925年更名为雷神制造公司，1959年更名为雷神公司。

雷神公司发展的历史是其为美国的国防及航天事业提供支持的历史。第二次世界大战期间，雷神公司为盟军的防御雷达提供磁控管并为美国海军军舰提供远洋微波水面搜索雷达。第二次世界大战后，雷神公司开始提供民用产品，其员工还发明了微波炉。20世纪50年代至60年代，除为美国提供第一个导弹装载制导系统外，雷神公司还制造了麻雀导弹及鹰式导弹，并在1969年的登月计划中发挥了重要作用，为"阿波罗11号"飞船提供制导计算机。20世纪70年代，雷神公司开始生产AIM-7F麻雀导弹并推出了陶式反坦克导弹。20世纪90年代，雷神公司的爱国者导弹拦截了伊拉克的飞毛腿导弹。同一时期，雷神公司先后收购了E-系统公司、德克萨斯仪器公司的防务系统部和休斯飞机公司①等，增强了雷神公司在用于电子对抗领域的激光追踪技术及全维

---

① 休斯飞机公司成立于1932年，是美国在航空航天和防务领域的重要承包商。1985年，休斯飞机公司被通用汽车公司收购，1997年又被通用汽车公司出售给雷神公司。

防护系统业务领域的实力。

进入 21 世纪，雷神公司不断通过收购来壮大自己的实力，先后收购了 BBN 技术公司、应用信号技术公司、亨格勒计算机咨询公司、派克沃克斯公司、科泰克公司、特立杰公司、澳大利亚海神科学仪器公司、赛孚耐[1]公司的政府解决方案业务、可视化分析有限公司等，增强了公司在通信、情报、数据分析、防务系统、导弹等业务领域的业务实力，尤其是在赛博安全业务领域的能力。

如今，雷神公司已经发展成全球领先的军工企业，近年来都是美国国防部排名前十的防务承包商之一。依靠技术创新，雷神公司在航空航天、电子、武器装备等领域都处于世界领先地位。

组织机构

雷神公司在 2013 年进行了业务调整，将公司整合为四大业务部：综合防务系统部，情报信息服务部，导弹系统部，空间与机载系统部。情报信息服务部由原来的情报信息系统业务与雷神技术服务业务整合而成，而综合防务系统部、导弹系统部、空间与机载系统部则由原网络中心系统业务重组而成。雷神公司总部下属的雷神全球商业服务集团为雷神各业务部和各功能机构提供创新的高技术服务，如图 4.1 所示。

一、综合防务系统部

综合防务系统部的总部位于马萨诸塞州的图克斯伯里，2014 年的净销售收入为 60.85 亿美元，是综合防空及导弹防御、雷达解决方案、海军作战、船舶电子系统、C^4I 解决方案、国内外空中交通管理系统等领域的领导者，也是传感器及任务系统的相关技术开发及产品生产领域的领先者，为美国国防部、美国导弹防御局、美国情报界、美国联邦航空管理局及 50 多个国际客户提供产品与服务。2012 年，雷神公司收购了澳大利亚的海神科学仪器有限公司，该公司主要制造与测量、显示、控制工业流程变量的相关仪器和产品。在 2013 年内部业务整合时，雷神公司将其归入到综合防务系统部。综合防务系统部包括以下业务单元和分公司。

- 全球集成传感器业务单元，主要提供综合的全寿命周期的防空和导弹防御系统及解决方案，如改良型早期预警系列雷达及其他陆基监视和

---

[1] 美国赛孚耐公司（http://www.safenet-inc.com/）成立于 1983 年，是全球信息安全领域的领导者，拥有世界上最完整最多样的安全解决方案，核心能力在数据保护、软件货币化解决方案、访问控制与身份认证等领域，是多家技术标准组织如 IEEE 的会员。赛孚耐公司的客户包括美国国防部、美国国土安全部、美国国税局、雷神公司、爱立信、苹果公司等。赛孚耐公司在中国设有赛孚耐（北京）信息技术有限公司（http://cn.safenet-inc.com/）。

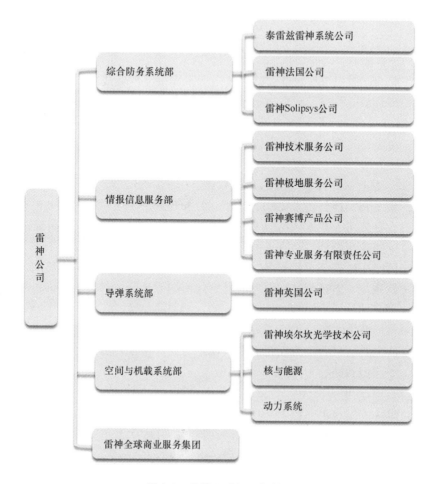

图 4.1　雷神公司组织机构图

搜索雷达、陆军—海军可运输雷达监控及控制系列 2（ANITDY－2）等，为用户提供弹道导弹威胁探测、精密追踪、辨别、分类等，还提供联合地面攻击巡航导弹防御空中网络化传感器系统等。

- 综合防空和导弹防御业务单元，为用户提供空中导弹防御系统，如提供给美国及 5 个北约国家的爱国者防空和导弹防御系统、国家高端地对空导弹系统，以及地域中低纬度空中威胁的空中防御系统"霍克ⅩⅪ"。该业务单元在 2014 年的收入约占雷神公司 2014 年总收入的 10%。

- 海上力量系统领域的业务单元，主要为美国海军及其他国家的海军提供海上空中及导弹防御雷达系统、海军作战管理系统、机载反潜与地雷战系统、传感器和海上舰船导航系统、地雷等。作为海军雷达提供者，该业务提供美国海军第一个舰载有源相控阵多功能雷达。作为美国海军的舰船集成商，海上力量能力系统业务板块为其提供任务系统设备，并且是美国 DDG–1000 朱姆沃尔特级驱逐舰的作战和任务系统集成商、美国海军最新 LPD–17 两栖船坞运输舰的全面舰船电子系统集成商，还是美国海军新一代 CVN–78 杰拉德·R·福特级航空母舰的作战系统集成商，除为美国海军提供系统集成外，还为美国的盟军海军提供相关产品与服务。

- C^4I 业务单元，为空中和陆地作战指挥官、国内外的空中交通管理、边境及关键基础设施保护等开发提供综合的网络化的作战指挥控制解决方案。

- 泰雷兹雷神系统公司[①]是泰雷兹集团和雷神公司于 2001 年成立的合资公司，双方各持股 50%，位于法国巴黎的马西和美国加利福利亚州的富勒顿，约有 1 600 名员工。泰雷兹雷神系统公司是领先的国际空中防御公司和知名的任务系统集成商，主要提供空中作战指挥控制系统、监视雷达和地基武器定位雷达等产品。泰雷兹雷神系统公司还是北约的空中指挥控制系统的主承包商。

- 雷神系统法国公司于 2000 年在法国成立，是法国国防部与雷神公司的主要联系者。自成立以来，该公司一直管控着法国空军与法国海军的"宝石路"制导武器的合同。

- 雷神 Solipsys 公司[②]是雷神公司的全资子公司，成立于 1996 年，总部位于美国马里兰州。雷神 Solipsys 公司专门为美国国防部及国土安全部设计开发以网络为中心的指挥控制软件解决方案。

二、情报信息服务部

雷神公司的情报信息服务部总部位于弗吉尼亚州，2014 年的净销售收入为 59.84 亿美元，在 ISR、导航、美国国防部空间与天气解决方案，以及网络安全、分析、培训、物流、任务支持、工程与保障解决方案等领域具有很高的专业水平，重要的客户包括美国情报界、国防部、武装部队、联邦航空管理局、国家海洋和大气管理局、国土安全部、NASA，以及其他国家的一些客户。

雷神公司近年来通过收购，强化了其在情报信息及网络安全等领域的业务。2011 年，雷神公司通过收购亨格勒计算机咨询公司和派克沃克斯公司[③]，

---

① http：//www. thalesraytheon. com/.

② http：//www. solipsys. com/.

③ 派克沃克斯公司成立于 2006 年，其创始人 Sally Ring 先后担任情报官员、NASA 兰利研究中心的研究员、Sytex 集团公司先进技术研究中心的研究副主管等。Sytex 集团公司是一家为美国国防部和其他联邦机构提供信息技术解决方案及技术支持服务的服务商，其业务涉及技术工程、系统一体化、C^4I、信息战、网络安全解决方案、安全协助及培训、综合物流及企业管理系统等。

增强了公司在网络安全、信息保障及情报信息服务领域的能力。2012 年，雷神公司收购特立杰公司并将其更名为雷神特立杰公司，增强了其在网络安全及情报信息和服务领域的竞争力。2013 年，雷神公司收购了可视化分析有限公司，并将其更名为雷神可视化分析有限公司，进一步增强了雷神公司在数据分析、数据可视化及信息共享等领域的实力。

雷神公司的情报信息服务部的业务单元具体如下。

- 网络安全与特殊使命业务单元，主要为改进信息系统、执行任务提供网络安全及先进的情报解决方案。

- 全球培训解决方案业务单元，提供培训解决方案、后勤及工程支持等，并为美国陆军"作战人员战场行动客户支持合同"提供综合作战培训。全球培训解决方案业务单元下的军人培训联盟则为实地、虚拟及建设性的训练演习及训练操作等提供综合支持。

- 情报与地球观测业务单元，主要为美国情报界、NASA、美国空军空间导弹系统中心及美国海洋和大气管理局等提供支持，包括用于地理空间情报和信号情报系统的地面系统，以及大规模数据处理及挖掘、存储结构化、高性能数据处理系统等。情报与地球观测业务领域参与的重要项目包括联合极轨卫星系统及全球定位系统下一代操作控制系统。

- 任务支持与现代化业务单元，为站点与平台任务提供全寿命周期的任务操作、工程维护与现代化服务，并为美国空军及其他民间机构提供多情报地面系统与无人系统技术。该业务单元参与的项目包括战术 ISR 任务的先进地面解决方案，如"全球鹰"无人机与美国空军的 U－2 侦查机、美国空军承包商的现场支持服务和 V－22 鱼鹰式倾转旋翼机的相关服务、机载和海基武器系统与吊舱式飞机侦察系统的升级服务等。

雷神公司的情报信息服务部下属的业务公司具体如下。

- 雷神技术服务公司成立于 2003 年 1 月，总部位于弗吉尼亚州，为任务支持、国土安全、航天、民航、反扩散、反恐等领域提供培训、后勤、工程、产品支持、作战支持等专业服务。雷神技术服务公司的客户包括美国武装部队、美国国土安全部、NASA、联邦航空管理局、美国国家科学基金会、美国能源部、国防威胁降低局、运输安全局等机构，以及外国政府机构等。雷神技术服务公司是英国国防部历时 30 年的国防培训审查项目矩阵联盟的成员之一，也是美国国防部的首要运营商，曾经参与美国历史上最大最成功的全面军事私有化项目等。

- 雷神极地服务公司①隶属雷神技术服务公司，曾是美国国家科学基金会美国南极计划项目（2000—2012 年）的承包商。

- 雷神赛博产品公司②的前身是成立于 1994 年的信赖计算机解决方案公司。2010 年 11 月，信赖计算机解决方案公司被雷神公司收购，成为雷神信赖计算机解决方案公司，后更名为雷神赛博产品公司，是雷神公司的全资子公司。雷神赛博产品公司是跨域和赛博安全软件及服务领域的业界领导者，拥有世界上最大的信赖操作系统工程人才专家库，因在具有高度安全要求的政府环境中向太阳微系统公司的 Solaris 操作系统提供安全防护而闻名。公司提供保密/安全信息共享解决方案，可以使不同密级网络上的信息进行安全读取和传输，并为政府和商业机构提供最安全的移动通信技术。

- 雷神专业服务有限责任公司是全球领先的外包学习和咨询服务专业公司。经过 70 多年的发展，公司现在可提供 28 种语言的服务，拥有由 800 多位富有经验的培训专家组成的全球师资资源网络，客户覆盖近 100 个国家和地区，在法国、德国、西班牙及英国设有办事机构，在中国设有独资公司——雷神咨询（上海）有限公司。

三、导弹系统部

雷神公司的导弹系统部总部位于亚利桑那州，2014 年的净销售收入为 63.09 亿美元，是美国武装部队及其盟国的导弹和作战系统的首要开发商和生产商。凭借在航空器结构、制导导航系统、高分辨率传感器、监视、瞄准及网状系统等领域的优势，雷神公司的导弹系统部开发出一系列的先进武器系统，包括导弹、灵巧弹药、近程武器系统、射弹、动能拦截器、定向能作用器及高端作战传感器解决方案等。导弹系统部的主要客户包括美国海军、陆军、空军，美国海军陆战队，导弹防御局及美国的 40 多个盟国的武装部队等。2011 年，雷神公司收购了科泰克公司的重要业务，包括定向能、脉冲功率、直线加速器等，增强了雷神公司在高功率微波、紧凑型脉冲电流源系统设计、射频、粒子码模拟、爆炸脉冲电源、直线加速器等领域的实力。

导弹系统部的业务涵盖了以下业务领域。

- 空中作战系统业务单元，主要帮助美国的武装部队及其国际客户攻击、压制、摧毁空基和地面目标等，产品与系统包括战斧巡航导弹、小直径炸弹Ⅱ、先进中程空空导弹、联合防区外武器、AIM - 9X "响尾蛇" 空对空导弹、小型空射诱饵弹、高速反辐射导弹及高速反辐射

---

① http：//rpsc. raytheon. com/.

② http：//www. trustedcs. com/.

导弹瞄准系统、"小牛"精确打击导弹、"格里芬"导弹、"宝石路"系列激光制导与 GPS 制导灵巧炸弹等。

- 空中导弹防御系统业务单元，主要是进行空中弹道导弹防御拦截器系统的设计、开发、生产等，其主要客户包括美国导弹防御局、美国海军及其他国家的海军等。空中导弹防御系统领域的产品包括"标准导弹 – 2"、"标准导弹 – 3"、"标准导弹 – 6"等。空中导弹防御系统同时也为美国地基中程防御系统中的外大气层截杀飞行器提供支持。该业务单元还与以色列拉斐尔高级国防系统公司合作，为以色列生产"大卫投石索"导弹防御系统。

- 海军与区域任务防守业务单元，为 30 多个国家的海军提供高效的纵深舰艇防御，为美国海军、空军及海军陆战队提供前方作战基地防御。产品有 Phalanx™ 近距武器系统、"拉姆"旋转体导弹、SeaRAM™ 发射器系统、改进型海麻雀导弹及"麻雀"系列导弹等。

- 陆地作战系统业务单元，于 2013 年由陆地作战业务和传感器系统作战业务合并组成，为美国陆军及海军陆战队和美国的 40 多个盟国提供精确导弹、弹药、先进光电/红外传感器以及一体化解决方案等。陆地作战系统业务单元主要的项目包括陶式武器系统、"标枪"反坦克武器、"神剑" GPS 制导火炮、远程高级侦察监视系统、热武器瞄具、作战工具的一体化系统解决方案升级项目，如美国海军陆战队的轻型装甲车辆反坦克现代化项目等。

- 先进导弹系统业务单元，主要为以上业务单元开发和提供系统解决方案，如武力防护解决方案、非动能武器、高功率微波/毫米技术及应用、空间应用及反恐解决方案等。

- 雷神英国公司，也称雷神系统有限公司，隶属雷神公司的导弹系统部。雷神系统有限公司的前身是成立于 1908 年的英国 A. C. 科索公司，1961 年被雷神公司收购。1997 年，雷神公司将其收购的休斯飞机的防务业务和德克萨斯仪器公司的防务业务与 A. C. 科索公司合并，成立雷神系统有限公司。雷神英国公司是英国国防部的主承包商和重要供应商，主要业务是提供防务、国家安全、商用等领域的任务系统整合、网络赋能、任务支持和全球培训解决方案等，还设计、研制一系列的高技术电子系统和软件。

四、空间与机载系统部

空间与机载系统部总部位于德克萨斯州，2014 年的净销售收入为 60.72 亿美元，是用于高端任务的集成传感器和通信系统的设计开发的领导者，主要提供电光/红外传感器、机载监视和火控雷达、激光器、精确制导系统、信号情报系统、处理器、电子战系统、通信系统，及军用和民用的"太空级"系统，主要客户包括美国海军、空军、陆军、美国国土安全部、导弹防御局、NASA 以及国际客户等。

空间与机载系统部包含以下业务单元。

- ISR 系统业务单元，主要负责设计制造传感器、监视和瞄准产品等，包括海上和陆上监视雷达、地形跟随/地形躲避雷达、电光/红外传感器等，客户包括美国国防部、美国国土安全部及其他国家的政府等。

- 战术机载系统业务单元，主要为战术和战略平台设计提供低成本高性能的集成传感器解决方案，涵盖的产品有传感器、带先进火控雷达和处理器技术的集成传感器系统，客户包括美国海军、海军陆战队、空军及其他国家的政府等。

- 电子战系统业务单元，主要为战略和战术飞机、直升机、水面舰艇等设计、生产电子战系统，客户包括美国空军、陆军、海军及美国情报机构和其他国家的政府等。

- 集成通信系统业务单元，在战术机载通信、探索、对抗、软件无线电技术、先进战术网络系统、实时传感器网络系统及数据融合等领域是市场领导者，也是美军使用的先进极高频卫星终端的唯一生产者。

- 空间系统业务单元，主要为大型国家项目及新兴情报及国防和民用空间应用等设计、制造"太空级"传感器有效载荷，产品包括电光/红外、射频、雷达和激光空基传感器等，客户包括美国国防部、导弹防御局、NASA 以及密级客户和其他国家的政府等。该业务单元的非密项目包括可见光/红外光图像辐射仪等。

空间和机载系统业务部下属有雷神 BBN 技术公司和雷神应用信号技术公司。

雷神 BBN 技术公司的前身是成立于 1948 年的 BBN 技术公司，该公司曾为美国国防部高级研究计划局开发出美国高等研究计划署网络，2009 年被雷神公司收购后更名为雷神 BBN 技术公司。雷神 BBN 技术公司提供的产品有 AVOKE®分析工具、BBN 广播监视系统、TransTalk™工具、BBN 网页监控系统、回旋镖Ⅲ狙击手探测系统、回旋镖 Air 直升机狙击手探测系统、回旋镖 Warrior－X 佩戴式狙击手探测系统、数字化部队技术、多媒体监控系统等。

雷神应用信号技术公司的前身是应用信号技术公司，2011 年被雷神公司收购并更名为雷神应用信号技术公司。该公司提供先进的 ISR 解决方案以增进全球安全，业务涉及保密宽带通信系统、通信监视与侦查、电子支持设备/电子情报、赛博监视与赛博安全、海上监视、高端工程与情报分析服务等。

五、雷神全球商业服务集团

雷神全球商业服务集团成立于 2013 年，约有 3 500 名员工，主要为雷神公司的各业务部和职能机构提供创新的、高技术服务和解决方案。

六、雷神公司的子公司及分支机构

雷神公司在全球的 19 个国家设有子公司或者分支机构，客户覆盖了全球 80 个国家和地区。这里重点介绍雷神公司在澳大利亚、加拿大、欧洲、印度和中东地区的分公司或分支机构。

（一）雷神澳大利亚公司

雷神澳大利亚公司成立于 1999 年，但雷神公司为澳大利亚国防军提供传感器和武器系统的历史可追溯至 20 世纪 50 年代早期。成立之后，雷神澳大利亚公司不断通过收购来发展壮大自己，1999 年收购了提供航空工程和飞行测试的航空技术服务公司。进入 21 世纪，雷神澳大利亚公司收购了波音海军系统公司，同时接手了波音澳大利亚公司的"柯林斯级"潜艇作战系统的合同，随后收购了霍尼韦尔宇航与防务服务公司、澳航国防服务公司的航空电子业务单元及康普凯研究公司等。

（二）雷神加拿大公司

雷神加拿大公司自 20 世纪 50 年代起在加拿大开展业务，总部位于渥太华，是加拿大高科技解决方案、工程服务、监视导航系统、空中交通控制雷达系统、高速路交通管理、海上监视及光学等领域的领导者，为加拿大的国防、安全、航空航天及商业部门提供产品与服务，包括一次监视雷达、沿海海上监视高频地波雷达系统等。雷神加拿大公司现有员工 1 500 多人，设有商务电子、海军系统支持服务、雷神技术服务及网络中心系统等业务部。

雷神埃尔坎光学技术公司是雷神加拿大公司的子公司。雷神埃尔坎光学技术公司的前身是成立于 1952 年的埃尔坎公司，雷神公司于 1997 年收购了休斯飞机公司下属的休斯莱茨光学技术公司[①]和德克萨斯仪器公司的光学业务，组成了雷神埃尔坎光学技术公司，总部位于加拿大安大略省，主要业务是为全球的医疗、防务安全及工业等领域的客户提供精密光学设备。雷神埃尔坎光学技术公司的重要产品是广泛用于武器的瞄准系统。

（三）雷神公司在欧洲

雷神公司在欧洲的法国、德国、波兰、西班牙和英国设有分公司或办事机构，在欧洲大陆有 3 000 多名员工，为客户提供综合空中导弹防御解决方案、空中交通管理解决方案、赛博安全解决方案以及全球 ISR 解决方案等。

1. 雷神公司在德国

雷神公司在德国的公司具体如下。

---

① 1990 年，休斯飞机公司收购了恩斯特莱茨加拿大公司（Ernst Leitz（Canada）Ltd）并将其更名为休斯莱茨光学技术公司。

雷神安舒茨公司[①]的前身是成立于1904年的以生产陀螺罗盘著称的德国安舒茨公司。安舒茨公司于1995年被雷神公司收购并归入雷神公司的综合防务系统部。雷神安舒茨公司是德国著名的航海系统制造商，提供综合船桥导航系统，生产的航海设备包括陀螺罗盘、自动驾驶仪、雷达和电子海图等。雷神安舒茨公司在新加坡、巴西、上海、美国圣地亚哥和英国等地设有分公司或办事处。

雷神德国公司位于弗赖辛，主要为德国和意大利的空军部队提供机载电子战系统和传感器系统及机载雷达等。

雷神专业服务公司位于吕塞尔斯海姆，主要为欧洲大陆的商业客户和军方客户提供高标准的服务。

雷神公司在德国还有两个合资公司，分别是迪尔雷神导弹系统公司和COMLOG公司[②]。迪尔雷神导弹系统公司是德国迪尔公司与雷神公司成立的合资公司，主要生产AIM－9L/M"响尾蛇"空空导弹、先进中程空空导弹以及改进型"宝石路"精确机载武器，并提供相关支持。COMLOG公司[③]成立于1987年，现由雷神公司与欧洲导弹集团德国分公司共同拥有，主要负责"爱国者"空中导弹防御系统的生产及后勤服务，并为雷神公司在德国、希腊、荷兰和西班牙、美国的公司提供产品测试和支持。

2. 雷神公司在西班牙

雷神公司在西班牙的业务始于1997年收购的休斯飞机公司电子业务。雷神公司在西班牙有100多名员工，大多是工程师、技师，是西班牙乃至全球重要的电路卡组件和系统级电子组件的供应商，其产品用于欧洲战机"台风"、"标准导弹－2/3/5"、通用动力公司的轻型装甲车等产品。

3. 雷神公司在北欧

在北欧，雷神公司主要在波兰和挪威开展业务与合作。雷神公司在华沙开设了新办公室，该办公室将作为公司的分支机构服务中欧东部和波罗的海国家。雷神公司参与了波兰国防部的国家中程空中导弹防御系统的技术对话，与波兰奥博茹尼控股公司签署了意向书，拓展在波兰空防构建领域的合作与互利机会，还与波兰的其他公司合作参与到波兰的防务发展中。

雷神公司还与康斯伯格集团就挪威的先进防空系统开展合作。

4. 雷神公司在印度

雷神公司在印度开展业务已有60多年，与印度当地各类型公司都有广泛

---

① http：//www. raytheon－anschuetz. com.

② http：//www. comlog－pmf3. de/.

③ COMLOG公司由雷神采购公司和德国著名的航空航天企业MBB公司于1987年合资成立。1992年1月，法国宇航公司与德国MBB公司进行联合，成立了欧洲直升机股份有限公司，并成为在2000年成立的欧洲宇航防务集团的一部分。2006年，COMLOG公司的股东之一——欧洲宇航防务集团德国公司更名为德国LFK导弹系统公司，并于2012年更名为欧洲导弹集团德国分公司。

合作。开发出的解决方案涉及综合空中导弹防御，声呐、导航，综合船桥系统、舰载作战系统，陆地与空中战争系统，战略 ISR，空中交通管理，海上、边境、赛博及民事安全等。

5. 雷神公司在中东

雷神公司在中东地区有 500 多名员工，向中东地区的客户提供工程、项目管理、销售服务等。雷神公司在 40 多年前已开始与沙特阿拉伯开展"霍克"防空导弹的合作，涉及防御与安全计划、教育商务与军事培训，以及新技术等。雷神公司与中东地区的一些教育机构开展了合作，如阿拉伯联合酋长国的高等技术学院、哈里发科技研究大学，以及沙特阿拉伯的国王大学、技术与职业培训公司等。

业务与产品

雷神公司的业务涉及导弹防御、C⁵ISR①、电子战、精密武器、赛博、培训及服务等领域，在电子、任务系统集成、传感器领域、C⁵ISR 以及任务支持服务等领域都处于世界领先地位。

一、导弹防御业务

在导弹防御业务领域，雷神公司生产提供抵御弹道导弹、巡航导弹、飞行器及其他威胁的拦截器、雷达、空间传感器等产品，可分两类。

（一）追踪和识别产品

雷神公司的追踪和识别产品主要包括美国导弹防御局空间跟踪与监视示范系统上的传感器有效载荷，以及海基 X 波段雷达、AN/TPY－2 雷达、空中导弹防御雷达、机载红外传感器、联合对地攻击巡航导弹防御空中网络化传感器系统和改良型早期预警雷达等。

（二）拦截器产品

雷神公司的拦截器产品主要有：

◉ 用在"宙斯盾"海上作战系统中的标准导弹系列产品，其中包括"标准导弹－3"和"标准导弹－6"等。"标准导弹－3"是世界上唯一可用于陆地和海上的弹道导弹，"标准导弹－6"则主要用于拦截固定翼/旋翼飞机、无人机及陆地攻击反舰巡航导弹。雷神公司正在研制"标准导弹－3"的高级版本，即ⅠB 和ⅡA 变体，其中ⅡA 是与日本一起合作进行的。雷神公司也在试图扩展海基"标准导弹－6"的

---

① C⁵ISR 是指 Command, Control, Communications, Computers, Cyber, Intelligence, Surveillance and Reconnaissance，即指挥、控制、通信、计算机、赛博、情报、监视、侦查。

功能，以抵御飞行末段的弹道导弹威胁。

- 陆基中段防御系统携带的外大气层截杀飞行器。
- 战区高空区域防御系统使用的 AN/TPY-2 雷达。
- 世界上最先进的"爱国者"空中导弹防御系统使用的增强版战术弹道制导导弹、"爱国者先进能力-3"导弹以及"爱国者先进能力-3"的新版本——分段改进导弹等。
- "霍克XXI"空中导弹防御系统，目前被 17 个国家使用，能够摧毁固定翼飞机、直升机、无人机、巡航导弹等威胁目标，并能够提供针对短程弹道导弹威胁的反战术弹道导弹。"霍克XXI"通常与"爱国者"地对空导弹或国家先进防空导弹系统配合使用。
- 国家先进防空导弹系统中使用的改进型海麻雀导弹、先进中程空空导弹和 AIM-9X"响尾蛇"空对空导弹等。
- 大卫投石索防御系统中使用的"斯塔纳"拦截导弹，能够阻挡弹道导弹、大口径火箭和空袭的威胁。
- 铁穹防御系统是雷神公司与拉斐尔先进防御系统有限公司一起合作的项目，由雷神防御系统提供空中导弹防御解决方案，可拦截火箭、火炮及迫击炮等。

二、C^5ISR 业务

雷神公司是 C^5ISR 系统领域的领导者，2014 年收购了黑鸟技术公司，增强了其在持续监视、保密战术通信和赛博安全解决方案、情报等领域的实力。该业务领域的产品系列包括集成系统、指挥和控制、分析、通信、公共安全、空中交通管理、航空电子设备、雷达、电光/红外传感器、空基传感器、射频传感器、声呐和声学传感器等。

（一）集成系统

雷神公司集成系统产品主要包括为英国国防部研制的机载防区外侦察系统、指令查看系统、哨兵指挥控制系统、舰艇自防御系统等。雷神公司的集成系统还应用在美国海军的 DDG 1000 朱姆沃尔特驱逐舰和 LPD-17 船坞登陆舰系列的远征作战两栖舰上。用在 DDG 1000 朱姆沃尔特驱逐舰上的雷神公司的技术与产品有整舰计算环境应用、模块化电子附件、集成水下作战系统、MK57 垂直发射系统以及先进火炮系统、综合动力系统等。

（二）指挥控制

雷神公司指挥控制领域的产品包括先进野战火炮战术数据系统、空中交通管理、分布式通用地面站系统、增强型定位报告系统、"全球鹰"增强型集成传感器套件、联合自动化纵深作战协同系统、联合极地卫星系统、持续监视系统、舰艇自防御系统、空基指挥控制系统、雷神安舒茨公司的 Smartblue 指挥控制软件产品等。

（三）分析系统

雷神公司在分析系统领域主要提供多源情报 Intersect™ 系列产品，其中包括 Intersect Sentry™、Intersect Reveal™、Intersect Dimension™、Intersect Connect™ 等，还提供 AVOKE® 分析工具、广播监视及网页监视工具与服务等。

（四）通信

雷神公司在通信领域的产品包括全球广播系统、战术通信系统里的移动自适应互操作网络网关、无线电系统系列产品、受保护卫星通信系统、安全信息系统等。

（五）公共安全

在公共安全领域，雷神公司研制的产品包括 ACU - 1000 局域和广域互操作性网关、ACU - 2000 型和 ACU - 5000 型基于 IP 的互操作性网关、ACU - M "链"关键通信管理系统、陆地移动无线电、ACU - M 关键任务互操作设备、ACU - T 战术智能互连系统、ARA - 1 模拟无线适配器、清晰视图安全解决方案、CommTalk 控制台无线电通信和调度系统、INTEROP - 7000 语音通信互操作性解决方案、NXU 网络扩展单元、P25 基于 IP 网络的无线电系统、PPS - 100 接收机和发射机操作设备、PTG - 10 领航音频发生器、RTU - 292RTU - 292 无线电/电话接口单元、SNV - 12 信号和噪声比选器、TRP - 1000 便携式互联系统、广域互操作性系统等。

（六）航空电子设备

雷神公司的航空电子设备产品主要包括航空战士、可见红外成像辐射仪套装、中心显示装置、全球定位系统和导航系统等。

（七）雷达产品

雷神公司自第二次世界大战以来，一直是雷达产品的领导者，其产品可分为以下类别，每个类别都有其所属的产品。

- 空中导弹防御雷达产品有空中导弹防御雷达、AN/SPY - 1 雷达、AN/TPY - 2 雷达、APQ 174/186 雷达、APQ 180 雷达、ARL - M 雷达、双频雷达、联合对地攻击巡航导弹防御升级网络传感器系统、爱国者弹道导弹防御系统、海基 X - 波段雷达、AN/MPQ - 64 哨兵防空雷达、改进型早期预警雷达等。

- 战术战斗机雷达产品有：有源电子扫描阵列雷达系列，F - 15 战斗机的 AN/APG - 63（V）3 升级版雷达，F/A - 18E/F 超级大黄蜂的 AN/APG - 79、APG - 63 与 APG 65 雷达，F16 战隼战斗机的雷神先进作战雷达等。

- 机载监视产品有高级合成孔径雷达系统、机载防区外雷达、"全球鹰"增强型集成传感器套件、综合传感器装置、联合对地攻击巡航导弹防御升级网络传感器系统等。

- 反炮兵雷达产品有 AN/TPQ36 火力定位雷达、哨兵雷达、高级分布式孔径系统等。

- 空中交通控制雷达有 ASR – 10SS 固态一次监视雷达、ASR – 23SS 系列 L – 波段固态一次监视雷达、单脉冲二次监视雷达等。

- 海上监视的产品有用于"宙斯盾"海上作战系统的 SPY – 13（V）传输器和 MK99 火控系统、空中导弹防御雷达、AN/APY – 10 P – 8A 飞机海上监视雷达、朱迪眼镜蛇替代雷达、双频雷达等。

（八）电光/红外传感器

雷神公司的电光/红外传感器产品包括：AAQ – 26 红外检测装置，AN/APY – 10 海上、沿海和地面监视雷达，AN/AAQ – 27A 中波红外线凝视传感器，AAS 44V 红外线检测范围跟踪装置，AAS 44c（V）多光谱瞄准系统，先进瞄准前视红外吊舱，机载视觉增强系统电光/红外传感器，"战场卫士"遥控武器战电光/红外传感器，通用传感器载荷，手持综合定位系统，综合弹道分划板系统，侦察监视和目标捕获产品，多光谱瞄准系统产品系列，快速杀伤主动防护系统，热武器瞄具等。

（九）空基传感器

雷神公司的空基传感器的产品包括 NASA "荣耀"卫星使用的气溶胶偏光传感器、增强型主题绘图仪、日本先进的气象成像仪、中分辨率成像系统、海上广域传感器、可见光红外成像辐射仪、可见光/红外自旋扫描辐射仪等。

- 探测类的产品包括微型射频传感器、微型热辐射光谱仪、热辐射成像系统、热辐射光谱仪等。

- 导弹预警类的产品包括先进的导弹预警有效载荷和空间跟踪与监视系统。

- 情报、监视与侦查类的产品包括先进的响应战术性有效军事成像光谱仪和应答机等。

（十）射频传感器

雷神公司在射频传感器领域主要提供 AN/ALR – 69A（V）雷达预警接收机和信号传感器中的应用信号技术。

（十一）声呐系统

雷神公司的声呐系统包括 AN/AQS – 20A 水下声呐系统、AN/AQS – 22 机载低频声呐、AN/ASQ – 235 机载水雷瘫痪系统。

（十二）声学传感器

雷神公司的声学传感器主要有回飞棒声学敌方火力指示器。

（十三）空中交通管理

在空中交通管理领域，雷神公司提供空中交通雷达、空中交通控制优化培训解决方案、空中交通导航、集成和协调系统、第三代 AutoTrac 空中交通管理系统等。

三、电子战业务

电子战主要是使用聚焦能量，通常是无线电波或激光，干扰或废除敌人的电子产品以及通过拦截信号进行窃听。雷神公司在电子战解决方案相关产品与系统的研制上走在世界前列，50 多年来其干扰发射机、诱饵等电子战产品一直以高性能和可靠性获得普遍赞誉。另外，在应用于新一代武器和防御系统的氮化镓技术上，雷神公司也处于领先地位。雷神公司主要向美国陆军、海军、空军及其他国家的军队提供以下类别的电子战产品。

（1）综合电子战套装包括用于飞机的先进电子对抗系统、舰载反导弹系统的水面电子战改进计划和 AN/SLQ‐32（V）舰载电子战系统等。

（2）干扰发射机包括用于 EA‐18G "咆哮者" 飞机的先进电子攻击吊舱新一代干扰发射机、用于战术飞机的自护吊舱 AN/ALQ‐184 和一种自力推进的微型空射诱饵干扰发射机。

（3）定向能领域提供能够防御导弹和迫击炮等武器攻击的高能激光器。

（4）机载诱饵系统包括微型空射诱饵和 ALE‐50 拖曳诱饵系统（ALE‐50）。

（5）反辐射导弹包括能够检测和摧毁雷达以及雷达操作的火炮系统的高速反辐射导弹。

（6）雷达预警接收器包括 AN/ALR‐67（V）3 雷达预警接收器和 AN/ALR‐69A（V）雷达预警接收器。

（7）电子战服务有基于性能的后勤服务。

（8）对抗包括彗星吊舱和 AN/ALQ‐184 吊舱。

（9）信号情报包括雷神公司的应用信号技术。

四、精密武器业务

雷神公司的精密武器系统整合了卫星导航、激光制导、高清雷达、搜索功能等其他先进技术，产品包括导弹、鱼雷、精确制导武器和近程武器系统等。

（一）导弹类产品

◉ 空对地导弹主要包括 "格里芬" 导弹系统、高速反辐射导弹、联合攻击导弹、AGM‐154 联合防区外武器、AGM‐65 小牛式空对地导弹、Pyros™ 小型战术弹药、小直径炸弹 2、魔爪激光制导火箭、战斧式巡航导弹和陶式反坦克导弹武器系统。

◉ 地面防空领域主要包括加速改进拦截器导弹 AI3、改进海麻雀导弹、"霍克XXI" 导弹、爱国者导弹系统 "毒刺" 武器系统、"斯塔纳" 终端导弹防御拦截器和国家先进的防空导弹系统等。

- 弹道导弹防御导弹包括外大气层截杀飞行器、爱国者、"标准导弹–3"、"标准导弹–6"和"斯塔纳"终端导弹防御拦截器。
- 空对空导弹主要包括 AIM–9X® 响尾蛇、先进中程空空导弹和"麻雀"系列导弹。
- 近战武器系统和多任务武器系统主要包括标枪武器系统、魔爪激光制导火箭、陶式反坦克导弹武器系统和陶式改良目标捕获系统等。
- 舰载导弹领域主要包括改进型目标捕获系统、改进海雀导弹、旋转体导弹制导系统、海公羊反舰导弹防御系统、"标准导弹–2"、"标准导弹–3"、"标准导弹–6"和战斧式巡航导弹等。

（二）鱼雷

鱼雷主要包括 MK 48 Mod 6 先进技术鱼雷和 MK 54 轻型鱼雷。

（三）精确制导武器

精确制导武器主要包括"亚瑟王神剑"精确制导远程火炮弹和"宝石路"激光制导炸弹。

（四）近程武器系统

近程武器系统有密集阵近迫武器系统。

五、赛博业务

雷神公司拥有先进的计算机技术来保障网络安全、阻止网络攻击和网络犯罪，所提供业务包括内部威胁应对和反间谍、信息安全、分析、解决高级和持久的威胁、网络培训和练习，以及数据加密等。

（1）内部威胁应对和反间谍解决方案主要涵盖内部威胁监视和企业审计管理、企业知名度、跨域审计和持续监控等领域。

（2）信息安全产品包括"可信瘦客户端"[①]、信任网关系统、信任打印传输、信任邮件系统和网盾等。

（3）分析系统包括了多情报 Intersect 系列产品。

（4）解决高级和持久的威胁所提供的服务主要包括恶意程序检测和缓解、异常检测、网络威胁分析、现场计算机紧急响应小组和安全操作中心的支持以及内存取证软件 Second Look®。

（5）网络培训和练习主要提供定制的扩展性训练解决方案和演习、教师指导培训、移动课堂培训、自学网络模块和安全按需服务视频平台。

（6）通信安全领域提供加密微电路和空间通信系统的地面装置与飞行组

---

① Trusted Thin Client 允许各个机构连接到内部网络，以及在得到授权下连接到情报界桌面环境和联合信息环境内的共享网络，允许管理员能够根据需要无缝地添加或删除网络。

件，包括网络连接加密机 KIV－7 系列、先进的专用集成电路和用于敏感的电子信息传输的加密/加速设备等。雷神公司在加密微电路、空间通信系统的地面装置和飞行组件领域处于领先地位。

六、培训和技术服务

雷神公司提供的服务包括维护和后勤支持、设计和制造、测试以及培训等。

（1）维护和后勤支持的范围包括：先进的综合维护支持系统，电子战性能后勤保障，加强版自动化图形后勤坏境，操作、维修和维护，操作、计划、培训和资源支持服务 2 和综合后勤解决方案等。

（2）设计和制造提供的服务支持包括：射频组件，雷神 BBN 技术，定制工程和仓库支持，建模、仿真和可视化，半导体技术和雷神格伦罗西斯芯片设计和制造铸造厂等提供的相关技术及服务。

（3）测试设施和产品与服务主要包括：原级标准实验室，综合测试设施，环境测试实验室，部件测试和分析实验室，天线测试设施、分析和测试服务，Mobile Range™通信、光学、遥测集成套件和模拟与仿真。

（4）培训业务包括雷神全球培训解决方案、作战人员聚焦、战士培训联盟、空中交通控制最佳训练解决方案、网络学习解决方案、网络操作培训、模拟和培训、雷神指挥官与员工培训师、雷神专业服务等。

军工合作

雷神公司客户遍布全球 70 多个国家和地区，主要包括美国国防部、美国导弹防御局、NASA、美国情报界、联邦航空管理局等。在多个知名项目上，雷神公司还与其他军工企业进行合作。以下是雷神公司在 2014 年获得的部分大额合同。

- 2014 年 8 月，获得马萨诸塞州运输部价值 1.3 亿美元的合同，为其提供电子收费系统。
- 2014 年 8 月，获得美国海军陆战队价值 1 100 万美元的合同，为车载激光武器的测试提供支持。
- 2014 年 7 月，获得美国陆军 5 200 万美元的合同，为其提供神剑 Ib产品。
- 2014 年 7 月，获得 570 万美元的合同，为阿莱尼亚·马基公司的轻型鱼雷项目提供服务支持。
- 2014 年 7 月，获得来自美国和其他两个伙伴国价值 2.35 亿美元的合同，提供雷达数字处理器包升级爱国者防空和导弹防御系统。

- 2014 年 7 月，获得美国空军价值 8 000 万美元的合同，提供微型空射诱饵干扰器。
- 2014 年 7 月，获得 1.63 亿美元的合同，为先进中程空空导弹提供项目支持和维护，包括对美国和外国军事的维修和服务的要求。
- 2014 年 6 月，获得美国海军价值 1.15 亿美元的合同，对其近程武器系统进行再加工、大修和升级。
- 2014 年 6 月，获得 2.98 亿美元的合同，对美国空军的高级超视距终端系统系列的指挥所终端生产项目进行改进。
- 2014 年 4 月，美国政府与一个国外客户签订了 7.5 亿美元的合同，由雷神公司向该客户提供陶式反坦克飞弹。
- 2014 年 3 月，获得美国导弹防御局价值 3.5 亿美元的 SM – 3 Block IB 导弹加量订单，由原来的 8 个增加到 44 个。

联系方式

地　　址：Raytheon Company, 870 Winter Street Waltham, MA 02451
联系电话：781 – 522 – 5880
网　　址：http：//www.raytheon.com/

第五章

诺斯洛普·格鲁曼公司

诺斯洛普·格鲁曼公司是全球最大的防务承包商之一，也是全球最大的雷达制造商。2014年，诺斯洛普·格鲁曼公司约84%的收入来自美国政府机构[1]，在美国防务新闻公布的百强军工企业排名中列第5。2010年以来，诺斯洛普·格鲁曼公司的收入逐年下滑，这其中固然有公司将造船业务独立出去的影响，也与美国国防部预算减少有很大关系。与其他军工企业一样，诺斯洛普·格鲁曼公司也开始培育新的收入增长点，更多地发展非军工业务，或推动军工产品转为民用。

诺斯洛普·格鲁曼公司成立于1994年，总部位于弗吉尼亚州的西福尔斯彻奇，2014年的销售收入为239.79亿美元，约有64 300名员工。

诺斯洛普·格鲁曼公司是由原诺斯洛普公司于1994年收购格鲁曼航空航天公司之后组成的。诺斯洛普公司的前身是成立于1939年的诺斯洛普飞机公司。1985年，诺斯洛普飞机公司[2]经过重组成为诺斯洛普公司，总部位于特拉华州。格鲁曼公司的前身则是成立于1930年的格鲁曼航空工程公司，1969年更名为格鲁曼航空公司。

自1994年成立之后，诺斯洛普·格鲁曼公司不断通过并购来壮大自己的实力。例如，诺斯洛普·格鲁曼公司1996年收购了西屋电气公司的电子与防务业务，1997年收购了军用计算机提供商Logicon公司，1999年收购了侦察系

---

[1] 这里的收入不包括对外军售（Foreign Military Sales, FMS）。

[2] 诺斯洛普飞机公司曾是飞翼式飞机技术（Flying Wing）的重要开发者，研制的产品包括B-2隐形轰炸机。

统和无人机制造商特里达因瑞安航天公司。进入 21 世纪，诺斯洛普·格鲁曼公司于 2001 年收购了军用船只、军用电子设备制造商利顿工业公司和核潜艇制造商纽波特纽斯造船公司①，2002 年收购了军用、民用航天系统和卫星有效载荷领先开发商汤普森—拉莫—伍尔德里奇公司，2012 年收购了 M5 网络安全公司，2014 年收购了专为澳大利亚国防部提供飞机维修及支援的澳航国防服务公司并将其更名为诺斯洛普·格鲁曼综合防务服务公司。

经过多年的发展，诺斯洛普·格鲁曼公司已成为全球领先的防务产品与服务提供商，是世界上最大的雷达制造商。

组织机构

经过并购拆分及内部整合，诺斯洛普·格鲁曼公司现由 4 个业务部组成，分别是航空航天系统部、电子系统部、信息系统部以及技术服务部。另外，诺斯洛普·格鲁曼公司还有一些新技术企业。诺斯洛普·格鲁曼公司的组织机构如图 5.1 所示。

一、航空航天系统部

诺斯洛普·格鲁曼公司的航空航天系统部总部位于加利福尼亚州的雷东多海滩市，在载人飞机、无人系统、航天器、高能激光系统、微电子及其他系统与子系统的设计、研制及集成上处于领先地位，客户主要是美国政府机构。航空航天系统部下设无人系统、军用飞机系统、空间系统、战略计划技术等 4 个业务单元。

（一）无人系统业务单元

无人系统业务单元主要为战术和战略系统设计、研制、整合 ISR 无人系统。重要的 ISR 项目包括 RQ - 4 全球鹰侦察系统、Triton 无人机系统、北约"联盟地面监视系统"、火力侦察兵无人机系统、海军无人空战系统等。

（二）军用飞机系统业务单元

军用飞机系统业务单元主要设计、研制、整合机载 C^4ISR、电子战任务系统、长距攻击和战术飞机系统等。重要的 C^4ISR 项目包括 E - 2D 先进鹰眼预警机和联合监视目标攻击雷达系统等。电子战系统领域的主要产品/项目包括 EA - 18G "咆哮者"和 EA - 6BG "徘徊者"机载电子攻击武器系统，还曾设计研制出 B - 2 "幽灵"轰炸机，并为其提供保障升级服务。在战术飞机系统上，诺斯洛普·格鲁曼公司参与了 F/A - 18 战斗机后部和 F - 35 战斗机中翼

---

① 2011 年 3 月，诺斯洛普·格鲁曼公司将旗下的舰船制造部门进行拆分，纽波特纽斯造船厂成为独立出来的亨廷顿·英格尔斯工业公司的一部分。

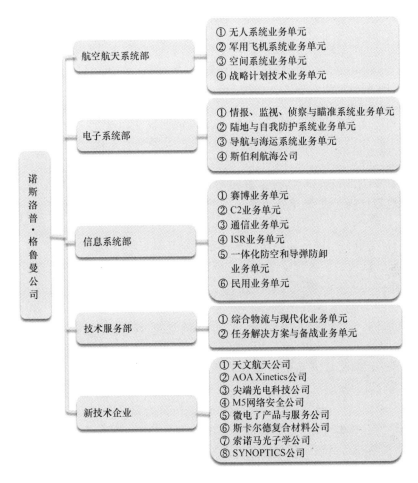

图 5.1　诺斯洛普·格鲁曼公司组织机构

的研制。

（三）空间系统业务单元

空间系统业务单元主要设计、研制、整合航天器系统及其子系统、传感器和通信有效载荷[①]等，以支持空间科研和 C^4ISR。该业务单元重要的项目包括 NASA 的詹姆斯·韦伯太空望远镜，以及美国空军通信中使用的先进极高频有效载荷系统。

[①] 航天器有效载荷是指在航天器上装载的为直接实现航天器在轨运行要完成的特定任务的仪器、设备、人员、试验生物及试件等，是航天器在轨发挥最终航天使命的最重要的一个分系统，是航天器的核心，按照用途可分为遥感类、通信类、导航类、科学类、对抗类等。通信类有效载荷是一种典型的有效载荷，主要由转发器和天线组成，可用于军用或民用卫星通信，也可用于遥感类航天器的信息对地传输，在商业和军事航天活动中占有统治地位（李怡勇，邵琼玲，李小将.《航天器有效载荷》[M].国防工业出版社，2013.）。

（四）战略计划技术业务单元

战略计划技术业务单元主要为空中、陆地和太空领域的初始操作系统提供零部件和原型的研制。

二、电子系统部

诺斯洛普·格鲁曼公司电子系统部的总部位于马里兰州的林克西姆市，主要提供防务电子及系统、机载火控雷达、态势感知系统、预警系统、空域管理系统、导航系统、通信系统、船舶动力推进系统、空间系统与后勤服务等。电子系统部包含 3 个业务单元：情报、监视、侦察与目标系统业务单元，陆地与自保护系统业务单元，导航与海运系统业务单元，以及斯伯利航海公司。

（一）情报、监视、侦察与瞄准系统业务单元

情报、监视、侦察与瞄准系统业务单元主要为国内外太空卫星应用、机载与地面监视、多传感器处理、作战单元和国家机构的分析与宣传等提供产品和服务。这些产品与服务为战场空间感知、导弹防御、指挥控制、作战电子（包括火控雷达、多功能孔径与吊舱）、机载电光/红外瞄准系统、邮政自动化系统等提供助力。该业务单元重要的项目包括机载火控雷达，如可伸缩式灵巧波束雷达、F-35 战斗机的火控雷达；电光/红外系统包括 LITENING 瞄准吊舱、分布式孔径系统；机载监视雷达包括用于机载预警与控制的多功能电子扫描阵列；空间系统包括天基红外系统，该系统可为导弹监视、导弹防御、技术情报及战场态势生成①等提供数据。

（二）陆地与自我防护系统业务单元

陆地与自我防护系统业务单元不仅为使用传感器和防护系统的地面平台、直升机平台、固定翼载人和无人机平台提供产品、系统与服务，而且还提供综合/集成电子战设备、通信情报系统、无人值守地面传感器、自动测试设备、先进威胁模拟器、地基防空多功能雷达、态势感知系统及激光/光电系统等。该业务单元参与的重要项目包括地面/空中任务定向雷达、TPS-78 地基雷达、大型飞机红外对抗系统、AN/APR-39 雷达预警接收机等。

（三）导航与海运系统业务单元

导航与海运系统业务单元为国内外客户提供的产品与服务涵盖了智能导航、舰载雷达监视、舰船控制、机械控制与海军水面舰船的综合作战管理系统，高分辨率水下探雷传感器、态势感知及其他应用，无人水下航行器、舰载导弹与封装有效载荷发射系统，动力与发电系统，用于潜艇和航空母舰的核反

---

① Battlespace Characterization，也称"战场描述"，是指对战场敌我双方状况的客观描述，如双方部队行动和部署状况、己方作战目标实现情况等，为指挥人员提供决策帮助。

应堆仪器控制和声学传感器，用于海陆空领域的惯性导航系统及嵌入式全球定位系统等。

导航与海运系统业务单元的重要项目涉及 AN/SPQ－9B 反舰导弹防御雷达，用于舰船、飞机、航天器和武器系统的惯性导航与定位产品等。

导航与海运系统业务单元下设先进概念与技术分部，业务主要聚焦以下领域：射频系统，电光/红外系统，多功能系统，模块开放系统的结构方法与设计，精确导航与定时功能、安全可信的解决方案等。

（四）诺斯洛普·格鲁曼斯伯利航海公司

诺斯洛普·格鲁曼斯伯利航海公司[①]也称斯佩里海事公司，于 1997 年由斯伯利陀螺罗盘公司、C. Plath 公司和迪卡公司合并成立，总部位于英国，自 2001 年起成为诺斯洛普·格鲁曼公司的一部分。斯伯利陀螺罗盘公司是成立于 1910 年的一家美国公司，主要设计、生产船用陀螺稳定器和陀螺罗盘。C. Plath公司于 1837 年在德国成立，该公司生产的磁罗盘至今仍广泛用于各种船舶。迪卡公司于第二次世界大战期间在英国成立，是著名的雷达和留声机生产商，于 1949 年推出第一款海事雷达，曾生产出世界上第一个真运动雷达、第一个防撞雷达和第一个型号通过验证的彩色雷达。

诺斯洛普·格鲁曼斯伯利航海公司是世界领先的商用船舶和海军舰船的导航、通信、信息和自动化系统的领先供应商，提供雷达、罗盘系统、转向系统、计程仪、综合船桥与控制系统等，在欧洲、美洲、亚洲等地超过 15 个国家设有业务机构，雇员超过 500 人。

三、信息系统部

诺斯洛普·格鲁曼公司的信息系统部总部位于弗吉尼亚州的麦克利恩市，其产品与服务涵盖了指挥控制（C2）、通信、网络安全、防空导弹防御、情报处理，民众安全，健康信息技术，政府支持系统以及系统工程一体化等，服务的客户包括美国国防部、美国情报机构、联邦民间机构及各州机构，以及国内外的商业客户等。信息系统部还向美国政府机构提供情报相关的系统与服务，包括信号情报系统、地理空间情报和多元情报数据融合等。信息系统部设有赛博、C2、通信、ISR、一体化防空和导弹防御、民用及健康等 7 个业务单元。

（一）赛博业务单元

赛博业务单元主要为客户提供面向赛博安全威胁、赛博任务管理及特殊赛博系统的全方位的解决方案。诺斯洛普·格鲁曼公司的主动防御、漏洞检测、分析平台及大型赛博解决方案等服务于国家安全应用，客户来自情报界、防

---

① http://www.sperrymarine.com/.

务、联邦、州、国际及商业界。

（二）C2 业务单元

C2 业务单元提供具有网络使能能力[①]的指挥控制系统、战场管理系统、指挥中心集成系统、作战支持系统、任务使能解决方案、关键基础设施防护系统等，这些系统在全世界及美国国防部的作战及指挥中心、联合指挥部及国际安全领域安装使用。

（三）通信业务单元

通信业务单元提供基础网络、网络管理、网关系统及射频设备等，涉及用于飞机互通性操作、多功能航空电子、软件无线电、受保护的通信等领域的产品，它们为国家军队的 C^4ISR 任务提供支持，使 C^4ISR 更加一体化、更具有互操作性。

（四）ISR 业务单元

ISR 业务单元提供信号情报、机载侦察、地理空间情报、数据融合等领域，尤其是数据收集、处理、挖掘等领域的系统与设备，涵盖了情报集成、大规模信息处理、多源情报、大数据应用、地理定位技术等。

（五）一体化防空和导弹防御业务单元

在一体化防空和导弹防御业务单元，诺斯洛普·格鲁曼公司提供网络使能战场管理、瞄准与监视系统、空中导弹防御指挥控制、导弹预警等系统，以及武器和火控系统的关键态势感知系统等。

（六）民用业务单元

在民用业务单元，诺斯洛普·格鲁曼公司提供民用的信息技术解决方案，民用的金融操作方案，公共安全系统、执法与国家项目等，是全球国土安全和公共安全领域、联邦执法信息共享与分系统、信息技术系统及服务的重要提供商。

四、技术服务部

技术服务部总部位于弗吉尼亚州的赫恩登镇，在后勤/物流创新、现代化、保障支持等领域处于领先地位，还提供空间、导弹防御、核安全、培训模拟等领域的先进技术及工程服务。技术服务部下设两个业务单元，分别是综合物流与现代化业务单元、任务解决方案与备战业务单元。

（一）综合物流与现代化业务单元

综合物流与现代化业务单元提供全寿命周期支持以及武器系统保障与现代

---

① Net – Enabled Capability，即网络使用能力，英国国防部给出的定义是对传感器、决策者、武器系统和保障能力进行紧密集成，以达到所需的效果。网络使能能力中有 3 个重要因素：网络、信息和人员，其中网络是核心。美国已着手建设网络使能武器库。

化产品和服务，为战士提供支持，并提供飞机及子系统 MRO 服务，在飞机和电子持续工程、供应链管理服务、需要物流支持的载人和无人武器系统、现场服务、持续维修与技术协助等领域拥有领先的竞争优势。该业务单元参与的重要项目包括 KC－10 飞机承包商物流支持、英国的空中预警控制系统、AAQ24 大型飞机红外对抗系统。

（二）任务解决方案与备战业务单元

任务解决方案与备战业务单元通过现场、虚拟和建设性（LVC）的培训应用，提供实训和综合培训，覆盖战场指挥、职业军事教育、战术车辆的保障与现代化、安全领域的高技术与工程服务、空间与发射服务、民用工程及军事测距传感器仪器操作等。

任务解决方案与备战业务单元承接的主要项目包括沙特阿拉伯国民警卫队培训项目、战术和作战层面的任务指挥训练项目等。

五、诺斯洛普·格鲁曼分析中心

诺斯洛普·格鲁曼分析中心是一个小型的公司智库，负责对国防政策、军事威胁、军事条令、作战概念、当前及未来的商业机遇、行业竞争者等进行分析，为诺斯洛普·格鲁曼公司提供关于技术发展、行业趋势、长期优势等的综合评估，是诺斯洛普·格鲁曼公司发展中必不可少的一部分。

六、新技术企业

诺斯洛普·格鲁曼公司的新技术企业主要提供战略性的产品与服务，聚焦关键技术领域的开发。

（一）天文航天公司

天文航天公司源于 1958 年成立的天文研究公司。1972 年，天文研究公司被加拿大的斯巴宇航公司收购，并更名为天文航天公司，同时将公司所在地从加利福尼亚州的圣巴巴拉迁移到卡平特利亚，其研究重点也转向可展开结构领域的硬件设计与研制。作为收购交易的一部分内容，斯巴宇航公司将其空间薄壁管式伸展机构技术转移到天文航天公司。1999 年，天文航天公司成为汤普森—拉莫—伍尔德里奇公司的全资子公司，随着 2002 年汤普森—拉莫—伍尔德里奇公司被诺斯洛普·格鲁曼公司收购，天文航天公司也成为诺斯洛普·格鲁曼公司航空航天系统部的一个战略业务单元。

天文航天公司是空间展开结构技术领域的先行者、领导者，在地球、月球和火星等在轨硬件领域有良好的声誉，曾有 100% 成功率的记录。天文航天公司的知名产品有 AstroMesh 可展开天线、可展开雷达、JIB 单极天线等。

（二）AOA Xinetics 公司

诺斯洛普·格鲁曼公司的 AOA Xinetics 公司在任务关键的电光与光机系统

领域处于领先地位，其业务涉及智能光学（如适应光学系统、变形镜、精密驱动器的波前传感器等）、产品设计与维修（包括电光和光机设备的设计、快速成型、制造、维修等）、先进系统（轻量无源和有源混合动力烧结碳化硅光学和精密结构）、特殊项目（如为政府项目制造电光和光机系统）等。

（三）尖端光电科技公司

尖端光电科技公司于 1992 年由前麦道公司的固态激光器科学家和工程师们建立，后成为诺斯洛普·格鲁曼公司航空航天系统部的下属公司，是高能激光二极管、高能泵模块、全固态半导体激光器等领域的领导者。

（四）M5 网络安全公司

M5 网络安全公司位于澳大利亚的堪培拉，主要为军队、政府及大型企业提供网络安全服务，如保密通信系统等。M5 网络安全业务单元参与了澳大利亚政府的一些项目，如快速成型、开发与评估项目和防务工业安全项目等。

（五）微电子产品与服务公司

诺斯洛普·格鲁曼公司的微电子产品与服务公司在提供高性能可靠的微电子产品与服务上已有 40 多年的历史，在用于蜂窝系统和宽带无线系统及航空航天、防务和科学应用的高速元件的设计和制造方面走在前列，还可以提供先进的磷化铟和砷化镓半导体制造流程优化的铸造服务。

（六）斯卡尔德复合材料公司

斯卡尔德复合材料公司，也称比例复合材料公司，成立于 1982 年，位于加利福尼亚州的莫哈韦，2007 年被收购成为诺斯洛普·格鲁曼公司的全资子公司，专业生产航空及特殊应用方面的复合材料，在飞行器设计、加工、制造、特殊复合材料结构设计、分析及制造，以及飞行器和航天器的试验性飞行测试领域有丰富的经验。

（七）索诺马光子学公司

索诺马光子学公司是诺斯洛普·格鲁曼航空航天系统部的全资子公司，主要提供先进的薄膜技术及产品，包括精密过滤器、镜面涂料、地球同步闪电绘图仪以及相关的测量设备等。

（八）SYNOPTICS 公司

SYNOPTICS 公司于 1965 作为利顿工业公司的子公司而成立，并进入合成激光材料市场，是用于医疗、防务、工业和科学应用的固态激光材料和元件的领先制造商，也是世界著名的人工晶体制造商。

业务与产品

诺斯洛普·格鲁曼公司的业务覆盖了从水下到外层空间再到赛博空间的 16 个业务领域，在无人系统、赛博、C⁴ISR、后勤等业务领域都有核心竞争力。

一、无人系统业务

诺斯洛普·格鲁曼公司的无人系统业务在海上、陆地、空中和太空都有不俗的表现。无人系统业务领域提供的产品、系统与服务具体如下。

（一）陆地无人系统

在陆地无人系统领域，诺斯洛普·格鲁曼公司的机器人业务处于领先地位。安卓斯战场辅助机器人由诺斯洛普·格鲁曼公司的子公司瑞莫提克公司研制，有 Andros^{TM}F6 系列、Andros^{TM}HD 系列以及 Andros^{TM}Titus 型等。瑞莫提克公司成立于 1980 年，总部位于田纳西州橡树岭，最初是为核工业提供远程操作咨询，1986 年收购 ANDROS 技术后成为用于危险任务操作的移动机器人系统及技术的全球领导者。

（二）海上无人系统

在海上无人系统领域，诺斯洛普·格鲁曼公司主要提供 AN/AQS–24A 机载猎雷系统，该系统配备有激光线扫描仪、高分辨率声呐等，能有效提高美国海军当前和未来的猎雷需求。

（三）空中无人系统

诺斯洛普·格鲁曼公司提供的空中无人系统的产品、系统与服务具体如下。

- 蝙蝠无人机系统是诺斯洛普·格鲁曼公司的中空、多任务无人机系统，能够完成多变的战术任务需求，如情报、监视、侦察、目标捕获及通信中继等。
- 通用任务管理系统是一个广泛用于诺斯洛普·格鲁曼公司无人机产品的控制系统，为无人机的控制系统带来了变革。
- 欧洲鹰无人机是在 RQ–4 全球鹰高空长航时无人机基础上，为德国国防部研制的无人机。欧洲鹰公司是诺斯洛普·格鲁曼公司与安防系统公司为欧洲鹰无人机项目成立的各持股50%的合资公司，该公司作为德国国防部的主承包商，为欧洲鹰提供开发、测试以及寿命周期支持。
- 火力侦察兵无人机是垂直起降、长航时战术无人机，有两个型号，其中：火力侦察兵 MQ–8B 无人机可在陆地及舰船的飞机平台上起降；火力侦察兵 MQ–8C 无人机主要用于美国海军，在有效载荷能力上更优于 MQ–8B。
- "火鸟"是一个持续多元智能空中采集系统，可用于载人飞机和无人机。
- Fire–X 中程垂直无人机系统可以增加货物载重、延长航时。

- 全球鹰无人机是第一架通过军用航空器适航性审查的无人机，该无人机配备了全球鹰通信网关、全球鹰多元智能系统和全球鹰广域监视系统，能够通过全天候的侦察观测提供近实时的高分辨率图像。

- 诺斯洛普·格鲁曼公司通过位于亚利桑那州的无人系统保障中心向美国国防部及其他政府组织提供全球支持服务，该中心可以向"猎人"无人机、长航时多情报飞行器、广域海上监视演示验证飞机以及"全球鹰"、"火力侦察兵"、"蝙蝠"、"火鸟"等无人机或系统提供支持和保障服务。

- 高空长时系统建立在通用的 RQ－4 全球鹰机身基础上，通过雷达、图像情报传感器、信号情报系统、通信中继设备等提供近实时覆盖，可用于全球鹰无人机、Triton 无人机、NASA 全球鹰无人机、NATO 联盟地面监视无人机以及欧洲鹰无人机等。

- M324 无人系统是一个可提供电光和红外图像的自动化、长距侦察无人机系统。

- MQ－5B "猎人"无人机是一种长航时、中空、多任务战术无人机。诺斯洛普·格鲁曼公司是美国陆军"猎人"无人机的主承包商。

- NASA "全球鹰"无人机项目由位于德莱顿飞行研究中心的 NASA "全球鹰"项目办公室进行管理。

- NATO 联盟地面监视无人机，是北约成员国为加强机载地面监视能力而与诺斯洛普·格鲁曼公司合作，通过北约联盟地面监视管理局来运作的一个项目。该项目将大大增强北约联合情报、监视和侦查能力。2012 年，诺斯洛普·格鲁曼公司获得北约授予的价值 17 亿美元的合同，为北约开发联盟地面监视系统。NATO 联盟地面监视系统以 Block 40 RQ－4 全球鹰高空长航时无人机系统为基础研制而成，包括多平台雷达技术嵌入式项目传感器，该传感器可用于军事和商业用途。

- R－Bat 小型无人直升机是在雅马哈公司的 RMAX 直升机基础上由诺斯洛普·格鲁曼公司与雅马哈公司共同研制的战术无人机，整合了自主控制及情报收集技术，配备有地面控制站，可执行搜救以及森林火场勘察等任务。

- RQ－4 Block 20 "全球鹰"无人机于 2007 年完成第一次试飞，是美国空军第九侦察联队的飞机编队的一部分，其有效载荷能力有很大提高。

- MQ－4C Triton 无人机系统能够提供对海洋和海岸的实时情报监视侦查。

- X－47B 无人机是美国海军无人空战系统航空母舰演示项目的一部分，

是人类历史上第一架无需人工干预、完全由电脑操纵的"无尾翼、喷气式无人驾驶"飞机，也是第一架能够从航空母舰上起飞并自行回落的隐形无人轰炸机。

（四）太空无人系统

在太空领域，诺斯洛普·格鲁曼公司为 NASA 设计制造了詹姆斯·韦伯太空望远镜，用来取代哈勃太空望远镜。詹姆斯·韦伯太空望远镜是一个红外观测太空望远镜，配备有近红外摄像机、近红外光谱仪、中红外仪、有可调谐滤波模块的精确制导传感器等，将由"阿丽亚娜 5"火箭发射升空。

（五）传感器

诺斯洛普·格鲁曼公司的传感器产品广泛用于多种系统和产品。

- 有源电子扫描阵列雷达。诺斯洛普·格鲁曼公司是有源电子扫描阵列雷达的先行者，也是海、陆、空、外太空领域多任务雷达解决方案的领导者。诺斯洛普·格鲁曼公司的有源电子扫描阵列雷达有用于 F - 16 战斗机的可伸缩式灵巧波束雷达、高机动性多任务雷达系统 AN/TPS - 80 地面/空中任务定向雷达、用于 F - 22 "猛禽" 战斗机的 AN/APG - 77 雷达系统、用于 F - 16 战斗机的 AN/APG - 80 有源电子扫描阵列雷达系统、用于 F - 35 "闪电 II" 联合攻击战斗机的 AN/APG - 81 雷达系统、AN/ASQ - 236 战术 Ku 波段有源电子扫描阵列雷达吊舱、轻量型 AN/ZPY - 1 STARLite 小型战术雷达、AN/ZPY - 2 多平台雷达技术改进项目雷达、用于海上监视的 360° 有源电子扫描阵列雷达——AN/ZPY - 3 多功能主动传感器雷达、高适应性多任务雷达、用于波音 737 空中预警管制机的多功能电子扫描阵列雷达、能获取地面移动目标显示器数据和合成孔径雷达图像的车辆与散兵探测雷达等。
- 异构机载侦察团队系统，能够同时自动追踪、集成多达 50 个载人/无人飞机及传感器，并实现系统之间的双向交互，向战场上的士兵传输视频流以及监视和侦察信息。
- LN - 251 嵌入式惯性导航系统/全球定位系统是同类产品中尺寸最小、质量最轻、功率较低、性能最可靠的导航器。
- 用于 RQ - 4 Block 10 全球鹰无人机的电光/红外、合成孔径雷达传感器能够提供高质量的实时图像，RQ - 4 Block 10 全球鹰无人机主要用于支持美国空军的全球反恐战争。

（六）无人系统支持

诺斯洛普·格鲁曼公司为其无人系统提供各种完备的支持和服务，以使其产品和系统能更好地服务客户。

- BQM - 34 "火蜂" 高性能空中目标系统有大推力发动机、先进的微处理飞行控制系统、坚固的机身、多种任务增强系统。

- BQM－74E 空中目标系统是一个高性能的涡轮喷气动力空中目标系统。

- BQM－74F 空中目标系统是诺斯洛普·格鲁曼公司在美国海军的系统开发与演示合同下在 BQM－74E 空中目标系统的基础上开发的。相对于BQM－74E空中目标系统，BQM－74F 空中目标系统提高了速度，扩展了范围，改善了操作，延长了航时，增加了有效载荷能力。

- Chukar Ⅲ 空中目标系统是一个高性能涡轮喷气动力空中目标系统，该系统用于战斗机，以及用于武器系统测试、评估、训练的巡航导弹仿真。

- 火力侦察兵无人机维护、操作与保障系统为美国海军提供态势感知和精确定位支持。

- 全球鹰后勤服务主要为美国空军的全球反恐战争提供支持。

- Triton 服务支持与培训为美国的海上巡逻和侦察部队提供持续的海上情报、监视、侦察数据收集和传输。

二、赛博业务

诺斯洛普·格鲁曼公司在赛博领域致力于依靠其先进技术对抗网络威胁，在身份管理、态势感知、建模与仿真、云安全、供应链等领域处于领先水平。诺斯洛普·格鲁曼公司的全方位网络操作解决方案提供综合的集成的动能/非动能任务操作以及主动防御、大数据、生物特征情报、网络弹性以及任务保障等。2014 年 10 月，诺斯洛普·格鲁曼公司发布了题为"提高赛博安全与采购的门槛"[1] 的报告，该报告分析了防务领域的网络安全的潜在威胁，提出了补救措施和行动建议。

诺斯洛普·格鲁曼公司是美国国土安全部赛博教育与劳动力培养工作组的成员。2012 年起，诺斯洛普·格鲁曼公司参与到了国土安全咨询委员会的赛博技能任务组，旨在帮助培养赛博领域的国家安全人员。

诺斯洛普·格鲁曼公司还在赛博安全领域与其他机构展开了合作。2009 年成立的诺斯洛普·格鲁曼网络安全研究联盟是诺斯洛普·格鲁曼公司与美国国内顶级学府在赛博领域进行合作的结果。加入该联盟的有麻省理工大学、普渡大学、卡耐基·梅隆大学和南加利福尼亚州大学等在大数据、赛博安全、计算机等领域处于领先地位的大学。该联盟每半年召开一次会议，以促进联盟成员之间的信息共享和研究成果交流，应对不断出现的网络安全威胁。

诺斯洛普·格鲁曼 Cync 计划[2]于 2011 年启动，是由诺斯洛普·格鲁曼公

---

[1]　Raising the Bar on Cybersecurity and Acquisition，2014 年发布。

[2]　http：//www.bwtechumbc.com/cync/.

司与马里兰大学巴尔的摩分校的 bwtech@ UMBC 研究园的网络孵化器一起合作的，目的是以商业化的技术应对国家日益增长的网络威胁。

网络学院是诺斯洛普·格鲁曼公司顺应对合格网络专业人员的需求而设立的，面向诺斯洛普·格鲁曼公司的内部员工，以及美国国防部、情报界人士及联邦机构。网络学院开设网络认证与培训的相关课程，包括网络安全、网络战等，以培养更多更专业的网络安全相关人员，增强公司及美国的网络安全防御能力。

三、C^4ISR 业务

在 C^4ISR 业务领域，诺斯洛普·格鲁曼公司依靠其技术领先的微电子和最复杂的"系统之系统"为第一响应人、情报收集者、决策者及军队的前线人员提供所需的设备、产品与服务。

（一）传感器

在 C^4ISR 领域，诺斯洛普·格鲁曼公司的传感器及相关产品众多，有广泛的应用。

除前述的无人系统领域的有源电子扫描阵列雷达系列、AN/ZPY‑1 STAR-Lite 小型战术雷达（轻型）、异构机载侦察团队系统、车辆与散兵探测雷达外，诺斯洛普·格鲁曼公司的传感器产品及系统用于 C^4ISR 领域的还有：机载激光探雷系统，机载海上巡逻系统，配备在 P‑8"波塞冬"反潜巡逻机的传感器，AN/AAQ‑28（Ⅴ）LITENING 瞄准吊舱，AN/AAQ‑32 内部前视红外瞄准系统，AN/AAQ‑37 F‑35 分布式孔径系统，AN/APG‑77、AN/APG‑80、AN/APG‑81等型号的有源电子扫描阵列雷达，AN/APN‑241 战术运输雷达，服务于联合监视目标攻击雷达系统的 AN/APY‑7 雷达后勤与补给站支持系统，AN/TPS‑80 地面/空中任务指向雷达，ASQ‑236 有源电子扫描阵列雷达吊舱，空中预警管制系统的 APY‑2 支持系统，编码站点追踪器，光纤声传感器，光纤拖曳式阵列，手持精确瞄准设备，异构机载侦察团队系统，高适应性多任务雷达，联合多任务远征艇配件，"基奥瓦勇士"桅杆安装瞄准具传感器套装，2 型及 2H 轻型激光指示测距仪，移动化学剂探测器，多波段激光光斑追踪器，多功能主动传感器，多功能电子扫描阵列监视雷达，卫星数据处理系统和云系遥测与天气预报系统，可伸缩式灵巧波束雷达，"蝎子"和"蝎子"Ⅱ无人值守目标识别系统，SoldierLink 系统，太空雷达，太空天气分析与预报系统，天基红外系统，特种任务飞机，潜艇艇体阵列，三维长距雷达，TPS‑78、TPS‑703 固态战术移动雷达系统，VENOM 雷达等。

（二）平台

诺斯洛普·格鲁曼公司在 C^4ISR 领域的平台及相关产品有空爪平台、虚拟战场空间信息管理平台、代理超高频先进的按需分配多址卫星通信系统、战术优势先进管理系统、城市地理空间信息分析平台，以及 GeoEnterprise 架构、

GeoEnterprise 标准、地理空间情报企业需求等平台。

（三）通信

在通信领域，诺斯洛普·格鲁曼公司的业务与产品涵盖：AN/TYQ－23 移动指挥控制系统，AN/VIC－5 增强型车载互通信系统，自动化射频传播系统，战场机载通信节点，同址地面缓和装置，数据链接处理与管理，分布式仿真与激发系统，快速文件传送，21 世纪部队旅及旅以下部队作战指挥系统及安装包，调频多路转换器，网关管理器、全球网络管理器，地面同址模块—超高频，地面中程防御火控通信，集成航空电子系统，集成技术电子情报分析系统，联合多任务远征艇，链接管理系统，微型可调谐滤波器，模块控制与报告平台，多链接服务网关，多链接系统测试与训练工具，多雷达追踪器，网络通信系统，参数仪与分析软件系统，PASS 3－D 光谱分析仪，PASS 和 Avalon 8000 系列记录仪，探路者路线再规划装备，电源管理，射频控制总线监控，卫星通信天线交互单元，安全新系统，哨兵－XD 系统，舰载集成语音通信系统，智能集成车载区域网络，软件无线电系统，频谱分析仪软件系统，代理超高频先进的按需分配多址卫星通信系统，战术数据链接集成训练器，战术决策代理，超高频多路复用器，不间断电源供应，爱思创计算机同址模型等。

（四）解决方案

诺斯洛普·格鲁曼公司在 C^4ISR 领域的解决方案有：战场机载通信节点，战场空间指挥，战场空间信息管理，C2 未来实验室提供的概念与技术，商用联合绘图工具包，符合实验法框架，改进型 C^4ISR 操作响应体系，地理空间集成框架，地理空间情报，历史升级解决方案，气象卫星数据开发业务，MAGNUM 集成平台，模块开放系统方法，PULSENett 传感器网页框架，Quick Mission™多源 ISR 解决方案，暴风雨先进精确瞄准系统，RePLACE 软件仿真器，大型应用的逆向工程，智能计程车载区域网络，虚拟培训系统，虚拟、互动、联合培训资源/环境等。

（五）系统

在 C^4ISR 系统领域，诺斯洛普·格鲁曼公司的业务与产品包括：机载信号情报产品线，AN/TYQ－23 移动指挥控制系统，阿格斯 ISR 信息处理、利用、传播应用程序，一体化海上网络和体系服务，决策代理信息传输系统网关，决策代理系统，防务信息系统，防务支持服务，侦察测量工具套装，增强型通信网关服务器，爆炸品处理系统，安卓斯 F6B 多样化平台，陆军全球作战支持系统，地面站作战情报系统，Guardrail－RC－12X 机载信号情报系统，危险材料反应评估系统，身份管理及系统、一体化空中导弹防御战斗指挥系统，执法系统，逻辑信息发布系统分析仪，M324 无人机系统，MailRoom™自动化文件整理程序，导弹防御集成作战中心，网络通信，下一代 BioTRAC 系统，快速机载扫雷系统，机器人平台及子系统，智能节点吊舱，软件无线电系统，战术领先高级系统等。

（六）指挥控制

在指挥控制领域，诺斯洛普·格鲁曼公司的产品、系统及服务涉及：空中作战中心武器系统，作战空间指挥个人计算机及战术，指挥控制应用，指挥控制压缩版，指挥控制框架计划，指挥邮政平台，指挥控制战场管理与通信，赛博战集成网络，增强型基地系统控制与计划环节，一体化联合作战指挥控制服务设备，一体化空中导弹防御战斗指挥系统，一体化战术指挥控制服务设备，CBRN[①] 环境综合战术快速评估设备，多域阿特拉斯可拆卸车载计算平台，联合多任务远征艇，暴风雨先进精确瞄准系统，Magnum 一体化平台，多元智能域感知解决方案，智能节点吊舱，SoldierLink 系统，战术领先先进管理系统等。

（七）情报、监视与侦察

在情报、监视与侦察即 ISR 领域，诺斯洛普·格鲁曼公司拥有蝙蝠无人机系统、赛博战集成网络、E-2D 先进鹰眼预警机、地理空间信息综合框架、智能综合车载区域网络、蝎子和蝎子 II 无人值守目标识别系统、TPS-78 与 TPS-703 固态战术移动雷达系统、多任务电子扫描阵列监视雷达、天基红外系统以及军事情报解决方案等。

四、后勤业务

在后勤业务上，诺斯洛普·格鲁曼公司提供现代化与保障、供应链管理、培训与仿真、高技术服务、自动化测试等，以满足客户全方位的任务需求。

（一）现代化与保障

在现代化保障领域，诺斯洛普·格鲁曼公司设有以下 3 个重要机构，负责重要项目的现代化与保障工作。

查尔斯湖维修与改进中心，是诺斯洛普·格鲁曼公司技术服务部门提供重翼飞机保障的卓越中心，为美国军队提供优质的 MRO 服务，在飞机翻修、改进服务及工程领域有几十年的经验。查尔斯湖维修与改进中心负责美国空军 E-8C 联合监视目标攻击雷达系统飞机和 KC-10 加油机的维系及保障工作。

旋翼飞机航空电子创新实验室，由诺斯洛普·格鲁曼公司与英国宇航系统公司、L-3 通信公司等合作，致力于专有系统的集成，为旋翼飞机设备的测试提供创新的环境，

成功地对 20 多种产品进行了数字互操作性改进，以使产品与美国国防部现行的系统相匹配。在该实验室，诺斯洛普·格鲁曼公司的合作对象还有菲利尔系

---

① CBRN 是指化学、生物、辐射和核。

统公司、美捷特公司、奎奈蒂克集团、哈里斯公司等。

导弹工程中心是诺斯洛普·格鲁曼公司在 2006 年设立的，位于加利福尼亚州的圣贝纳迪诺。该中心作为一个重要的试验场，为导弹技术开发和政府的一些重要导弹项目提供支持。导弹工程中心的旗舰项目是"民兵Ⅲ"洲际弹道导弹现代化项目，诺斯洛普·格鲁曼公司是该项目的主承包商，负责"民兵Ⅲ"的维修、保障和现代化服务。

在现代化保障领域，诺斯洛普·格鲁曼公司还负责：APY－2 空中预警控制系统的支持服务，B－2 幽灵轰炸机的维修、改装与训练，F－5 虎式战斗机相关的服务与支持，哨兵 E－3D 英国空中预警控制系统的维修与改进，火力侦察兵无人机维修、操作与保障，全球后勤与作战支持及相关服务，地面部队保障，导航系统后勤系统工程，导航系统寿命周期项目，洲际弹道导弹基本综合合同项目，沙特阿拉伯国民卫队现代化、训练与后勤项目。

另外，诺斯洛普·格鲁曼公司还提供核安全服务、商用核动力服务、防务支持服务等。

诺斯洛普·格鲁曼公司还与阿伯丁集成中心合作了小型特殊任务飞机——空爪，它是在美国 Quest 飞机制造公司的"大棕熊"单引擎飞机基础上增加了高技术传感器的飞机。

（二）供应链管理

在供应链管理业务领域，诺斯洛普·格鲁曼公司提供电子数据交换合作与电子数据交换翻译服务、全球鹰后勤服务、多传感器威胁仿真、供应链管理咨询及供应链管理解决方案、Triton 服务支持与培训，以及 OpenTrac 系列产品，如 OpenTrac 主管、OpenTrac 企业、OpenTrac 管理者等。

（三）训练与仿真

在训练与仿真业务上，诺斯洛普·格鲁曼公司提供反毒品恐怖主义全球支持、分布式仿真与激发系统、环境生成与分析、地理空间训练、导航系统技术培训、信号测量系统、同步控制系统、培训与技术资源综合性能支持系统、"沙虎鲨"无人机训练解决方案、虚拟浸入式立体环境、联合威胁发射器、作战电磁环境模拟装置、脉冲超人便携式作战电磁环境模拟装置、实时红外/电光情景模拟器、合成适应性智能实体、T－X 教练机等。

（四）自动化测试设备

诺斯洛普·格鲁曼公司的自动化测试设备有：AN/GSM－397（V）电子系统测试套装，AN/TSM－191（V）5 可运输的电子车间，AN/TSM－191（V）6 与 AN/USM－632（V）3 基础车间测试设备，AN/TSM－217 下一代自动化测试系统，AN/USM－632（V）4 电光测试站，联合中等水平自动化测试，商业等效设备，电光模块，电光子系统，飞行数据分析展示工具，测试设备综合系列，多传感器威胁仿真，SureCAL 校准软件，虚拟系统分析仪，作战测试评估等。

（五）高技术服务

诺斯洛普·格鲁曼公司在高技术服务领域，主要为美国的国防、核安全等领域提供高质量的服务。

国家安全技术有限责任公司是 2006 年由诺斯洛普·格鲁曼公司与其他三家公司[①]合资成立，有员工约 2 450 人。国家安全技术有限责任公司根据合同，负责运营内华达国家安全区（也称内华达试验场）。该安全区是美国能源部设在内华达州的专属区域，为美国国家核安全管理局、美国国防部和其他联邦机构提供所需的高危险操作、测试及培训支持。

另外，诺斯洛普·格鲁曼公司建造的防务支持项目卫星自 1970 年以来一直作为北美防空联合司令部的战术预警和攻击评估系统的星载部分，提供关键服务。该部分可用红外探测器感知来自地球表面的导弹火焰的热度，也可观测到核爆炸及弹道导弹发射等。

诺斯洛普·格鲁曼公司自 1954 年以后一直是美国空军洲际弹道导弹项目承包商，负责提供系统工程和技术协助服务。1997 年起，诺斯洛普·格鲁曼公司成为洲际弹道导弹项目的主承包商，负责维持美国洲际弹道导弹武器系统的备战状态。近期，美国空军以"后续洲际弹道导弹保障与采购构建"取代原有的洲际弹道导弹总包综合合同。在新合同下，诺斯洛普·格鲁曼公司将为"民兵"地面子系统提供保障、研制和系统改造的应用部署等。

五、定向能业务

在定向能领域，诺斯洛普·格鲁曼公司开发的体积较小却更坚固耐用的高能激光器在战场上得到广泛应用，是防务激光武器系统的领导者。

机载激光试验平台[②]是诺斯洛普·格鲁曼公司与波音公司、洛克希德·马丁公司共同为美国导弹防御局研制的，诺斯洛普·格鲁曼公司为该平台提供化学氧碘激光器和一种固态激光光器——灯塔照明激光器。

化学高能激光器系统包含两个先进的高功率激光器：化学氧碘激光器和战术高能激光器。美军使用的所有的兆瓦级激光器均是由诺斯洛普·格鲁曼公司研制的化学激光器。

伽马是诺斯洛普·格鲁曼公司新一代火力攻击系列高能固态激光器的第一

[①] 其他三家公司分别是著名的工程咨询公司艾奕康公司（AECOM Global）和西图公司（CH2M Hill），以及核电领域领先供应商巴布科克·威尔科斯公司（Babcock & Wilcox, B&W）。

[②] 波音公司是机载激光试验平台项目团队的领导者，负责为平台提供武器系统集成和 747－400F 飞机以及战场管理 C^4I（Battle Management, Command, Control, Communications, Computers and Intelligence, BMC^4I），洛克希德·马丁公司则负责为平台提供激光束控制/火控系统。

个产品。与以往的激光系统相比，伽马更轻、更小、更坚固耐用。

联合高功率固态激光器项目由负责采办、后勤与技术的助理部长办公室，国防部长办公室所属的的高能激光器联合技术办公室，以及空军研究实验室和海军研究局共同资助。2010年，美国陆军选择联合高功率固态激光器，并将其与战术高能激光器的激光束控制与指挥控制系统整合在一起。诺斯洛普·格鲁曼公司在该项目中起主要作用，并为该项目提供战术高能激光器。

海上激光器试验样机主要为美国海军研究局制造，是第一个安装在退役的斯普鲁恩斯级驱逐舰上的海军激光系统，也是第一个与舰载雷达和导航系统整合在一起的海军激光系统、第一个在海上的移动平台发射的电激光武器。

耐用电子激光计划是美国国防部的新项目。作为联合高能固态激光器项目的后继项目，其目的是验证更高的效率与更好的光束质量。在该项目中，诺斯洛普·格鲁曼公司利用其高能固态激光器的成就，为美国陆军空间与导弹防御司令部提高电激光技术。

固态激光器试验平台实验项目用于评估100kW级固态激光器完成不同任务的情况，评估结果将作为指导未来固态激光器武器系统开发的基础。诺斯洛普·格鲁曼公司的激光器在白沙导弹试验场及其他试验场都有良好的表现。在试验中，曾成功拦截各种尺寸和速度的导弹、直升机、无人机、火箭、火炮、迫击炮等。

战略照明激光器由美国导弹防御局资助，是一个二极管泵浦、固态、新一代的照明激光器。

固态高能激光系统用于防御的陆基和舰载系统，在美军的联合高功率固态激光器项目和诺斯洛普·格鲁曼公司的努力下，固态激光器技术已经有了很大的发展，诺斯洛普·格鲁曼公司的固态高能激光系统、产品及项目有伽马、联合高功率固态激光器项目、海上激光器验证项目、耐用电激光器倡议、固态激光试验平台试验、战略照明激光器及小型高能固态激光器 Vesta 等。

战术高能激光器是由诺斯洛普·格鲁曼公司领导的美国和以色列承包商团队为美国空间与导弹防御司令部和以色列国防部开发生产的。战术高能激光器由位于白沙导弹试验场的高能激光测试基地研制，该基地依靠氟化氘化学激光器技术，拥有高能激光束产生器、包括系统火控雷达的战斗管理系统、捕获瞄准跟踪系统等。

六、导弹防御业务

在导弹防御领域，诺斯洛普·格鲁曼公司在系统一体化、高技术武器等领域提供全套的多层面导弹防御解决方案，参与的项目有指挥控制战场管理与通信、地基中程防御火控与通信、一体化空中导弹防御战斗指挥系统、联合

（国家）整合中心①的研发合同项目、导弹防御一体化作战中心项目、空间追踪与监视系统、三维长距雷达以及导弹系统项目等。

七、军用航空业务

诺斯洛普·格鲁曼公司在军用航空技术领域长期处于领先地位，如载人飞机、无人飞机、瞄准、监视、飞机自我防护系统等，其业务和产品涉及：AN/AAR-54（V）导弹预警系统，AN/ALQ-131（V）电子对抗措施吊舱，AN/ALQ-135 内部对抗系统，AN/ALQ-162（V）6 对抗系统，通用红外对抗系统，AN/AAQ-24（V）定向红外对抗系统（DIRCM），AN/ALQ-155（V）升级项目，AN/ALQ-165 机载自我防护干扰机，AN/ALQ-218 雷达预警接收器/电子支援措施/电子情报传感器系统，AN/ALR-93（V）预警接收器/电子战套件控制器，AN/ALR-67（V）2 与 AN/APR-39 雷达预警器，电子攻击吊舱升级项目，鹰式无源/有源预警生存能力系统，隼先进综合电子战套件，卫士反导系统，下一代电子战系统，签名增强系统，集成传感器与对抗套装，"毒蛇"中程红外激光器，AN/APX-121（V）Mode S Mark Ⅻ敌我识别转发器，集成航空电子，暴风雨先进精确瞄准系统，飞机存活性技术，认证系统等。

八、载人飞机业务

诺斯洛普·格鲁曼公司在载人飞机的研发上处于领先地位。从战斗喷气式飞机到隐形轰炸机再到雷达干扰机，公司自 20 世纪 30 年代以来一直为客户提供各种载人飞机解决方案。

诺斯洛普·格鲁曼公司自主研制或参与研制的载人飞机及系统有：A-10"雷电Ⅱ"攻击机，B-2"幽灵"轰炸机，C-2A"灰狗"运输机，E-2C"鹰眼"2000 预警机，E-2D 先进鹰眼预警机，EA-18G"咆哮者"电子攻击机，F/A-18 E/F"超级大黄蜂"，F-35"蜂闪电"Ⅱ3 战斗机，F-5 虎式战斗机，"火鸟"无人侦察机，T-38"鹰爪"教练机，T-X 教练机，E-8C 联合监视目标攻击雷达系统，EA-6B"咆哮者"增进能力Ⅲ。

九、打击作战业务

诺斯洛普·格鲁曼公司在综合打击系统领域处于领先地位，在系统设计、飞行器设计、飞行控制、车辆管理系统、网络使能技术及生存等领域都有世界级的表现。诺斯洛普·格鲁曼公司自行研制或参与合作研制的用于打击作战的业务与产品涵盖了传感器、武器和电子战领域。

---

① Joint National Integration Center，是美国空军设在施里弗的训练中心。

（一）传感器

诺斯洛普·格鲁曼公司在打击作战领域的传感器产品有前述的传感器产品，如有源电子扫描阵列雷达系列、AN/AAQ－32 内部前视红外瞄准系统等。另外，用于打击作战领域的传感器产品及应用还有第四代追踪辅助传感器、先进红外追踪辅助系统、AN/APG－68（V）9 多模火控雷达、地面激光目标指示器Ⅱ和Ⅲ、手持精确瞄准设备、高效转换器、主战坦克护眼激光测距仪、Mark Ⅶ 手持护眼激光测距仪、Mark ⅦE 手持目标定位器、多波段激光光斑跟踪器、Ⅵ瞄准综合测距仪、特殊作战部队激光测距仪指示器以及太空雷达等。

（二）武器

诺斯洛普·格鲁曼公司用于打击作战的武器及系统有：A－10"雷电Ⅱ"攻击机，AGM－114L"长弓"导弹，B－2"幽灵"轰炸机，F/A－18 E/F"超级大黄蜂"，F－35"蜂闪电"Ⅱ3，F－5"虎式"战斗机，"暴风雨"先进精确瞄准系统，快速机载扫雷系统，X－47B 无人机系统等。

（三）电子战

诺斯洛普·格鲁曼公司在电子战领域的打击作战能力体现在：有源电子扫描阵列雷达系列，AN/APG－81 有源电子扫描阵列雷达，E－2C"鹰眼"2000，E－2D 先进鹰眼预警机，E－8C 联合监视目标攻击雷达系统，EA－18G"咆哮者"和 EA－6B"徘徊者"增进能力Ⅲ。

十、海军系统业务

诺斯洛普·格鲁曼公司是湿度传感器、信号处理、完整反潜战系统的设计、开发、生产领域的领导者，其舰载雷达、追踪管理、电子战及其他系统用来对抗复杂的海基威胁，如：有源电子扫描阵列雷达系列产品，水面作战先进混合驱动，AN/AQS－24A 机载猎雷系统，AN/SPQ－9B 反舰导弹防御系统，光纤声传感器，光纤拖曳式阵列，综合船桥系统，综合平台管理系统，可伸缩式舰载传感器，舰载集成语音通信系统，水面舰艇弹射发射技术，无人机密封舱发射，"视觉大师"FT 海军雷达，用于海军水面平台的电子战/信息作战与通信的集成化上部结构，军舰电子海图显示与信息系统等。

十一、导航系统业务

在导航系统领域，诺斯洛普·格鲁曼公司的导航与定位系统为卫星、固定翼、旋翼飞机、导弹、舰船、陆地车辆及水下工具等提供定位和方向信息，导航产品及应用有：G－2000 DTG 陀螺仪产品套装，半球面谐振腔陀螺仪，综合平台管理系统，LCR－100 和 LCR－110 混合导航仪，LISA－200 光纤陀螺仪姿态航向参考系统 LN－100G 内置 GPS 的惯性导航系统，LN－100R 嵌入式惯性导航系统/全球定位系统，LN-120G 星体惯性导航系统，LN-200 FOG 系列先进机载惯性测量单元/姿态航向参考系统，LN-200S 惯性测量单元，LN-251 嵌入式惯性导航系统/全球定位系统，LN-260 先进嵌入式惯性导航系统/全球定位系统，LN-270 指向定位导航系统，LTN-101"旗舰"全球导航、大气数据惯性基准单元，LTN-92 环形激光陀螺仪惯性导航系统，LTN-92/CMA-900 惯性飞行管理系统等。

另外，诺斯洛普·格鲁曼公司还提供导航系统寿命周期管理、导航系统后勤系统工程、导航系统技术培训等。

十二、空间业务

在空间业务上，诺斯洛普·格鲁曼公司在系统工程、航天器制造、精密传感器、太空仪器设计、地面站开发、轨道空间平台等领域，都取得了非凡的成就，表现在空间科学、推进系统、传感器、地球观测/遥感、先进技术支持、计量与测试设备、防护卫星通信等领域，最有名的空间项目当属诺斯洛普·格鲁曼公司为 NASA 制造的詹姆斯·韦伯太空望远镜。诺斯洛普·格鲁曼公司在空间业务领域的其他产品及应用和服务有：先进极高频有效载荷，天线，抗干扰军事卫星通信，二元推进发动机和推进器，助力车发动机，校准与测量，钱德拉 X 射线观测，云端与地球放射能源系统，"鹰"宇宙飞船系列产品（包括鹰-S、鹰-1M、鹰-2、鹰-3、鹰试验台及模块化空间载具总线等），"阿库亚"与"奥拉"地球观测系统卫星，电子推进，增强型基地系统及其控制计划环节，胶体战术推进系统，半球面谐振腔陀螺仪，高频制冷机，超频谱机载地球成像仪，超频谱成像技术，月坑观测与遥感卫星，计量与测试设备，传感器与仪器，军事星系统有效载荷，单元推进剂推进器，推进系统，SIM Lite 天体测量轨道观测（原太空干涉测量任务），太空可伸缩惯性参考单位，太空雷达，空间追踪与监视系统，天基红外系统，遮星伞，Trinidad 星载合成孔径雷达，宽带数据等。

另外，在空间业务上，诺斯洛普·格鲁曼公司还提供测量工程咨询、推进服务、测试服务，以及适用于军队和政府机构的 ASTP Ⅱ 管理方法等。

十三、先进电子业务

在先进电子业务上，诺斯洛普·格鲁曼公司在测试、校准、锻造等领域的高水平技术，确保了公司的电子、电光武器系统的质量。在先进电子业务领域，诺斯洛普·格鲁曼公司研制的电子零部件及自动化测试设备[1]得到普遍应用。

---

① 参见"四、后勤业务"下"（四）自动化测试设备"的介绍。

诺斯洛普·格鲁曼公司在等角孔径技术、先进印刷电路板制造技术、砷化镓倒装芯片组装到低温共烧陶瓷的技术等领域填补了新技术的空白，其电子零部件及相关服务有：双极射频晶体管，砷化镓高电子迁移率场效晶体管 B 波段和 W 波段部件，砷化镓高电子迁移率场效晶体管锻造服务，砷化镓锻造服务，氮化镓高电子迁移率场效晶体管功率放大器锻造服务，高效率发射机，磷化铟异质结双极型晶体管部件及锻造服务，磷化铟高电子迁移率场效晶体管部件及锻造服务，光照制造与电子束光刻操作，放射分析与测试，混合信号特定用途集成电路技术，辐射加固电可擦除只读存储器，辐射加固微电路，太赫兹模块等。

十四、商用航空业务

在商用航空领域，诺斯洛普·格鲁曼公司拥有自主完好性监测外推法技术、机场实时联合系统及机场联合决策支持解决方案、乘客流分析、专业服务等，还有 AN/UPX – 24（V）中央敌我识别系统、增强型终端声音转换系统、"卫士"反导系统、LCR – 100 与 LCR – 110 混合导航器、LISA – 200 FOG AHRS、LTN – 101"旗舰"全球导航、大气数据惯性基准单元、LTN – 92 环形激光陀螺惯性导航系统、LTN – 92/CMA – 900 惯性飞行管理系统等。

诺斯洛普·格鲁曼公司还提供导航系统后勤系统工程、导航系统技术培训、PARK AIR 通信系统与无线电系统、小型数字语音转换系统等。

十五、信息技术与企业解决方案

诺斯洛普·格鲁曼公司在复杂、先进、快速适应信息技术，以及网络安全、机动性、优化服务及解决方案等业务领域处于全球领先地位，能及时为军队、情报、政府机构提供关键信息。诺斯洛普·格鲁曼公司提供的信息技术与企业解决方案有：e. POWER 商业流程管理软件平台，环境与天气信息解决方案，ePerformance 员工绩效管理应用，快速文件传送，高性能计算通信，高性能计算应用，工具与支持，高性能网络，横向教育评估，人力资本管理，In-FlowSuitea 电子提交解决方案，架构外包服务，遗产升级解决方案，托管信息技术服务，仪表读数，综合自动化图像存储与信息系统，遗留应用程序代码执行的可重构处理器，大型应用的逆向工程，过时组件逆向工程，科学计算解决方案，供应链管理咨询解决方案，可信任的云解决方案等。

军工合作

诺斯洛普·格鲁曼公司作为世界领先的军工企业，其主要客户包括美国政府机构和美国国防部、美国情报机构、美国盟国的政府和军队，以及国内外的商业客户。2014 年，诺斯洛普·格鲁曼公司从美国国防部共获得了价值 93.09 亿美元的合同，与上一个财年的 126.64 亿美元的合同相比，减少了 33.55 亿美元。诺斯洛普·格鲁曼公司在发展中，也与其他军工企业展开合作，共同开发新技术，研制新产品。以下是诺斯洛普·格鲁曼公司在 2014 年获得的部分合同。

- 2014 年 9 月，获得美国海军授予的为期 5 年、价值 6 100 万美元的合同，为位于宾夕法尼亚州的美国海军供应系统司令部的武器系统支持办公室提供"基于性能的后勤①"供应支持。

- 2014 年 8 月，成为美国海军一体化海上网络与体系服务全面展开产品合同的 5 个承包商之一，获得潜在价值达 25 亿美元的合同，为美国海军提供全舰队 C^4I 系统的升级服务。

- 2014 年 8 月，获得美国空军价值 3 亿美元的合同，继续为美国空军气象中心提供全面的近地与太空环境信息、产品与服务，以便于军队的军事行动。

- 2014 年 8 月，获得美国空军价值 8 970 万美元的合同，继续为其提供战场机载通信节点系统，以支持海外突发行动。

- 2014 年 8 月，获得美国海军价值 3 000 万美元的合同，向美国海军的阿利·伯克级制导导弹驱逐舰提供综合船桥导航与舵机系统。

- 2014 年 8 月，诺斯洛普·格鲁曼公司旗下的瑞莫提克公司获得美国海军一份价值 880 万美元的合同，为其修理和升级 103 MK3 系列远程武器中和系统。

- 2014 年 7 月，获得美国陆军潜在价值达 2.05 亿美元的任务支持服务合同，继续为美国陆军提供任务后勤服务，以支持位于加利福尼亚州欧文堡的国家培训中心的作战旅训练。

- 2014 年 6 月，获得美国空军价值 2.38 亿美元的合同，负责为美国空军的大型飞机红外对抗系统的导弹防御系统提供硬件与支持。

- 2014 年 6 月，获得联合服务合同，为美国陆军和海军的制电子战系统，包括电子战管理系统和 APR – 39D（V）2 雷达预警接收器等。

- 2014 年 5 月，获得通用动力电船公司的合同，将为美国海军俄亥俄级替代潜艇项目提供汽轮发电机组，该项目是美国海军新一代弹道核潜艇的"俄亥俄替换项目"。

---

① Performance – based logistics（PBL），即基于性能的后勤，是一种武器系统的保障策略，它为使系统完好性达到最佳、保障满足系统性能目标而设计了一种综合的、经济上可承受的性能包，通过对权利和责任都有明确规定的性能协议，把保障作为性能包而予以购买（美军 PBL 理论及对我军装备保障的启示 [J]．装甲兵工程学院学报，2010，24（5））。

- 2014 年 4 月，获得美国防御信息系统局价值 5 300 万美元的合同，继续为美国国防部的指挥控制系统提供现代化和保障服务。
- 2014 年 4 月，获得美国海军价值 1 060 万美元的合同，为美国海军提供 FlightPro™第三代任务计算机，为美国海军陆战队的 AH – 1Z 眼镜蛇直升机和 UH – 1Y 直升机提供支持。
- 2014 年 3 月，与洛克希德·马丁公司的合资公司长弓国际公司一起获得价值 9 600 万美元的合同，为英国国防部的阿帕奇 AH Mk. 1 飞机上的长弓火控雷达提供支持。
- 2014 年 3 月，获得美国海军价值 3 300 美元的合同，继续为美国海军开发与改进作战系统训练设备。
- 2014 年 2 月，获得美国空军授予的潜在价值达 2 亿美元的合同，为美国空军提供嵌入式全球定位/惯性导航系统，并提供保障服务。

联系方式

地　　址：2980 Fairview Park Drive, Falls Church, VA 22042
联系电话：（703）280 – 2900
网　　址：www. northropgrumman. com

第六章

通用动力公司

通用动力公司是美国著名的军火商之一，也是美国排名前 10 的防务承包商之一，在航空航天、船舶、信息系统、武器等领域都有很强的实力。通用动力公司先后历经多次业务拆分、并购、重组，形成现在的公司业务格局。自 2010 年以来，通用动力公司的业务收入逐年下滑，并退出了美国陆军的多用途装甲车项目，但通用动力公司仍在美国国防部 2014 年发布的防务承包商排名中列第 3。

美国通用动力公司成立于 1952 年，总部位于弗吉尼亚州的西福尔斯彻奇，2014 年的收入达 308.52 亿美元，约有 99 500 名员工。

GENERAL DYNAMICS

通用动力公司的历史可追溯至 1893 年成立的霍兰鱼雷艇公司，该公司曾为美国海军建造了第一艘潜艇。1899 年，霍兰鱼雷艇公司更名为电船公司，1952 年更名为通用动力公司。1953 年，通用动力公司收购了康维尔公司，并将控股公司命名为"通用动力"，潜艇建造部门依旧使用电船公司的名称。

20 世纪 60 年代，通用动力公司经历了航空领域的重大发展，参与了美国空军的"实验性战术战斗机计划"，并与格鲁曼公司展开合作。这一时期，通用动力公司生产出了 F-111 系列战机。

20 世纪 70 年代，通用动力公司参与了美国空军的轻型战斗机项目，并研制出了 YF-16 战斗机即后来的 F-16 战隼战斗机。20 世纪 80 年代，通用动力公司进行了内部重组，完成了对赛斯纳飞机公司的收购。

20 世纪 90 年代初期，通用动力公司几乎出售了除电船公司和陆地系统公司以外的所有业务。1993 年，通用动力将生产 F-16 战隼战斗机的福特沃斯分公司出售给洛克希德公司。

自 20 世纪 90 年代中期开始，通用动力公司开始通过收购作战车辆相关业务、造船厂、信息技术产品与服务公司以及湾流航空公司等来壮大自己的实力。自1995年以来，通用动力公司收购的公司超过65个，例如：1996年收购了特里达因车载系统公司，1997年收购了洛克希德·马丁公司的防务系统和武器装备系统部门，2001年收购了以色列飞机工业公司旗下的银河宇航公司，2005年收购了日后成为通用动力公司C4系统业务一部分的玛雅维兹有限公司，2011年收购了部队防护公司，2012年收购了手机及连接设备嵌入式虚拟化软件提供商开放内核实验室公司和应用物理科学公司。

如今，通用动力公司是全球领先的航空航天和防务企业，在作战车辆、武器系统与弹药、造船、通信、信息技术、商业航空等领域都处于领先地位。

组织机构

通用动力公司由航空航天、作战系统、海上系统、信息系统技术等4个业务集团组成，每个业务集团下又设有负责具体业务的分公司或子公司，如图6.1所示。

一、航空航天集团

通用动力公司航空航天集团在商用航空领域处于领先地位，主要设计、制造、组装湾流商务喷气式飞机，并提供相关的飞机服务，如维修、修理、固定基地运营、飞机管理服务，以及为飞机提供内部装饰等。2014年，航空航天集团的收入达86.49亿美元，占通用动力公司总收入的28%。该集团有两个子公司：湾流航空公司和喷气机航空公司。

（一）湾流航空公司

湾流航空公司[①]的前身是1958年成立的格鲁曼飞机工程公司，该公司以生产"湾流"商务飞机闻名。1972年，格鲁曼飞机工程公司与轻型飞机制造商——美国航空公司合并。1978年，湾流飞机生产线和萨凡纳工厂一并出售给美国喷气工业公司，随即，美国喷气工业公司更名为湾流美国公司。1982年，湾流美国公司更名为湾流航空公司，并于1999年被通用动力公司收购，成为其全资子公司。湾流航空公司是世界领先的豪华、大型公务机生产商，主要从事先进商务喷气飞机的设计、开发、制造、销售，并提供相关的支持与服务，自1958年以来交付的飞机数量超过2 000架。湾流航空公司在声学、机舱管理、复合材料、电传操纵、飞机视景及视觉系统等领域的技术上都处于领先地位。

---

① http：//www. gulfstream. com/.

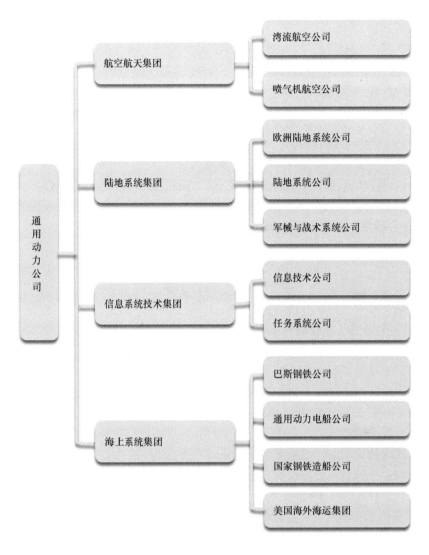

图 6.1 通用动力公司组织机构图

（二）喷气机航空公司

喷气机航空公司①原是 1967 年在瑞士成立的一家家族式航空维修服务公司，后来通过兼并收购不断发展壮大，业务扩展到维修、装饰、翻新、固定基地运营、包机、飞机管理等，并逐渐将业务扩展至瑞士之外、欧洲之外的国家和地区。2005 年，喷气机航空公司被帕米拉基金公司收购。2007 年，喷气机航空公司收购了美国从事飞机维修装饰的萨凡纳航空中心。2008 年 11 月，帕

———————————

① http：//www.jetaviation.com/.

米拉基金公司将喷气机航空公司出售给通用动力公司。喷气机航空公司现是通用动力公司的一个全资子公司，总部设在瑞士巴塞尔，在全球有近 4 500 名员工。

二、作战系统集团

通用动力作战系统集团为美国及其盟国提供系统工程、生成设计与研制、军事车辆、武器系统及弹药等，涵盖了轮式作战和战术车辆、履带式作战车辆、主战坦克、武器系统与弹药，以及维修、后勤支持与保障服务等。

2014 年，作战系统集团的收入达 57.32 亿美元，占通用动力公司总收入的 18%，该集团设有以下业务公司。

（一）通用动力欧洲陆地系统公司

通用动力欧洲陆地系统公司[①]于 2003 年正式成立，总部位于马德里，拥有 1 870 多名员工。通用动力欧洲陆地系统公司主要业务是设计、制造、交付陆地作战系统，包括轮式、履带式和两栖作战车辆，通过位于西班牙、德国、奥地利和瑞士的 4 个公司开展业务。

1. 通用动力欧洲陆地系统—圣塔芭芭拉公司

通用动力欧洲陆地系统—圣塔芭芭拉公司[②]组建于 1960 年，由隶属于西班牙国防部的众多工厂组成，西班牙国家工业研究所是其主要股东。圣塔芭芭拉公司的历史可追溯至几个世纪以前，公司旗下的工厂大多历史悠久，位于塞维利亚的工厂成立于 1540 年，奥维多兵器制造厂成立于 1794 年，位于特鲁维亚的坦克生产工厂则成立于 1926 年。2001 年，圣塔芭芭拉公司被通用动力公司收购，成为通用动力作战系统集团旗下的一个公司。

圣塔芭芭拉公司曾是西班牙著名的防务承包商，现在的主要业务是研制装甲车辆、特种车辆、两栖车辆、武器系统、弹药和导弹等，著名的产品有"猎豹"2E 主战坦克及"皮萨罗"步兵作战车等。

2. 通用动力欧洲陆地系统—斯泰尔公司

通用动力欧洲陆地系统—斯泰尔公司的历史可追溯至 140 年前的奥地利斯泰尔—戴姆勒—普赫有限责任公司。1934 年，斯泰尔—戴姆勒—普赫股份公司成立[③]，并于 1997 年起专注于军事车辆的设计和生产。1998 年，斯泰尔—戴姆勒—普赫股份公司更名为斯泰尔—戴姆勒—普赫有限责任公司，2003 年

---

① http://www.gdels.com/principal/index.asp.

② http://www.gdsbs.com/.

③ 由斯泰尔（Steyr – Werke AG）与奥地利—戴姆勒—普赫公司（Austro – Daimler – Puch）合并成立，并更名为斯泰尔—戴姆勒—普赫股份公司。奥地利—戴姆勒公司（Austro Daimler）于 1905 年开始生产小型武器，后来还生产出世界上第一辆轮式装甲车、"乌兰"（ULAN）步兵战车及"潘德"装甲车（PANDUR）。

被通用动力公司收购，成为通用动力公司的子公司，并更名为通用动力欧洲陆地系统—斯泰尔公司。

3. 通用动力公司欧洲陆地系统德国分公司

通用动力欧洲陆地系统德国分公司的历史可以追溯至 1864 年成立的 EWK 公司。到 20 世纪 50 年代，EWK 公司的主要业务一直是用于建筑和路桥的钢铁的生产，今天最先进的 M3 浮门桥即是该公司的杰作。20 世纪 70 年代，EWK 公司生产了折叠式浮桥，并发展成今天的改进型带式舟桥。EWK 公司成为世界领先的移动军事舟桥装备生产商已经有近 60 年的历史，2002 年被通用动力公司收购，成为通用动力公司欧洲陆地系统德国分公司。

4. 通用动力欧洲陆地系统—莫瓦格公司

通用动力欧洲陆地系统—莫瓦格公司的前身是 1950 年成立的瑞士莫瓦格公司。莫瓦格公司专注于为防务部门生产特种车辆，最初最大的成功是获得来自瑞士陆军 1 600 多辆莫瓦格 4×4 部队运输车和来自德国联邦边防局的 750 辆莫瓦格 MR 8 系列轮式装甲车的大订单。后来该公司又开发出"食人鱼"装甲车，全球已有超过 10 000 辆"食人鱼"装甲车在役。1999 年，莫瓦格公司成为通用汽车防务公司[①]的一部分。2003 年，包括莫瓦格公司在内的通用汽车防务公司被通用动力陆地系统公司收购。经过业务整合，莫瓦格公司于 2004 年成为通用动力欧洲陆地系统—莫瓦格公司。

5. 通用动力欧洲陆地系统捷克公司

通用动力欧洲陆地系统捷克公司是捷克国防部装甲运兵车现代化项目的主承包商，仅在 2010—2013 年间就为捷克陆军提供了 107 辆"潘德" 8×8 轮式装甲车。

（二）通用动力陆地系统公司

通用动力陆地系统公司[②]是 1982 年通用动力公司收购克莱斯勒防务公司之后更名而来的，总部位于密歇根州。通用动力陆地系统公司是防务领域最大的军用装甲车供应商，主要设计、制造陆地和两栖作战系统及子系统、零部件等，并提供相应的支持服务，通用动力陆地系统公司现有约 6 900 名员工。

1. 通用动力陆地系统加拿大公司

通用动力陆地系统加拿大公司[③]的历史可追溯至 20 世纪 70 年代末的加拿大通用汽车公司的柴油机分部，1999 年更名为通用汽车防务公司。2003 年，通用汽车防务公司被通用动力公司收购成为通用动力陆地系统加拿大公司，该

[①]　通用汽车防务公司的前身是成立于 20 世纪 70 年代后期的通用汽车加拿大公司柴油机分公司，1999 年更名为通用汽车防务公司。

[②]　http：//www.gdls.com/.

[③]　http：//gdlscanada.com/.

公司是轻型装甲车和子系统集成领域的领导者，并为其产品提供升级、修理服务以及全编队支持等。

2. 通用动力陆地系统澳大利亚公司

通用动力陆地系统澳大利亚公司[①]的前身是成立于2000年的通用汽车防务公司澳大利亚分公司，该分公司的成立是为了向澳大利亚轻型装甲车合同提供支持。通用动力陆地系统澳大利亚公司提供一系列的现代重型、中型、轻型装甲作战车平台及防务装备、综合车载系统，还提供战区内维修、LAV - 25 炮塔的制造和维修、装甲战车维修支持，并向澳大利亚进行技术转移、产品提供和供应链管理等。

3. 通用动力机器人系统公司

通用动力机器人系统公司[②]的前身是 1991 年成立的 F&M 制造公司，1999年被通用动力陆地系统公司收购，更名为通用动力机器人系统公司。通用动力机器人系统公司是战术机器人和自动化系统开发的全球领导者，主要为美国国防部先进的机器人技术项目提供支持，如为美国陆军的未来作战系统项目提供自主导航系统、移动探测评估及反应系统和车辆电子装备技术集成系统等，并领导机器人合作技术联盟[③]的工作。

（三）通用动力军械与战术系统公司

通用动力军械与战术系统公司[④]的前身是 1997 年从奥林公司分离出来的弹药、推进剂和卫星推进系统制造商——普利迈克斯技术公司。2001 年，通用动力公司收购了普利迈克斯技术公司，并将其更名为通用动力军械与战术系统公司，总部位于美国弗罗里达州。

2010 年，通用动力公司收购了处理销毁弹药及爆炸物的 EBV 爆炸物环境公司，并将其归入到通用动力军械与战术系统公司。2013 年，通用动力公司将其武器与技术产品业务单元并入到通用动力军械与战术系统公司中。

通用动力军械与战术系统公司在各种口径的直接和间接攻击炮弹、迫击炮武器与系统、火炮射弹、人体炸弹、球形火药推进剂、固体推进剂、非致命性产品以及部队防护产品等领域是全球领导者。该公司还生产精密金属零件，提供爆破载荷、弹药的组装与打包服务，提供战术导弹及火箭，设计生产定向爆破弹头、舵机系统等。通用动力军械与战术系统公司在加拿大设有分公司。

通用动力军械与战术系统加拿大公司[⑤]位于魁北克省，成立于 20 世纪 80

---

① http：//www.gdlsaustralia.com/.

② http：//www.gdrs.com/.

③ 机器人合作技术联盟由美国陆军研究实验室（Army Research Laboratory，ARL）于 2009 年提出计划，2010 年成立，由美国陆军研究实验室资助，由通用动力机器人系统公司领导。

④ http：//www.gd - ots.com/.

⑤ http：//www.gd - otscanada.com/.

年代，由通用动力公司于 1980 年收购的小口径弹药工厂和 1986 年收购的大口径弹药制造商加拿大兵工厂有限公司合并组成。这两个被收购的公司均成立于第二次世界大战期间，并由加拿大政府运营。2001 年，通用动力军械与战术系统加拿大公司收购了艾博化学品公司，成为通用动力军械与战术系统公司加拿大瓦莱菲尔德分公司。

通用动力军械与战术系统加拿大公司是世界领先的弹药开发和制造商，现约有 1 450 名员工。通用动力军械与战术系统加拿大公司的下属单位有：

- 位于加拿大雷朋堤尼的装载、组装、包装工厂；
- 位于圣奥古斯丁德摩尔的金属锻造工厂；
- 位于瓦莱菲尔德的瓦莱菲尔德含能材料工厂；
- 位于尼克利特的检验、测试与评估办公室。

通用动力军械与战术系统加拿大公司还于 20 世纪 80 年代后期成立了通用动力军械与战术系统 Simunition 作战公司[1]，著名的 Simunition 品牌下的两个实训系统是 FX 培训系统和 SecuriBlank 培训系统。

三、信息系统技术集团

通用动力公司的信息系统技术集团主要提供用于军事、联邦/民用或商业信息系统的技术、产品及服务，并为信息技术与任务支持服务和 C^4ISR 解决方案的设计、开发、集成、生成、保障等提供全方位的支持。2014 年，信息系统技术集团的收入达 91.59 亿美元，占通用动力公司总收入的 30%。通用动力公司信息系统技术集团下设信息技术公司和任务系统公司两个分公司。

（一）信息技术公司

通用动力公司信息技术与系统集团的信息技术公司[2]已有 50 多年的历史，主要服务对象是国防、情报、国土安全、联邦及民用机构和商业部门的客户，负责运营大型的、保密的关键任务信息技术项目，提供先进网络系统集成、信息技术、企业解决方案、系统工程、仿真与培训、无线和专业服务等。通用动力信息技术公司设有以下分公司。

1. 通用动力无线服务公司

通用动力无线服务公司[3]为商业和政府机构提供无线网络解决方案已有 40 多年的历史，是首选的"交钥匙"提供商。通用动力无线服务公司在无线技术领域的专业成就涉及蜂窝技术、宽带、陆地移动无线电、微波、码多分址（CD-MA）、全球移动通信（GSM）、通用移动通信系统（UMTS）、全球微波互联接入

---

① http：//simunition.com/en/.

② http：//www.gdit.com/.

③ http：//www.gdwireless.com/.

（WiMAX）、长期演进技术（LTE）、分布式天线系统（DAS）、EVDO 等。

2. 通用动力信息技术英国分公司

通用动力信息技术英国分公司①已有 50 多年的历史，主要提供系统与应用开发、数据信息管理、网络安全以及企业信息技术解决方案等，客户包括中央政府、地方政府、医疗机构和私人机构等。

（二）任务系统公司

通用动力公司信息技术与系统集团的通用动力任务系统公司②于 2015 年 1 月由通用动力公司旗下的先进信息系统公司③和 C4 系统公司④合并组成，是业界领先的复杂通信技术提供商，与美国国防、情报、网络、国土安全等机构有密切合作，产品和技术涉及用于美国海军水面舰艇、潜艇及飞机的地基战术网络化的开放式架构信息系统，以及数字信号处理系统、复杂加密技术、卫星通信和成像技术等。

组成通用动力任务系统公司的通用动力先进信息系统公司和通用动力 C4 系统公司分别有各自的下设分公司。

通用动力先进信息系统公司是 2002 年通用动力公司内部结构调整时成立的，该公司旗下包括多个由通用动力公司收购的公司，如 1997 年收购的先进技术系统公司⑤、1999 年收购的 GTE 政府系统通信系统和电子系统及全球电信系统业务部门、2001 年收购的摩托罗拉公司的综合信息系统集团、2003 年收购的韦里迪安公司和数字系统资源公司、2004 年收购的光谱航天公司等。2012 年，通用动力先进信息系统公司还收购了提供网络分析和赛博安全工具的费德里斯安全系统公司⑥。

先进信息系统公司下属的通用动力全球成像技术公司⑦成立于 2012 年，但其历史可追溯至 1959 年成立的 Vernitron 公司。通用动力全球成像技术公司还包括 1996 年成立、2009 年被收购的 Axsys 技术公司（设计、生产光电红外传感器及系统，以及多轴稳定相机等）以及 2007 年收购的 Cineflex 公司⑧（主要设计、生产各种用于飞机、车辆、轮船等移动工具上的相机和镜头）。

通用动力 C4 系统公司已有 50 多年的历史，在 20 多个国家有约 7 500 名员工，主要开发通信产品，并把这些通信产品整合到用为军队、国土安全和公

---

① http：//uk. gdit. com/.

② http：//gdmissionsystems. com/.

③ http：//www. gd – ais. com/.

④ http：//www. gdc4s. com/.

⑤ 该公司原是朗讯技术公司（Lucent Technologies）的一个运营单元。

⑥ 2015 年 5 月，该公司被出售给美国的一家私人投资公司——马林股权合作伙伴公司（Marlin Equity Partners）。

⑦ http：//www. gd – imaging. com/.

⑧ http：//www. cineflex. com/.

共安全领域的专家传递关键信息的保密网络中。通用动力 C4 系统公司下属的通用动力卫星通信技术公司①主营先进光学和射电望远镜结构及天线产品与天线系统，旗下著名的品牌有波德林、加百利、VertexRSI 等。通用动力卫星通信技术公司是技术领先的卫星通信终端提供商。

通用动力任务系统公司有以下分公司。

1. 通用动力加拿大公司

通用动力加拿大公司②成立于 1948 年，经过 60 多年的发展已经成为加拿大最大的防务系统集成商，也是加拿大领先的 C⁴ISR 和防务电子公司之一，为加拿大军队和其他国家的武装部队提供产品与服务。通用动力加拿大公司在渥太华、卡尔加里、哈利法克斯等地设有办事机构。

2. 通用动力英国有限公司

通用动力英国有限公司已有 50 年的历史，是重要的防务承包商和综合系统集成商，与政府、军队及民用机构良好的合作，在 C⁴I 通信解决方案、装甲战斗车辆技术、安全系统等领域处于领先地位。通用动力英国有限公司包含陆地系统和防务解决方案两个业务部门，共有 700 多名员工。

Page Europa 是通用动力英国有限公司的下属公司，总部位于意大利罗马，是一家世界级的工程、集成公司，在工业、民用及军事"交钥匙"项目领域有 50 多年的经验，涉及信息技术、电信、控制与安全解决方案等。

3. 通用动力媒体件公司

通用动力媒体件公司③的前身是 1997 年成立的澳大利亚媒体件公司，2007年被通用动力公司收购，成为通用动力公司的全资子公司。通用动力媒体件公司是澳大利亚著名的数字视频处理产品公司，该公司拥有全球领先的数字视频技术，在美国防务市场有不俗的表现。

四、海上系统集团

通用动力公司的海上系统集团主要设计、制造潜艇及水面舰船，包括核动力潜艇、水面作战舰艇、辅助与后勤作战船、商船等。海上系统集团还为其生产的产品提供相应的支持与服务，如工程支持服务、大修、修理、寿命周期支持服务等。

通用动力公司是美国海军的两大造船商之一④。2014 年，海上系统集团的

---

① http：//www.gdsatcom.com/.
② http：//www.gdcanada.com/.
③ http：//www.mediaware.com.au.
④ 另一家与美国海军密切合作的造船商是亨廷顿·英格尔斯工业公司（Huntington Ingalls Industries Inc.），该公司在 2014 年美国防务新闻公布的百强军工企业排行中列第 13 位，2014 年的防务收入达 68.17 亿美元，占其总收入的 98%。

收入达67.12亿美元，占通用动力公司总收入的21.5%。通用动力公司海上系统集团旗下有巴斯钢铁公司、通用动力电船公司、通用动力国家钢铁造船公司、美国海外海运集团等。

（一）巴斯钢铁公司

巴斯钢铁公司[①]成立于1884年，是著名的军舰和商船制造商。但从1981年起，巴斯钢铁公司就不再生产商用船舶，专注于军用船舶领域。1995年，巴斯钢铁公司被通用动力公司收购，成为通用动力公司海上系统集团的一部分。巴斯钢铁公司主要设计、建造战船、护卫舰、巡洋舰、驱逐舰等，包括世界上最先进的水面舰艇——阿利·伯克级弹道导弹驱逐舰。

（二）通用动力电船公司

通用动力电船公司[②]的前身是1899年成立的电船公司，在第二次世界大战期间为美国海军提供了大量鱼雷艇，20世纪50年代曾建造了世界上第一艘核潜艇——美国鹦鹉螺号核潜艇和第一艘弹道导弹潜艇。一百多年来，电船公司始终都是美国海军潜艇的主建造商，美国海军的俄亥俄级、洛杉矶级、海狼级和弗吉尼亚级潜艇均为电船公司建造。

（三）通用动力国家钢铁造船公司

通用动力国家钢铁造船公司[③]成立于1960年，1998年被通用动力公司收购，成为通用动力公司的全资子公司。该公司总部位于圣地亚哥湾，是美国西海岸最大的造船商和唯一一个全服务造船厂，服务美国海军和商业客户。

通用动力国家钢铁造船公司主要为美国海军设计、建造辅助和支持舰船，也是美国海军全球舰队的主要修理服务提供商，还为商业客户建造油船和干货船等。除圣地亚哥外，通用动力国家钢铁造船公司在诺福克、杰克逊维尔等地也设有办事机构。

TIMSA公司[④]成立于1991年，是通用动力国家钢铁造船公司的全资子公司，也是领先的金属与管道制造公司，总部位于墨西哥。

（四）美国海外海运集团

美国海外海运集团[⑤]成立于1984年，是通用动力公司的全资子公司，主要为来自政府和商业部门的客户提供全套船舶操作、工程和专业服务。

2014年4月，美国海外海运集团获得美国海军授予的一份价值3 270万美

[①] http：//en.wikipedia.org/wiki/Bath_Iron_Works, http：//bathironworks.org/category/bath-iron-works-company/, https：//www.gdbiw.com.

[②] http：//www.gdeb.com, http：//en.wikipedia.org/wiki/General_Dynamics_Electric_Boat.

[③] http：//www.nassco.com/.

[④] http：//www.imt-mex.com.mx/timsa/.

[⑤] http：//www.gdamsea.com/.

元的合同，为美国海军军事海运司令部（也称海上补给司令部）的 7 艘大型中速滚装船提供操作维护。

目前，美国海外海运集团为美国海军运营和管理球罐型液化天然气船、大型中速滚装船，并为商业客户管理重吊船。

业务与产品

通用动力公司将其所有业务整合在航空航天、作战系统、航海系统、信息系统技术 4 个业务领域。

一、航空航天业务

通用动力公司的航空航天业务部门主要设计、制造、组装中型和大型商务喷气飞机，并提供维修、翻新、组装、飞机服务等。

湾流航空公司主要提供公务机和特殊任务飞机及飞机相关的服务等，目前在 30 多个国家有近 200 架湾流飞机服役。湾流航空公司在产的公务机产品型号有湾流 G650ER、湾流 G650、湾流 G550、湾流 G450、湾流 G280、湾流 G150 等，其中超快速的湾流 G650 飞机和超级中型湾流 G280 飞机是湾流公司推出的最新机型。湾流航空公司还提供特殊任务飞机，大多是由普通公务机型如 G550 等改装而成，主要供政府和军队使用。另外，湾流航空公司设有多个服务中心，不仅为客户提供相关的产品支持及服务，如飞机翻新、辅助动力单元服务、计算机化维修、湾流航空公司现场和空中支援团队的支援服务、产品改进、备件支援等，还出版一些技术出版物，以指导客户更好地了解和维护产品。

喷气机航空公司的业务主要涉及固定运营基地、维修、飞机内部装饰和飞行服务、飞机租赁等。喷气机航空公司已经建成了覆盖北美、欧洲、中东和亚洲的固定运营基地网络和维修网络，并与北京国际机场和香港国际机场展开合作，分别成立合资公司和维修公司。乘员、机组人员及飞机均可享受该公司提供的个性化服务。

二、作战系统业务

通用动力的作战系统业务部门是设计、开发、生产履带式和轮式军用车辆、武器系统及弹药的全球领导者，主要为美国及其盟军提供产品与服务。作战系统业务部门的产品涉及轮式作战和战术车辆、主战坦克和履带式步兵车、弹药与武器装备、火箭和枪炮系统、轴承与传动部件、售后零件、支持与保障服务等。同时，作战系统集团还为各种军用和民用车辆制造飞机部件、地面装备部件、工程轴承、悬架、制动装置等。

通用动力的作战系统业务部门的重要产品不仅包括斯特瑞克系列装甲车、M1 艾布拉姆斯主战坦克、RG－31 和"美洲狮"防地雷反伏击车等，还包括地面作战车辆、两栖作战车辆和轻型装甲车，以及"猎狐犬"装甲车等。重要的平台产品有"猎豹"坦克、皮萨罗步兵车、ASCOD① 步兵车、"杜罗"多用途装甲车、"鹰"式装甲车、"食人鱼"和"潘德"轮式装甲车等。

在枪炮业务领域的产品有用于地面车辆的 M2 重型机枪、MK19 及 MK47 榴弹发射器，还有用于固定翼飞机等机载平台的加特林机枪和 Hydra－70 系列火箭导弹等。

三、航海系统业务

通用动力航海系统的业务涉及潜艇和水面舰船的设计、建造及相关的支持服务。作为美国海军两个重要的造船商之一，通用动力公司航海系统的业务涉及核动力潜艇、水面作战船、辅助和作战后勤船、商业舰船以及设计工程支持、大修、修理、寿命周期支持服务等。通用动力航海系统业务领域的产品增强了美国海军的实力，如"弗吉尼亚级"快速攻击核动力潜艇、DDG 51 阿利·伯克级导弹驱逐舰、DDG 1000 朱姆沃尔特级驱逐舰、SSBN（X）新一代弹道核导弹潜艇、濒海战斗舰等。通用动力航海系统业务领域的产品还包括海上前进集结基地、T－AKE 级干货/弹药补给舰等。

四、信息系统技术业务

通用动力公司的信息系统技术业务提供信息系统技术领域的关键技术、产品及服务等，涉及保密移动通信系统、信息技术解决方案及任务支持服务、ISR 系统、海军控制系统和网络安全解决方案等，服务于美国政府机构，包括国防部以及民间和商业机构。

通用动力公司的信息系统技术业务部门提供加固移动计算解决方案、数字转换、宽带网络、自动化网络管理、战场指挥控制系统、固定和移动无线电与卫星通信系统及天线产品。

该业务部门还参与了美国陆军的展示信息网络战术项目和联合战术无线电系统项目的手持、背负式小型电台，包括 AN/PRC－154A Rifleman 和 AN/PRC－155 双频道背负式电台。

通用动力公司的信息系统技术业务还提供保密无线和有线网络，网络操作与维护，大型数据中心优化及现代化，任务操作、模拟和培训系统与服务，以及信号与信息收集、处理传播系统，图像传感器，网络安全解决方案与产品、开放架构水面和水下海军控制系统等。

---

① ASCOD 全称是 Austrian Spanish Co－Operative Development，意指奥地利和西班牙联合研发。

军工合作

作为美国国防部的主承包商之一，通用动力主要为美国政府机构包括美国国防部及美国的盟国的政府、军事机构提供产品与服务。2014 年，通用动力公司从美国政府和军事部门获得的收入达 179.55 亿美元，占 2014 年总收入的 58%。以下是通用动力公司近年获得的部分合同。

- 2014 年 9 月，通用动力公司旗下的电船公司获得美国海军价值 3.11 亿美元的合同，为美国海军的核潜艇提供工程与技术支持，以及信息服务、培训等。
- 2014 年 9 月，通用动力先进信息系统公司获得美国海军授予的价值 1 620 万美元的合同，为美国海军的 F/A - 18 超级大黄蜂战斗机和 E/A - 18G 咆哮者战斗机等提供 Type - 3 先进任务计算机。
- 2014 年 9 月，获得韩国政府价值 2 016 万美元的合同，为韩国第一信号旅提供用于指挥控制通信和计算机信息系统的操作与维护的装备、工具与服务。
- 2014 年 9 月，通用动力英国公司获得英国政府 57.6 亿美元的合同，为英国陆军提供 589 辆新型 "侦察兵" 装甲车。
- 2014 年 8 月，通用动力公司旗下的巴斯钢铁公司获得美国海军价值 1 亿美元的合同，为美国海军的濒海战斗舰项目提供计划内船厂服务，包括提供物料支持、舰船计划内维护、维修等。
- 2014 年 7 月，通用动力先进信息系统公司获得洛克希德·马丁公司价值 2 540 万美元的合同，为美国空军用于 SV 07 - 08 卫星的全球定位系统 III 的网络通信部件提供支持。
- 2014 年 2 月，通用动力陆地系统加拿大公司获得沙特阿拉伯政府为期 10 年、价值 100 亿美元的合同，为沙特阿拉伯设计、制造军用和民用装甲车。
- 2013 年 11 月，通用动力公司军械与战术系统集团获得美国陆军价值 2.55 亿美元的合同，为美国陆军生产 M2A1 快速更换枪管装置。

联系方式

地　　址：2941 Fairview Park Drive, Suite 100, Falls Church, VA

联系电话：(703) 876 - 3000

网　　址：www.generaldynamics.com

第七章

空中客车集团

空中客车集团是欧洲最大的航空、航天和防务公司，在航空、航天、防务相关领域拥有技术领先优势。空中客车集团根植于欧洲，是欧洲工业领域的旗舰集团，在增强欧洲的航空、航天、防务竞争力上功不可没。空中客车集团还在美国市场占有一席之地，根据美国防务新闻公布的数字，空中客车集团在2014财年从美国国防部获得了价值3.09亿美元的防务合同。此外，空中客车集团还涉足银行业务，收购奥地利的萨尔茨堡慕尼黑银行，成立"空客集团银行"，并与中国银行签署全球合作协议，为空中客车集团的业务提供金融支持。

空中客车集团成立于2014年，总部位于荷兰的莱顿，在法国图卢兹设有总公司。2014年，空中客车集团总收入达607.13亿欧元（约666.39亿美元），约有138 622名员工。

空中客车集团的前身是2000年成立的欧洲宇航防务集团。欧洲宇航防务集团是航空、航天、防务及相关服务领域的全球领导者，是由法国马特拉宇航公司、德国道尼尔飞机公司的一部分和德国戴姆勒·克莱斯勒宇航公司、西班牙航空制造公司组成的联合体。欧洲宇航防务集团是继波音公司之后世界上第二大航空航天公司，也是欧洲排名仅次于英国宇航系统公司的武器制造商。

空中客车公司成立于1970年，由欧洲宇航防务集团和英国宇航系统公司共同拥有，分别持股80%和20%。2006年，英国宇航系统公司将其持有的空中客车公司的股份出售给欧洲宇航防务集团，欧洲宇航防务集团成为空中客车公司唯一的股东。

2014年1月1日，欧洲宇航防务集团正式更名为空中客车集团，并将其所有业务进行重组，统一在"空中客车"品牌下。2015年6月，空中客车集团将其英文名称由 Airbus Group NV① 更改为 Airbus Group SE②。

空中客车集团是航空、航天、防务领域的业务和产品的全球领先者，在全球设有170多个业务办事处，拥有近 40 000 项专利及专利申请和近 10 000 项发明。

组织机构

空中客车集团旗下设 3 个从事不同业务的公司，另有一些与其它企业合资的公司，如图 7.1 所示。

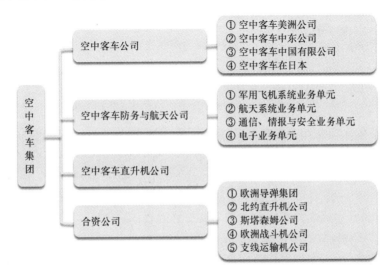

图 7.1　空中客车集团组织机构图

一、空中客车公司

空中客车公司③源于 1970 年为世界上第一个双引擎宽体客机项目——A300 而成立的空中客车工业公司，总部位于法国图卢兹。2014 年，空中客车公司的收入达 422.8 亿欧元（约 465.08 亿美元），有员工73 958 人。

空中客车公司是全球领先的民用飞机制造商，其业务收入占空中客车集团总收入的 69.64%，是空中客车集团最大的一块业务。

---

① NV 是荷兰语 Naamloze Vennootschap 的简称，意为公众有限公司。
② SE 是 Societas Europaea 的缩写，以 SE 为后缀表明该公司是在欧洲注册的公司，而不是在欧洲某一国家注册的公司。
③ http：//www. airbus. com/.

空中客车公司的业务已经扩展到世界多个地方，在美国、中国、日本、印度和中东设有全资子公司，在汉堡、法兰克福、华盛顿、迪拜和北京设有零配件中心，在图卢兹、迈阿密、汉堡、班加罗尔和北京等地设有培训中心。

（一）空中客车美洲公司

空中客车美洲公司位于美国弗吉尼亚州的赫恩登，主要负责空中客车公司在北美和拉丁美洲的业务，在阿拉巴马州的莫比尔和堪萨斯州的威奇托设有工程中心，在弗吉尼亚州的阿什本设有飞机零件中心，在弗洛里达州的迈阿密设有培训中心，在华盛顿特区设有政府联络办公室。

2013 年，空中客车公司又在莫比尔设立了空中客车美国制造中心，自 2015 年起开始生产 A319、A320 及 A321 支线飞机等。

（二）空中客车中东公司

空中客车中东公司位于阿拉伯联合酋长国的迪拜，有 70 多名专业职员，拥有 40 多条航线，服务中东和北非地区近 30 个国家。空中客车中东公司还设有空中客车公司公务机业务单元、空中客车零件中心和空中客车培训中心等。

（三）空中客车中国有限公司

空中客车中国有限公司于 1994 年成立，向中国提供空中客车公司的产品，并积极开展与中国航空制造业的合作和技术转让。空中客车中国有限公司在中国设有以下与中国合资的机构。

- 1996 年成立的华欧航空培训及支援中心；
- 2005 年成立的空客（北京）工程技术中心；
- 2007 年，空中客车公司与中方的天津保税区和中国航空工业集团公司签署协议，合资建立空中客车（天津）总装有限公司，并于 2008 年正式投产；
- 2011 年，空中客车公司与中方合资成立的哈尔滨哈飞空客复合材料制造中心有限公司。

空中客车公司还建立了全面而集中的售后服务机制，在中国 20 多个城市派驻了客户服务和技术支持服务站。

（四）空中客车公司在日本

空中客车公司的产品于 1979 年进入日本市场，日本的普利司通股份有限公司、松下株式会社、横河电机公司及美蓓亚集团等曾为空中客车公司的 A320、A330、A350XWB 及 A380 等型号飞机的生产提供协助。

在日本，空中客车公司与日本未来产业金属与复合材料研究发展院合作开发结构健康检测技术，应用了日本宇宙航空研究开发机构在复合材料研究上的成果。

二、空中客车防务与航天公司

空中客车防务与航天公司[1]，是在整合了原空中客车军用飞机公司、原欧洲宇航防务集团的安防系统公司和阿里斯特姆公司业务的基础上形成的。空中

客车防务与航天公司是欧洲第一的防务航天企业、世界第二大航天公司，在航天、军用飞机、电子、通信情报和安全等领域处于世界领先水平，是著名的欧洲战斗机、A400M军事运输机和阿丽亚娜系列火箭等产品的生产商。

2014年，空中客车防务与航天公司的收入达130亿欧元（约141亿美元），约有员工40 000人，其中67%的员工拥有高学历。

空中客车防务与航天公司设有4个业务单元。

（一）军用飞机系统业务单元

军用飞机系统业务单元，即原来的空中客车军用飞机业务，通过军用飞机的设计、开发、交付、支持等竞争优势，空中客车防务与航天公司成为欧洲领先的固定翼军用飞机公司，并将在未来的无人系统、作战飞机、运输机、ISR飞机等市场发挥主导作用。军用飞机系统领域的产品和服务主要有欧洲战斗机、A400M军事运输机、A330MRTT空中加油机、轻型和中型运输与任务飞机，任务系统和全机队支持解决方案，无人系统，飞行服务和维护维修翻修，培训和全寿命周期支持等。

（二）航天系统业务单元

航天系统业务单元，即原欧洲宇航防务集团的安防系统公司，凭借其独特的专业优势，航天系统公司成为世界第一的商业发射者和欧洲的卫星与轨道系统的领导者，服务欧洲航空航天局之类的机构客户、国家民用和防务机构，以及商业客户。航天系统公司的产品和服务包括：发射器（军用和民用，包括法国战略海洋力量），轨道系统，地球观测、导航和科学卫星，电信卫星，推进系统和航天装备等。

（三）通信、情报与安全业务单元

通信、情报与安全业务单元，提供"一站式"的服务，包括卫星、地球通信系统、情报与安全解决方案等在市场上都相当有竞争力，客户包括政府、防务机构、安保和公共安全机构、关键设施、能源、油气机构、国际运输业以及商业客户等。通信、情报与安全系统提供的产品和服务有保密移动无线电系统、卫星通信、边防安保、C^4ISR、防务系统、网络安全、地理信息等。

---

① http://airbusdefenceandspace.com/.

（四）电子技术业务单元

电子技术业务单元整合了原来安防系统公司和阿里斯特姆公司[1]的电子业务，为空中客车集团及外部客户提供高性能的系统一体化装备，在民用、防务和安保市场都有不俗的表现。产品和服务涉及地面、海上、机载和航天应用等领域，如雷达和敌我识别系统、电子战传感器及系统、航空电子、航天平台电子、航天有效载荷电子、光学电子等。

三、空中客车直升机公司

空中客车直升机公司[2]，即原欧洲直升机集团，是空中客车集团的全资子公司。欧洲直升机集团成立于1992年，由法国宇航公司的旋翼飞机部门和德国宇航公司合并组成。2014年1月，欧洲直升机集团随着业务的重组，更名为空中客车直升机公司，是全球领先的旋翼飞机制造商，拥有全球最大的民用和军用直升机产品线，其直升机占全球民用和准公共飞机总数的1/3。

空中客车直升机公司在美国、英国及德国和西班牙等地设有分公司。

空中客车直升机公司美国分公司多年来一直是美国直升机市场的重要供应商，其直升机产品用于私人、商务和民用及军事领域，包括航空医疗运输、空中执法、旅游、国土安全及军事任务。

空中客车直升机公司英国分公司[3]为英国提供直升机已有多年的历史，其直升机产品用于应急服务、保护关键基础设施、安全等领域。

空中客车直升机公司的业务覆盖全球近150个国家，设有29个客户中心、26个培训中心、100个大修中心以及7个客户支援机构，有来自约150个国家的3 000多名客户在使用该公司的12 000多架直升机。

2014年，空中客车直升机公司收入达65亿欧元（约71亿美元），在全球有近23 000名雇员。

四、合资公司

空中客车集团与其他著名的航空航天和防务公司为了在业务上展开合作，设立了一些合资企业。

（一）欧洲导弹集团

欧洲导弹集团成立于2001年，由英国宇航系统公司、空中客车集团（原

---

[1] 阿里斯特姆公司是原欧洲宇航防务集团的全资子公司，专注于提供民用、国防空间系统和服务。

[2] http：//www. airbushelicopters. com/.

[3] http：//www. airbushelicopters. co. uk/.

欧洲宇航防务集团）和莱昂纳多公司合资成
立，合资三方的持股比例分别为 37.5%、
37.5% 和 25%。欧洲导弹集团在 5 个欧洲国
家和美国设有制造工厂，是世界领先的导弹

制造商，也是唯一一个设计和生产能够满足陆、海、空三军对各种导弹和导弹
系统需求的综合防务公司，生产有 40 多种导弹系统，并有多种对抗项目在研
发，为全球 90 多个武装部队提供产品。

2014 年，欧洲导弹集团的收入达 24 亿欧元，约有 10 000 名员工，在英
国、意大利、德国、西班牙、美国等地设有分公司。

（二）北约直升机工业公司

北约直升机工业公司[①]成立于 1992 年，由空
中客车直升机公司、荷兰飞机制造商福克飞机结
构公司与阿古斯特韦斯特兰公司（原阿古斯特公
司）合资组建，其中：空中客车直升机公司持有
31.25% 的股份；空中客车直升机公司德国分公司
持有 31.25% 的股份；荷兰福克飞机结构公司持

有 5.5% 的股份；阿古斯特韦斯特兰公司则持有 32% 的股份。北约直升机公司
是 NH90 舰载多用途直升机的主承包商，该直升机所需的部件在法国、意大
利、德国、西班牙、芬兰及奥地利等国生产，最后进行组装。

（三）斯塔森姆公司

斯塔森姆公司成立于 1996 年，由原欧洲宇航防务集团的阿里斯特姆公司、
法国阿丽亚娜空间公司[②]、俄罗斯联邦航天局[③]和萨马拉航天中心[④]共同出资成
立，通过多种火箭、发射器等为用户提供发射服务，可满足用于从近地轨道到
深空的需求，并提供全面深入的发射任务分析报告。

（四）欧洲战斗机公司

欧洲战斗机公司成立于 1986 年，总部位于德国慕尼黑，源于意大利、德
国、英国、西班牙等 4 个国家提出的欧洲战斗机计划，该计划由北约欧洲战斗

---

① http://www.nhindustries.com/site/en/ref/home.html.
② 法国阿丽亚娜空间公司成立于 1980 年，得到欧洲航空航天局的支持，提供超过 200 次阿丽亚娜火
　箭发射、超过 30 次联盟号火箭发射，还提供了"织女星"的第一次发射。
③ 俄罗斯联邦航天局成立于 1992 年，是俄罗斯联邦的太空研究与探索的权威机构，下设多个航天公
　司和机构。
④ 萨马拉航天中心于 1996 年由萨马拉中央设计局（TsSKB Central Samara Design Bureau）和进步设计
　局（TsSKB Progress）合并成立，在发射器、航天器及相关系统的研制领域处于世界领先地位。旗
　下的著名产品有"伴侣号"（Sputnik）人造地球卫星、"东方号"（Vostok）运载火箭、"闪电"
　（Molniya）同步卫星、"联盟号"（Soyuz）运载火箭等。该中心还拥有静止、振动、热学与环境测
　试设备和模拟器和测试台等装置。

机和狂风战斗机管理局管理。

欧洲战斗机公司由 4 个公司控股：空中客车集团的空中客车防务与航天公司的德国公司和西班牙公司分别持有 33% 和 13% 的股份；阿莱尼亚·马基公司持有 21% 的股份；英国宇航系统公司持有 33% 的股份。

（五）支线运输机公司

支线运输机公司成立于 1981 年，总部位于法国图卢兹，是一家由法国宇航公司（现属空中客车集团）和意大利的阿利塔利亚公司（现在的阿莱尼亚航空公司）组合成立的飞机制造商，空中客车集团和阿莱尼亚·马基公司各持股 50%。支线运输机公司主要生产 ATR 系列的支线涡轮螺旋桨飞机，主打产品是 50 座和 70 座的 ATR42 飞机。

业务与产品

空中客车集团的业务和产品分为三大块：飞机制造、防务与航天、直升机。从地域上看，空中客车集团的主要市场在澳大利亚、巴西、中国、印度、中东、北美、俄罗斯和英国等地。

一、军用与民用飞机制造业务

军用与民用飞机业务由空中客车公司承担，涉及民用客机、商务喷气式飞机、货机及军用飞机等，其订单量占世界民用飞机订单的近一半比例，有 4 条产品线。

（一）客机

客机产品有 A320 家族、A330 家族、A340 家族、A350XWB 宽体飞机和 A380 等大型客机，除 A320 家族飞机外，载客量基本都在 260 人以上。

（二）商务喷气飞机

商务喷气飞机基本都是可以载客 19～50 人的飞机，机型有空客 ACJ318、ACJ319、ACJ320 和 ACJ321 等，这些机型都可以进行洲际飞行，并且中途不停靠。

（三）货机

货机可以满足客户一系列的货运需求，A330 客转货飞机（A330P2F）是指可以由客机转为客机的机型，如 A330－200 和 A330－300 和 A330－200F 货机等。A330－200F 货机是由 A330－200 客机衍生而来的新推出的专用货运飞机，可以满足客户对中型商务飞机、长距运输的需求，货机机型还有绰号为"大白鲸"的 A300－600ST 等。A300－600ST 是超级运输机，主要用来运送大型货物如飞机半成品等，其主甲板货物容量超过了洛克希德·马丁公司的银河运输机（C5 Galaxy）和波音公司的 C‑17"环球霸王"运输机。

（四）军用飞机

军用飞机业务领域的产品有 C212 运输与监视飞机、CN235 运输机、C295 反潜机、A330 多用途加油运输机（A330 MRTT）、A400M 军用运输机等。C212 运输与监视飞机在几十年的历史中，发展出 100～400 多个系列。例如，C212‑400 巡逻机配备有全综合战术系统，可携带导弹和无制导火箭弹，能够执行海上监视、反潜战、国土安全等任务。A400M 军用运输机是一种经济实用、高速度的涡轮螺旋桨飞机，既能用于完成短程的战术任务，也能用来完成远程的战略/后勤任务，还可以作为"加油机"来使用，能够满足军事、人道主义救援及其他任务需求。A400M 军用运输机具有低速飞行的能力，使得飞机能够在低空飞行的过程中空投货物，是理想的战术运输机。

二、防务与航天业务

空中客车防务与航天公司承担的业务涉及航天、军用飞机、电子、通信情报和安全等领域。

（一）航天领域业务和产品

航天领域的业务主要有航天运输、卫星及相关服务。在航天运输方面。空中客车防务与航天公司是欧洲民用和军用航天运输以及载人航天活动的主承包商，设计开发生产了阿丽亚娜火箭发射器和弹道导弹，是哥伦布实验舱和国际空间站的自动货运飞船的主承包商，并且是大气层再入飞行器、推进系统、航天装备等领域的专家。在卫星领域，空中客车防务与航天公司是设计制造卫星系统的全球领导者，业务涉及民用和军用电信、地球观测、科学和导航项目，以及一系列的与地面设施和航天装备相关的业务。在服务上，空中客车防务与航天公司在全球卫星服务市场提供"一站式"服务，尤其是在保密通信、地球观测和导航服务等领域。

（1）进入太空项目上提供的产品与服务有为小型卫星提供近地轨道发射服务的"欧洲呼啸"、"钻石"运载火箭、"织女星"小型发射器、斯塔森姆公司的"联盟号"发射器、Texus/Maxus 微重力火箭、"阿里亚娜‑4"火箭、可在轨携带最重货物的"阿里亚娜‑5"重型运载火箭、"阿里亚娜‑5"中期进化型火箭，以及可进行微重力试验的火箭。

（2）太空环境项目有监测风的"风神"卫星、CryoSat 冰层探测卫星、欧洲迄今最大的环境卫星——对地观测卫星 Envisat、执行地球探测核心任务的 EarthCARE、地球重力场和海洋环流探测卫星、欧洲遥感卫星、昴宿星卫星、"哨兵"系列卫星、低轨道人造卫星、"蜂群"卫星、土壤湿度与海水盐度卫星、高分辨率遥感卫星"福卫二号"、地球遥感卫星系统、"哨兵"5 先导卫星、"全球环境与安全监视"卫星计划等。

（3）探索宇宙项目主要为欧洲航空航天局的众多航天器提供服务，是其主承包商，该项目主要的产品有：用于地球空间星座探测计划的 Cluster Ⅱ 卫星，太阳与太阳风层探测器，太阳探测器"尤利西斯"号，意欲解开泰坦卫星之谜的卡西尼—海更斯太空船，"火星快车"号火星探测器，"罗塞塔"号彗星探测器，"赫胥尔"太空望远镜，詹姆斯·韦伯空间望远镜，"牛顿"射线卫星，观测地球重力场变化的 Grace 卫星，可以绘制银河系 3D 图的"盖亚"探测器，激光干涉仪"空间天线开拓者"，探索金星的"金星快车"探测器，ExoMars 火星探测项目，发向水星轨道的多用途探测器"贝皮·哥伦布"，可最大程度接近太阳的无人探测器——太阳轨道器。

（4）载人航天任务项目在欧洲航天事业进步中起到了重要作用，主要提供确保安全着陆的大气层再入飞行器、自动货运飞船、航天数据管理系统、用于科学研究的实验设备、国际空间站的机器人系统、为 NASA 的"猎户座"项目设计的多用途载人飞船、欧洲航空航天局的空间实验室"哥伦布"实验舱等。

（5）安全与防务项目主要为包括英国、法国、美国等国国防部以及北约在内的国家和组织提供航天安全和防务系统与服务，涉及监视、侦察、保密通信、预警、导弹防御等。空中客车防务与航天公司在安全与防务领域提供的产品和服务有："蜂群"卫星，Satcombw 通信卫星，为英国国防部研制的"天网5"卫星，M45 和 M51 型潜射弹道导弹，战术终端，"洛拉"机载激光光学联络，"螺旋"演示卫星，太空电子情报卫星，可执行军用和民用双重任务的 Hispasat 1A & 1B 卫星，具有抗干扰性的 Skynet 4/NATO Ⅳ 卫星，作为欧盟委员会安全研究预备行动计划一部分的 ASTRO + 项目，西班牙第一个雷达观测卫星 PAZ，光学太空组件，"太阳神"军用监视卫星 Helios 1 和 Helios 2，以及旨在摧毁第一次世界大战遗留的化学弹药的 Secoia 项目。

（6）生活中航天应用项目，广泛关注与人们日常生活相关的各个领域，为人们提供便利，如欧洲气象卫星系统 MetOp、合成孔径雷达卫星 TerraSAR - X、多任务平台地球观测系列卫星 SPOT、为阿尔及利亚航天局制造的 ALSAT - 2 卫星、为德国开发的地球观测卫星 TanDEM - X、能提供精确定位和计时信息的欧洲导航系统卫星"伽利略"、地球观测卫星 AstroSAR - Lite 第二代气象卫星、为泰国研制的地球观测系统 THEOS、为韩国研制的多功能地球同步卫星 COMS、为智利研制的高分辨率地球观测卫星 SSOT、为越南研制的地球观测光学卫星系统 VNREDSat - 1。此外，空中客车防务与航天公司还是西班牙第一个光学地球观测卫星 INGENIO 的主承包商（INGENION 主要提供地理信息服务），还提供人造卫星全球集装箱监控系统 SeCureSystem 等。

（7）电信项目上，空中客车防务与航天公司设计制造的 100 多颗通信卫星在全球得到广泛应用，如："欧洲之星"系列卫星，为阿联酋研制的双卫星通信系统 Yahsat，支持国际海事卫星组织全球宽带网络服务的 Inmarsat－4，多媒体通信卫星 Eutelsat W3A，电视直播卫星热鸟 8 号/9 号/10 号卫星和热鸟 23A 卫星以及 Astra 1M 卫星，世界上最复杂的通信卫星 Alphasat，为巴西、北美洲、南美洲提供电信服务的 Amazonas－1 卫星和 Amazonas－2 卫星，为加拿大和北美提供电信、广播和互联网服务的 Anik F1R 卫星，空中客车防务与航天公司的第二颗"欧洲之星"E3000 卫星——Anik F3，为中东和非洲客户研制的多用途卫星 Arabsat 4A/4B/4AR，最大的高功率卫星 Intelsat 10－02，为亚洲电信服务的卫星系统 ST－1，地球静止卫星 Hellas－Sat 和"世界星"卫星，可进行专业应用的 W5A 卫星，功能可扩展卫星 SES－6，为阿拉伯卫星公司研制的第五代多任务和电视卫星 Arabsat－5A/5B/5C/6B，欧洲数据中继系统，为俄罗斯卫星通信公司制造的 Express AM4R 和 Express AM7 卫星，大西洋鸟 7 号卫星，覆盖欧洲和地中海盆地的第一颗卫星 Ka－Sat，为英国研制的高度适应卫星 HYLAS 1，提供数字与高清晰度服务的 Astra 1N 卫星，多波段大型卫星 Eutelsat 3B 卫星，为美国数字电视提供服务的 DIRECTV 15 卫星，有"空中数字高速公路"之称的 Eutelsat 9B/EDRS－A 卫星，马来西亚最大的通信卫星 Measat－3b，提供播放服务的 Astra 3B，Astra 2E、Astra 2F、Astra 2G 和 Astra 5B 通信卫星，提供电视直播和高清电视服务的 Astra 2B 和 Nimiq 4 卫星，地球静止卫星 Hellas－Sat 等。

（二）军用飞机领域业务和产品

在军用飞机领域，空中客车防务与航天公司有军用运输机及战机和无人机等产品，如 C212 运输与监视飞机，CN235 军用运输机，C295 反潜机，以及 A330 多用途加油运输机（A330 MRTT），A400M 军用运输机等。

- CN235 军用飞机配备有电子对抗和电子干扰设备，可以完成部队运输、低空空投设备、救护、前沿巡逻、海上巡逻和反潜等任务。

- C295 反潜机携带有搜索雷达、与夜视镜匹配的数字航电、自动识别系统、声学系统、磁异探测器等。

- 欧洲"台风"战机是具有高机动性的多用途战斗机，能使用广泛多样的空对空和空对地武器，代表了英国、德国、意大利和西班牙四国在航空电子、航空动力、材料、制造技术和发动机等协同技术上的最高峰，该战机项目也是欧洲最大的军用协同项目。

- 无人空中系统及相关解决方案针对机载情报、监视和侦察任务为客户服务，包括"雪鸮"中空长航时无人机、"欧洲鹰"中空长航时无人机和"梭鱼"多传感器系统。

- PZL－130"小鹰"军用教练机是一款多用途教练机，1993 年开始服役，可以进行初级阶段到高等阶段的培训，为受训人员提供作战飞行所需的仪器、导航等训练。

● A400M 军用运输机是世界上功能最多的运输机，可执行战术、长距和后勤任务，也可执行空中加油任务。

（三）通信、情报和安全领域业务和产品

在通信、情报和安全领域，空中客车防务与航天公司的业务与产品涉及卫星通信、保密通信、综合系统、地理情报、网络安全等。

1. 卫星通信领域

卫星通信领域的业务涉及商业卫星通信、政府卫星通信和地理情报等。

● 在政府卫星通信业务领域，向军队、政府及民间机构提供全球固定和移动卫星通信服务及解决方案。这些服务和解决方案可用于陆地、海上和空中通信，主要的产品和系统涉及军用 X 波段、军用 Ka 波段、超高频通信，以及网络管理、调制解调器、终端、Skynet 5 航天器等。此外，空中客车防务与航天公司还提供机载 ISR、蜂窝解决方案、数字化 IP 服务。

● 在商业卫星通信领域，提供陆地、海上和空中卫星通信产品与服务，主要有海上使用的甚小口径卫星通信终端、宽带移动卫星服务、陆地使用的固定甚小口径卫星通信终端、空中使用的飞机宽带上网等。

● 在地理情报方面，提供多分辨率图像产品、数字高程模型、镶嵌数据、监控服务、直接存取服务等。

2. 边境安全

空中客车防务与航天公司的边境安全业务覆盖了边境监视、边境巡逻安保、边境安全系统等，以阻止边境非法移民和毒品走私等。其业务与产品涉及：用于边境监视与安保的安保雷达、CBRN 探测系统；使用无人航空系统的空中边境监视；保护海、陆边境的系统、雷达及传感器；用于边境巡逻安保的无线电通信设备；大型系统集成等。

3. C^4ISR

空中客车防务与航天公司在 C^4ISR 领域为作战任务决策提供最关键的信息、情报及指挥控制解决方案，其业务与产品包括：Geogrid 地理信息系统软件系列产品，SitGIS® 态势感知与地理信息系统，德国陆军指挥、控制、通信与信息系统，SAMOC® 地—空导弹作战中心综合空中防御管理系统，联合指挥控制信息系统，为英国联合快速反应部队提供综合现代化通信的"鸬鹚"系统，可进行战略与联合指挥控制的联合 C^4I 系统，可提高陆军战术指挥水平的陆军 C^4I 系统等。

4. 保密陆地通信

在通信领域，空中客车防务与航天公司通过无线电进行保密通信、无线电通信，提供专用移动无线电设备、陆地移动无线电设备、陆地集群无线电系

统、TETRAPOL 专用数字集群系统、P25 数字化陆地移动无线解决方案等。

5. 地理情报

空中客车防务与航天公司在地理情报业务领域提供最全面的地理空间数据，如卫星影像、参考底图、数据处理、监测服务、云服务等。

空中客车防务与航天公司在卫星影像业务上拥有强大的数据获取能力，能够获得及时、灵活、可靠的影像和多源、多分辨率卫星影像，产品包括从昴星团卫星、SPOT 星座、TerraSAR – X、TanDEM – X 和其他诸如福卫 2 号和 Deimos 等合作卫星获得的影像。

参考底图业务领域，空中客车防务与航天公司提供全国性或区域性的覆盖影响的 SPOTMaps 产品，提供基于光学和雷达卫星的影像（如 TerraSAR – X 雷达镶嵌影像），提供 GEO Elevation 服务、覆盖全球的数字地形模型新标杆 WorldDEM™以及基础图层等。

在数据处理业务领域，空中客车防务与航天公司采用当前先进、成熟的技术将影像转化成精确的地理信息数据，为用户提供摄影测量工具套装 PIXEL FACTORY™，提供影像处理解决方案等。

在监测服务业务领域，空中客车防务与航天公司提供专门定制和及时的变化信息和警报，可用于现场监控、海洋和海底的资产保护、地表形变监测等。

空中客车防务与航天公司还提供易于地理空间信息数据管理的云服务、用于情报集成的基础图层服务等。

6. 赛博安全

在赛博安全领域，空中客车防务与航天公司是领先的安全作战中心、事故应急服务、加密技术、数字身份管理、高安全国家解决方案、咨询与培训服务的领先提供商，服务航空航天、防务、能源与公用事业及财务等行业。

（四）电子领域业务和产品

空中客车防务与航天公司在电子领域的业务和产品涉及以下方面。

- 雷达和敌我识别系统产品有原安防系统公司的探测解决方案主要开发卫星、雷达、机载传感器、核生化爆（CBRNE）探测系统等产品，如 SPEXER®安保雷达、CBRNE 污染探测器、可以实时进行地球轨道卫星遥感观测的多传感器系统 ACTINT MultiSat、机场监视雷达系统 ASR – NG、移动反电磁雷达"眼镜蛇"；其他的产品如联盟地面监视系统、边境监视与控制系统、海岸监视系统、综合的海上安全系统 IMARSEC®等。

- 电子战产品有针对机载平台的 ALTAS – 2QB 先进激光威胁预警系统，应对雷达威胁可用于战斗机和大型飞机的 SKY BUZZER®自保护系统，用于海军的激光电子侦察/电子对抗系统 COLDS NG，应对远程控制简易爆炸装置攻击的车辆保护干扰器，以及基于 AN/AAR – 60 导弹发射探测系统（AN/AAR‑60 MILDS®）的机载导弹保护系统等。其中，机载导弹保护系统配备有电子战套装控制器、惯性测量单元和一个全面综合的干扰物投放系统，是一个可供直升机和宽体飞机应对红外制导地空导弹威胁的独立自保护系统。

- 航空电子领域的产品涉及态势感知、机上监视、数据通信等系统。例如，在驾驶员视觉增强条件下直升机的态势感知解决方案 Sferion®，可以快速准确识别我方和盟军飞机的单脉冲二次监视雷达，可从飞机进行重要数据传输的数据链等。

- 光学电子领域通过安防光电公司开展业务。安防光电公司是世界领先的光电产品解决方案提供商，开发、设计、生产一流的光学设备用于军队、安保、民用等领域，可用来监测、识别、精确测量、评估及瞄准、执行陆海空任务等，涉及防务、安全、特殊光学等，并设有测试中心。安防光电公司的产品和解决方案在民用和军事领域都有广泛的应用，提供为陆海空行动助力的军用光学产品以及传感器产品和用于监视、侦察、目标追踪的解决方案，监视和保护产品，还提供航天和民用的超精细机械、激光高度计、低温机械、光学机械部件、光学通信系统等。测试中心设有环境实验室和环境测试实验室，拥有一流的测试设备，提供光学相关产品的计量与测试等。

- 航天平台电子和航天有效载荷电子领域的航天装备涉及通信，地球观测、导航与科学，制导导航控制传感器和制动器，平台数据处理、动力等。

> 通信领域的产品有放大器、天线与天线测试、频率控制、天线装置、处理器、有源射频、安保电子等。

> 地球观测、导航与科学方面的产品有 ENS 装置、大容量存储器、导航、光学有效载荷产品、有效载荷数据处理、雷达有效载荷产品等，如天线展开机构、固态记录仪、低温系统与仪器的配套装置原子钟监控单元、仪器加工单元、核心雷达基带装备、雷达行波管放大器等。

> 制导导航与控制传感器和制动器领域的产品有 ASTRIX® 120，AS‑TRIX® 200，ASTRIX® 1000，Bi‑Axis 太阳传感器，线性精确太阳传感器等。

> 平台数据处理方面的产品有恒星跟踪器激发器（μSTOS）。

> 动力方面的产品有交流电、直流电、驱动电子、电子推进、初级动力、太阳阵、光伏组件等。

> 航天产业服务方面提供工程与环境测试、微波、无损和尺寸检验、聚合、热保护等。

> 航天推进方面主要有火箭推进和航天器推进，主要的产品有发射器推

进剂、卫星推进系统等。

三、直升机业务

直升机业务由空中客车直升机公司承担，覆盖了军用和民用领域。

在民用领域，空中客车直升机公司有为灵活任务设计的以"蜂鸟"而著称的单引擎飞机 EC120B，也有多用途、单引擎"松鼠"系列直升机，可执行客运、航天、培训、观测、消防等任务，型号有 AS350B2，AS350B3e，EC130T2 和 AS355NP 等。轻量级双引擎的 EC135 系列飞机有 EC135 T3/P3 和 EC135 Hermes 等型号，还有最新的多任务直升机 EC145 和 EC145T2。海豚系列飞机有 AS365N3 + 和 EC155B1 等机型。另外，还有新的中型、双引擎直升机 EC175。"超级美洲豹"系列直升机有 AS332Cte，AS332L1e 和 EC225 等机型。

在军用直升机领域，空中客车直升机公司有易于在极端条件下操作的"非洲狐"双引擎直升机 AS550 C3e Fennec，具有隐身性能的双引擎旋翼直升机 EC635（EC135 的军用版本），可在 6 000ft 高度和 95°的极端环境下飞行的最新的中型军用多用途直升机 EC645 T2，可执行海上监视、搜救、灾害救援、反潜战等任务的 AS565 MBe 直升机是"美洲豹"系列飞机的海军版本。NH90系列直升机发展出来的机型有战术运输直升机 NH90TTH 和北约护卫直升机NH90NFH。另外，还有可进行地面火力支援、武装侦察、空对空作战的"虎"式武装直升机。

军工合作

作为全球领先的航空航天和防务产品提供商，空中客车集团在 2014 年共获得了价值 8 575 亿美元的订单，为多个国家的国防部、政府提供航空航天和防务领域的产品与服务，同时也与其他军工企业或一些航空航天与防务领域的机构展开合作。以下是空中客车集团及其下属公司在 2014 年获得的部分合同。

- ☾ 2014 年 5 月，空中客车防务与航天公司向英国皇家海军的扫雷舰提供任务关键卫星通信设备，包括可展开海上军事卫星等。
- ☾ 2014 年 4 月，空中客车防务与航天公司与马来西亚沙布拉安全技术公司签署一项合作协议，在 C^4ISR 领域建立长期的合作关系，共同开发武装部队的数字化开发规划和数据融合系统等领域的关键产品。空中客车防务与航天公司还与英国宇航系统公司在雷达卫星图像和地理空间信息产品等领域展开了合作。
- ☾ 2014 年 3 月，空中客车防务与航天公司获得欧洲航空航天局授予的价值 1.4 亿欧元的合同，为欧洲航空航天局的"哨兵"5 卫星提供高精度地球观测设备。

- 2014 年 3 月，空中客车防务与航天公司的子公司安防光电公司获得一份价值 4 000 万欧元的合同，向德国武装部队的军事车辆提供光电设备。
- 2014 年 2 月，空中客车防务和航天公司获得欧洲航空航天局价值 1 820 万欧元的合同，向欧洲航空航天局提供新一代通信卫星平台。
- 2014 年 2 月，获得西班牙加那利航空公司价值 1.5 亿美元的合同，向后者出售 6 架 ATR 72 – 600S 飞机。迪拜航天企业也向空中客车集团订购了 40 架 ATR 72 – 600S 飞机。
- 2014 年 2 月，空中客车防务与航天公司与韩国签订合同，向韩国新的地球观测卫星提供航天雷达天线和电子产品。
- 2014 年 1 月，空中客车防务与航天公司获得法国装备总局的为期 12 年的合同，为法国航天检测系统提供监视、侦察、观测的跨国空基成像系统用户地面段，用于军事观测。
- 2014 年 1 月，空中客车防务与航天公司收到利博瑞集团旗下的国际飞机租赁公司的价值 6.45 亿美元的订单，共出售 21 架新一代 EC175 和 EC225e 飞机。

联系方式

地　　址：PO Box 32008，2303 DA Leiden The Netherlands；
　　　　　4，rue du Groupe d'Or，BP 90112，31703 – Blagnac Cedex，France
联系电话：+33581317500
电子邮件：CorporateMediaRelations@ airbus. com
网　　址：http：//www. airbusgroup. com/int/en. html

第八章

联合技术公司

联合技术公司在航空航天和商业建筑领域是全球领导者，是美国著名的防务承包商，是世界上最大的航空航天产品与系统提供商之一，是世界上最大的建筑技术提供商。美国联合技术公司的航空航天发动机、军用直升机等产品在全球有广泛应用。

联合技术公司成立于 1975 年，总部位于美国康涅狄格州的哈特福德。美国联合技术公司主要为全球航空航天和建筑业提供高科技产品和服务，2014 年的净销售收入为651 亿美元，约有 211 500 名员工。

联合技术公司的前身是经拆分成立于 1934 年的联合飞机公司①，1975 年更名为联合技术公司。1976 年，联合技术公司收购了世界上最大的电梯公司——奥的斯电梯公司，1979 年收购了制冷设备生产商——开利公司，2003年收购了安保和消防服务领先供应商——集宝公司。2005 年，联合技术公司收购了波音公司旗下的火箭动力业务部门——洛克达因部门，并将其合并到旗下的普惠公司，成为普惠公司火箭动力业务部②。2012 年 7 月，联合技术公司收购了航空航天制造商——古德里奇公司，将其与旗下的汉胜公司③合并组成了联合技术公司航空航天系统公司。同一年，联合技术公司还收购了国际航空

---

① 1934 年，由于联邦政府反对航空公司与飞机设备制造商的继续联合，拆分了联合飞机与运输公司，其业务被划分到 3 个新的公司：联合飞机公司、波音飞机公司和联合航空运输公司。

② 2013 年，普惠公司火箭动力部门被金库普公司收购，并将其与航空喷气发动机公司合并组成航空喷气发动机—洛克达因公司。

③ 1999 年，联合技术公司收购了胜德斯特兰德公司，并将其与汉密尔顿标准公司合并，组成了汉胜公司。

发动机公司的大多数股权。2015 年，联合技术公司将旗下的西科斯基飞机公司出售给洛克希德·马丁公司。

联合技术公司如今已发展成为全球最多元化的制造企业之一，2015 年被《财富》杂志评为全球第二大"最受尊敬的航空航天和防务公司"。

组织机构

联合技术公司按照不同业务领域下设不同的专业公司，包括普惠公司、联合技术航空航天系统公司、建筑与工业系统业务部。另外，联合技术公司还设有独立的研究中心——联合技术研究中心，为公司发展提供技术支持，如图 8.1 所示。

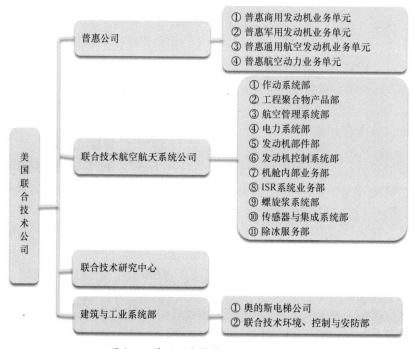

图 8.1　美国联合技术公司组织机构图

一、普惠公司

普惠公司[①]全称普莱特和惠特尼公司，源于 1925 年成立的普莱特和惠特尼飞机公司，1934 年归入联合飞机公司即今天的联合技术公司。

普惠公司的飞机发动机设计、制造与服务世界领先，广泛服务于军用领域

---

① http：//www. pw. utc. com/Home/.

与民用领域，设有 4 个业务单元。

（一）普惠商用发动机业务单元

普惠商用发动机业务单元是商用航空发动机的领先供应
商，有业界最大的商用发动机维修、大修及零部件服务网络
之一，近 13 000 台大型商用发动机在役。

（二）普惠军用发动机业务单元

普惠军用发动机业务单元自 1925 年获得第一个为美国
海军研制发动机的合同后，已有约 7 000 台军用发动机服务于约 30 个武装部
队。普惠军用发动机一直走在世界前列，其发动机往往为发动机性能和可靠性
树立新标准，普惠军用发动机也是第五代战机的发动机的唯一提供者。

（三）普惠通用航空发动机业务单元

普惠通用航空发动机业务单元主要由普惠加拿大公司提供业务与产品。普
惠加拿大公司①源于 1928 年成立的加拿大普惠飞机有限公司，1962 年更名为
加拿大联合飞机公司，1975 年改为现名。普惠加拿大公司位于魁北克朗基尔
市，在全球约有员工 9 200 人，是世界领先的通用航空飞机、私人喷气式飞机
和直升飞机的发动机供应商。

米拉贝尔航空航天中心是普惠加拿大公司于 2008 年为进行飞行测试操作
而设置的，主要测试地面和空中的发动机，现在是北美最大的综合飞行测试操
作中心之一。

（四）普惠航空动力业务单元

普惠航空动力业务单元是 2012 年 7 月由普惠公司的辅助动力单元与汉胜
动力系统公司的小型涡轮喷气推进业务整合而成，主要为商用和军用飞机设计
制造辅助动力单元和涡轮喷气发动机，包括飞机辅助动力单元和地面动力单元
以及小型可回收的涡轮推进系统等。

普惠公司的业务遍布全球，在多地设有分公司、子公司或办事机构。在中
国，普惠公司在北京、株洲、成都、西安、上海等地设有合资公司或培训
中心。

- 普惠中国公司位于北京，主要负责普惠公司在中国大陆的产品销售与
  客户服务。
- 普惠中国客户培训中心位于北京，成立于 2002 年，由联合技术远东
  公司和中国航空器材进出口集团公司合资组建，主要为俄罗斯、新加
  坡、泰国、韩国、中国等地的客户提供技术培训。
- 株洲南方普惠航空发动机有限公司，成立于 1998 年，由加拿大普惠
  航空发动机公司与中国南方航空工业（集团）有限公司合资组建，主

---

① http：//www.pwc.ca/.

要是生产和销售航空燃汽涡轮发动机、工业燃气轮机、航空辅助动力装置等的零部件及整机，并提供相关的工程服务。

- 普惠艾特航空制造（成都）有限公司的前身是成立于 1996 年的成都艾特航空制造有限公司，该公司由普惠公司与成都发动机集团、中国航空工业第二集团公司合资组建，2011 年更名为普惠艾特航空制造（成都）有限公司，主要生产飞机发动机部件，如压气机盘、火焰筒等。

- 西安安泰叶片技术有限公司，成立于 1997 年，由普惠公司与中国西安航空发动机（集团）有限公司、以色列叶片技术国际公司共同出资组建，拥有先进的精密锻造和机械加工工艺，生产各类尺寸的不锈钢及钛合金压气机成品叶片、海运和工业燃气轮机及汽轮机叶片、结构件及人工关节件等。

- 上海普惠飞机发动机维修有限公司成立于 2007 年，由中国东方航空公司与普惠公司合资组建，已取得中国 CAAC 维修执照、美国 FAA 维修执照，主要维修 CFM56－5B、CFM56－3、CFM56－7 型发动机，并逐步扩展到其他型号的发动机。

- 普惠管理（上海）有限公司，主要为普惠在中国的业务提供人力资源、财务、沟通、销售等支持。

2014 年，普惠公司的净销售额达 145 亿美元，约有 33 500 名员工。

二、联合技术航空航天系统公司

联合技术航空航天系统公司①成立于 2012 年，位于北卡罗来纳州的夏洛特，是全球最大的航空航天和防务先进技术产品的提供商之一。

联合技术航空航天系统公司的业务覆盖了 26 个国家，拥有业内最大、覆盖面最广的售后服务网络，在全球设有 60 多个 MRO 服务机构，为全球 20 多家最大的航空公司提供 MRO 服务。联合技术航空航天系统公司在情报监视及侦察技术方面也处于领先地位，主要为军事和执法单位通过有人和无人驾驶飞机利用这些技术收集关键情报的需求服务。

2014 年 7 月，联合技术航空航天系统公司还在波兰华沙设立了全球工程中心，该中心聚焦飞机机械系统的研发，并为公司的战略业务提供支持。

联合技术航空航天系统公司旗下的子公司分别隶属于不同的业务领域。

（一）作动系统部

联合技术航空航天系统公司的作动系统部主要设有两个公司。

---

① http://utcaerospacesystems.com/.

克朗普顿技术集团公司①成立于 1969 年，2010 年被古德里奇公司收购。2012 年，随着古德里奇公司被联合技术公司收购及联合技术公司内部结构调整，克朗普顿技术集团公司成为联合技术航空航天系统公司的子公司。克朗普顿技术集团公司位于英国班  伯里，在先进复合材料产品及系统的设计、开发及制造领域处于世界领先地位，在航空、航天、防务、自动化等领域有成功发展。

克拉弗勒姆有限公司位于英国的布里斯托尔，在设计生产电动和水动力一级和二级飞行控制平台领域已有 40 多年的历史，是该领域的市场领导者，包括商用与军用飞机及直升机平台、一级导弹飞行控制系统、铁路转换系统等。

（二）工程聚合物产品部

工程聚合物产品部，在高性能先进复合材料结构和海上应用的聚氨酯产品领域处于领先地位，为"弗吉尼亚"级核动力攻击潜艇建造船首声呐导流罩，并为其他一些潜艇制造部件、特种材料、水面舰船的声呐罩，此外，还制造航空航天复合材料部件等。

（三）航空管理系统部

联合技术航空航天系统公司航空管理系统部的下属公司主要是诺德米科公司。

诺德米科公司②位于德国法兰克福，已有  40 多年的历史，是领先的座舱压力控制系统和通风系统供应商，也是著名的一级代工制造商。在军工市场，诺德米科公司曾为德国国防部和欧洲的一些武装部队提供航空数据系统、压力传感器和先进的飞行控制计算机等，还为军队客户提供维修和大修、供应链管理服务等。

（四）电力系统部

联合技术航空航天系统公司在电力系统业务领域有 3 个子公司。

HS 电力系统公司的前身是汉胜航空航天公司，自 20 世纪 80 年代中期以来，一直进行智能功率模块的设计、制造，如固态功率模块、固态功率控制器、固态继电器电力供应和电力传输模块等。另外，HS 电力系统公司在厚膜、混合微电路设计与数字模拟、热力分析、可靠性预测与评估等领域也拥有专业水平。HS 电力系统公司位于德国讷德林根，有 80 多名员工。

---

① http：//www.ctgltd.com/.

② http：//www.nord-micro.com/.

基诺莎电力系统部位于威斯康辛州的基诺莎，在航空航天发动机、发电机制造、组装与设计领域有 50 多年的历史。

西安中航汉胜航空电力公司于 2014 年由联合技术航空航天系统公司与中航机电公司合资成立，合资双方各持股 50%。西安中航汉胜航空电力公司致力于为中国商用飞机制造公司的 C919 喷气飞机研制电力系统。

（五）发动机部件部

联合技术航空航天系统公司发动机部件部下属公司主要是德拉文喷嘴技术公司。该公司成立于 1935 年，位于英国柴郡，是领先的高质量油热喷嘴、燃烧喷嘴和喷头、流体处理系统的制造商。

（六）发动机控制系统部

联合技术航空航天系统公司的发动机控制系统部下属的 HS 马斯顿航空航天公司位于英国沃尔夫汉普顿，是领先的商用与军用传热和流体管理产品供应商，其产品在机身、发动机、固定翼飞机和直升机上都有广泛应用。

（七）机舱内部业务部

联合技术航空航天系统公司在机舱内部业务领域下属的业务单元和公司具体如下。

布斯装饰公司成立于 1976 年，位于印第安纳州的杰弗逊维尔，是防火板产品的重要供应商，客户主要是原始设备制造商、飞机装饰中心、定制翻修中心等。

照明系统业务单元由 3 个在飞机照明领域有着多年经验的公司组成，即 1954 年成立的古德里奇照明系统公司，1942 年成立的佩奇航空航天公司和 1986 年成立的德国 Airsigna GmbH + Co. KG 公司，在飞机照明领域有着多年的经验，提供用于商用飞机、支线飞机、上午喷气飞机、军用飞机和直升机等的内部和外部照明产品，此外还提供导航和反碰撞照明及特殊军事装备。

温思劳救生筏公司[1]，源于 1941 年成立的纽约橡胶公司，位于佛罗里达州的苏兹湖，是领先的航空救生筏供应商，提供用于商用飞机的容纳 4~56 人救生筏。

（八）ISR 系统业务部

联合技术航空航天系统公司在 ISR 系统业务领域的子公司都是原古德里奇公司收购的公司，具体如下。

云帽技术公司[2]位于俄勒冈州的胡德河，成立

---

① http：//winslowliferaft.com/.

② http：//www.cloudcaptech.com/.

于 20 世纪 90 年代, 2009 年被古德里奇公司收购。随着古德里奇公司被联合技术公司收购及联合技术航空航天系统公司的成立, 云帽技术公司也成为联合技术航空航天系统公司的子公司。云帽技术公司是优秀的战术 ISR 解决方案提供商, 是自主无人飞机系统的领导者, 其短笛飞行管理系统是业界标准, 提供自动驾驶仪飞行管理系统、惯性测量传感器、稳定成像微万向仪以及 TASE 系列成像产品。

传感器无限公司①成立于 1991 年, 2005 年被原古德里奇公司收购, 后成为联合技术航空航天系统公司的子公司。传感器无限公司已经发展成为铟砷化镓光电二极管阵列、近红外相机和短波红外成像应用及成像传感产品等领域的领先制造商。

（九）螺旋桨系统部

拉蒂埃—菲雅克公司②位于法国菲雅克, 其历史可追溯至 1904 年, 是世界领先的商用和军用涡轮机螺旋桨飞机的完整螺旋桨系统、直升机飞行安全部件的供应商, 同时也提供电传操纵驾驶舱控制、座舱设备、可配平水平安定面作动器等系统, 在法国及欧洲的航空航天产业都处于领先地位。

（十）传感器与集成系统部

凯德航空航天与防务公司位于北卡罗来纳州的威尔逊, 已经有 90 多年的历史, 是领先的商用和军用航空及地面车辆的消防和安全系统供应商。

凯德航空航天与防务公司旗下有 7 个公司, 具体如下。

- 凯德航空航天公司, 位于北卡罗来纳州的威尔逊;
- 芬沃尔安全系统公司, 位于北卡罗来纳州的威尔逊;
- 凯德格莱维诺公司, 位于英国科恩布鲁克;
- 浩特利尔公司, 位于法国安东尼;
- 凯德多依格拉公司, 位于德国的拉廷根;
- 凯德航空航天与防务澳大利亚公司, 位于澳大利亚的墨尔本;
- 凯德双谱公司, 位于加利福尼亚州的戈拉塔。

（十一）除冰服务部

联合技术航空航天系统公司是世界领先的综合除冰方案提供商, 其先进的除冰系统在商用飞机、支线飞机、民用飞机和军用飞机上都有广泛应用。

2014 年, 联合技术航空航天系统公司的收入约 142 亿美元, 有员工约 42 550 人。

---

① http：//www. sensorsinc. com/.

② http：//www. ratier－figeac. com/? q＝en.

三、联合技术研究中心

联合技术研究中心①成立于 1929 年，是联合技术公司核心的研发机构，负责将世界上最先进的技术、创新性的思想和学科研究传递给联合技术公司的各个业务部门，从航空动力学和声学到计算流体力学、燃烧、热量管理、应用力学、控制系统、嵌入式系统、诊断系统、优化系统等，从流体力学到新型材料，以及电子技术和计算机科学、电力电子等，研究中心的工程师和科学家都引领着世界发展的潮流。

联合技术研究中心与全球多个国家的研究机构有密切合作。联合技术研究中心（中国）有限公司于 1997 年 5 月在上海成立，该公司与中国多所著名大学和科研机构进行广泛的合作，参与了国内重点科技领域许多项目的研究与开发。

2014 年，联合技术公司投入到研发中的资金达 50 亿美元。

四、建筑与工业系统部

2013 年 9 月，联合技术公司通过整合公司内部的商用业务，包括奥的斯电梯公司和联合技术环境、控制与安防部，成立了世界上最大的建筑与楼宇技术提供商——建筑与工业系统业务部②。业务和产品覆盖了电梯、自动扶梯、防火安全、安防、建筑自动化、采暖、通风设备、空调、制冷系统及相关提升建筑性能的服务等。

（一）奥的斯电梯公司

奥的斯电梯公司③成立于 1853 年，是全球最大的电梯、扶梯及自动人行道的制造商及服务商。奥的斯电梯公司的工程与测试中心分布在中国、捷克、法国、德国、日本、韩国、西班牙和美国等，其产品遍布全球 200 多个国家和地区。奥的斯电梯公司 100 多年前进入中国，目前在中国共有 7 座生产基地投入生产。

2014 年，奥的斯电梯公司净销售额达到 130 亿美元，有员工 64 741 人。

（二）联合技术环境、控制与安防部

联合技术环境、控制与安防部是 2012 年联合技术公司通过内部业务调整成立的，由开利公司与联合技术消防安防公司组成。其中，联合技术消防安防公司由联合技术公司收购的凯德消防安全公司与集宝公司合并组成。

联合技术环境、控制与安防部是世界上最大的暖通空调、冷冻系统、楼宇

---

① http：//www.utrc.utc.com/.

② http：//www.bis.utc.com/.

③ http：//www.otisworldwide.com/.

自动化及控制和消防安防系统提供商。旗下的开利公司是世界领先的取暖、空调、通风、冷冻系统和产品制造经销商，也是业内首家在其主要产品系列中提供无氟制冷剂的公司；集宝则在安保和消防服务领域世界领先。联合技术环境、控制与安防部门还拥有勒奈尔系统国际公司，该公司在全球首家推出无缝集成安防管理平台，是全球最大的集成安防系统供应商。

联合技术环境、控制与安防业务部在 2014 年的净销售额达到 168 亿美元，约有 53 620 名员工。

业务与产品

联合技术公司的业务涉及范围广泛，覆盖了航空发动机、商用航空设备和系统、电梯、扶梯和自动人行道、供暖和制冷系统、消防和安防设备、楼宇自动控制设备和其他航空和建筑工业产品等。现重点介绍与军事和航空航天及安全相关的业务。

一、航空发动机业务

航空发动机业务主要由普惠公司承担，主要涉及商用发动机、军用发动机和辅助动力单元。

（一）商用发动机

普惠公司的商用发动机在业内有很强的竞争力，其发动机产品很受欢迎，型号有 V2500 发动机、GP7200 发动机、PW4000 发动机系列（包括 PW4000 - 94 发动机、PW4000 - 100 发动机、PW4000 - 112 发动机）、PW2000 发动机、PW6000 发动机、JT8D 发动机、JT9D 发动机。普惠加拿大公司生产涡扇发动机，型号有 JT15D 发动机、PW300 发动机、PW500 发动机、PW600 发动机、PW800 发动机等；还生产涡轮螺旋桨发动机，型号有 PT6A 发动机和 PW100/150 发动机；另外还生产涡轮轴发动机，型号有 PT6T Twin - Pac® 发动机、PT6B 发动机、PT6C 发动机、PW100TS 发动机、PW200 发动机、PW210 发动机等。普惠公司新研制的"静洁动力"PW1500G 发动机也广受欢迎，能减少地面噪声最多达 75%，庞巴迪新的 C 系列飞机、巴西航空工业公司的第二代 E - Jet 飞机等都选用了该发动机。

普惠航空动力公司的产品广泛应用于多种型号的民用飞机，如：巴西航空公司的 Embraer 135, 145, 170 及 190 飞机，庞巴迪公司的冲 8 - 100/ - 200/ - 300/ - 400 系列飞机，波音公司的波音 717, 747 - 400, 747 - 8 及 787 等机型。另外，该公司的辅助动力单元产品也用于空中客车 A320 系列飞机及 A380 飞机等。

（二）军用发动机

普惠公司的军用发动机业务能提供高性能的发动机，提供全方位的维修、修理和大修服务，以及军用售后市场服务等。普惠公司研制的军用发动机包括：用于 F-22 "猛禽" 战斗机的 F119 军用发动机，用于 F-15 战斗机、F-16 战斗机的 F100 系列发动机，用于 C-17 "全球霸王" III 运输机的 F-117 发动机，用于 EA-6B "徘徊者" 的 J52 发动机，用于 F-111 攻击机的 TF-30 发动机，以及用于空中预警控制系统、联合监视目标攻击雷达系统飞机、B-52 轰炸机和 KC-135 空中加油机等的 TF-33 发动机等。

普惠公司的普惠 F100-PW-220U 发动机用于诺斯罗普·格鲁曼公司的试验型 X-47B 无人驾驶战斗机，普惠的 PW4062 发动机用于美国空军的 KC-46A 空中加油机。根据波音与普惠达成的协议，截至 2027 年将有多达 368 台 PW4062 发动机交付。普惠航空动力公司的涡轮喷气发动机用于军事用途，包括战术导弹、诱饵、拦截、空中目标及无人机等。该公司还提供全权限数字电子控制发动机控制器等。

（三）辅助动力单元

普惠公司还提供军用燃气涡轮辅助动力单元，应用于多种军用直升机产品上，如 V-22 直升机、CH-53K 直升机、黑鹰直升机、支奴干直升机等，也用于 F-16，JAS39 及 T-50 等战斗机，以及 C-5，A400M 及 KC390 等军用运输机等产品。

二、航空航天系统业务

联合技术航空航天系统公司业务为各类商用飞机、支线飞机、公务飞机、直升机及其他平台设计、制造、维护各主要系统与部件，并提供一体化解决方案，涉及飞机作动系统、飞机结构构件、飞行管理、内饰、起落架、螺旋桨、飞机轮和制动器，以及电气系统的动力控制与传感系统、发动机组件、发动机与控制系统、防火装置、情报监视及侦察系统、传感器和集成系统以及航天系统等。

联合技术航空航天系统的产品在 2013 年 3 款新飞机的成功首飞中发挥了关键作用。庞巴迪的新 C 系列飞机于 2013 年 9 月完成首飞，该机配备联合技术航空航天系统的发动机短舱、反推力装置、驱动系统、电力系统、发动机电调装置、燃油泵控制组件及其他组件。普惠公司的 "静洁动力" 发动机为空客 A350-900 飞机提供动力，该飞机是空客 A350XWB 超宽体喷气客机家族的基石，于 2013 年夏季完成首飞。这些飞机配备联合技术航空航天系统的 20 多个系统，包括联合技术航空航天系统制造的最大的发动机短舱、反推力装置、机轮和碳刹车、电力系统和空气数据传感器等。2013 年 9 月，波音 787-9 飞机在进行首飞时配备了许多与 787-8 飞机相同的联合技术航空航天系统设备。

联合技术航空航天系统还为 2015 年投入运营的空客 A320neo 飞机提供发动机短舱、反推力装置、发电系统、机轮和碳刹车装置和其他部件。

联合技术航空航天系统的业务与产品及系统具体如下。

- 作动系统产品有先进复合材料产品、飞机发动机舱作动系统、用于旋翼飞机和固定翼飞机的初级飞行控制系统、二级飞行控制系统、精密作动系统等。
- 航空结构产品有声学材料、航空复合材料结构、船舶复合材料结构、飞机发动机舱系统（用于空中客车 A320neo 及庞巴迪 C 系列飞机等）、聚氨酯材料及其他航空结构产品。
- 航空管理系统产品有座舱增压与控制系统、发动机排气系统、燃料箱惰化系统、雨冰防护系统、热管理系统、通风系统等。
- 电气系统有集成驱动发电机、动力控制与转换系统、动力传输与管理系统、冲压空气涡轮、变频发电机等。
- 发动机部件有驱动轴与弹性接头、涡轮叶片与导向叶片、涡轮燃料喷射部件。
- 发动机控制系统有发动机燃料控制、发动机齿轮箱、发动机启动系统、全权限数字电子控制系统电子发动机控制、飞行控制计算机、热与流体管理系统等。
- 内部系统有座舱系统、货物系统、浮动系统、照明系统等。
- 情报、监视与侦察系统有提供实时信息描述的 C－B4™ 系统、DB－110 战术可视与红外双波段监视系统、快速获取与批量情报转换器、视频输入与标准转换器、情报参考书图书馆解决方案、"梅林"开发系统、光学条形照相机、有效载荷与任务解决方案、精密光学、流程探索与传播系统、哨兵CA－247广域动态图像传感器、航天与关键任务电子、航天姿态控制传感器系统、SYERS－2 与 SYERS－3 多光谱长距图像传感器、热探测系统等。
- 联合技术航空航天系统公司是世界上最大的综合起落架系统供应商之一，为商用飞机、支线飞机和军用飞机等提供各种起落架系统。
- 螺旋桨系统有座舱控制装置、驾驶舱内控制装置、螺旋桨系统、可配平水平安定面作动器。
- 传感器与集成系统有飞机数据产品与系统、电子飞行包解决方案、发动机与航天传感器、消防系统、燃料管理系统、知道导航与控制、健康与使用管理系统、探冰与防冰系统、飞行娱乐系统、任务数据记录仪、救援吊索与起货机、监视系统等。
- 航空系统有主动热控制系统、Mark Ⅱ 大气中心监测系统、军用地面车辆的发电装置、集成低压电解槽、发电系统、配电管理、S－80 燃料电池功率模块、国际空间站的萨巴蒂尔组件、太空服、用于"旗鱼"鱼雷发动机的鱼雷推进系统、水下工具的质子交换膜燃料电池能源系统、通用废物管理系统、水处理组件——供氧设备等。联合技术航空航天系统公司还为导弹、导弹防御、发射器、无人系统提供推力矢量控制作动系统、发电与管理学系统、（火箭）推进剂储存与管理、主动热控系统等解决方案。

- 机轮与制动系统有制动控制系统、制动装置、电子制动系统、机轮等。

三、建筑与工业系统业务

联合技术建筑与工业系统领域的业务包含安防、消防等，联合技术公司旗下的凯德、集宝等是著名的消防安防产品提供商，如门禁系统、烟雾报警器及各种报警器等。

军工合作

美国联合技术公司是美国国防部的百大防务承包商之一，在军工领域与美国陆军、海军等有良好的合作，还为美国盟国的政府和军队提供产品与服务，并与其他企业展开合作。2014 年，美国联合技术公司从美国国防部获得了61.65 亿美元的合同。以下是美国联合技术公司近年签订的部分合同。

- 2014 年 10 月，旗下的惠普公司获得美国国防部授予的合同，将为 F 35 "闪电 II" 战斗机提供 F 135 推进系统。
- 2014 年 11 月，旗下的航空航天系统公司获得美国空军授予的价值 2 200万美元的合同，为 F 15 战斗机升级机轮和制动装置。
- 2014 年 7 月，旗下的普惠公司与挪威的航空工业修理公司签署协议，共同为 F – 135 发动机建立一个 MRO 和升级工厂，F – 135 发动机配备在 F – 35 "闪电 II" 战斗机上。
- 2014 年 2 月，联合技术航空航天系统公司与澳大利亚联邦签署合同，为 C – 130 运输机的机轮和制动系统进行升级。
- 2013 年，普惠公司为美国及其盟国的下一代战斗机 F – 35 "闪电 II" 交付了 130 多台 F135 发动机。

联系方式

地　　址：United Technologies Building，Hartford，Connecticut，06101，USA
联系电话：（860）728 – 7000
网　　址：http://www.utc.com/Home

第九章

泰雷兹集团

　　泰雷兹集团是唯一一家在机载设备领域和地面设备领域均占据全球领先地位的企业，是全球最大的空中交通管制系统、吊放式声呐提供商，是全球第二大军用无线电通信产品提供商，是欧洲第一大防务电子、陆军与海军用场面雷达和网络安全、空中交通管制等相关产品与系统服务的提供商。同时，泰雷兹集团也是欧洲领先的卫星系统供应商和轨道基础设施的重要参与企业。

　　泰雷兹集团也称泰勒斯集团，成立于 2000 年，总部位于法国的拉德芳斯。泰雷兹集团在航空、航天、运输、防务与安全等领域都处于全球技术领先水平，在军用市场和民用市场都发挥着举足轻重的作用，2014 年的销售额为 130 亿欧元（约 147 亿美元），约有 61 000 名员工。

　　泰雷兹集团的历史可追溯至 19 世纪末。1893 年，美国汤姆逊—休斯顿电力公司成立了汤姆逊—休斯顿法国分公司，用于开拓发电和运输业务。1968 年，汤姆逊—休斯顿法国分公司收购了法国的一家无线电公司，并将其与汤姆逊—布朗特公司的电子产品业务合并，成立了汤姆逊无线电公司，取代汤姆逊—休斯顿法国分公司。1982 年，汤姆逊无线电公司被国有化，1989 年收购了飞利浦集团的防务电子业务。1998 年，汤姆逊无线电公司被私有化，阿尔卡特公司和马塞尔·达索工业集团成为其股东。2000 年，汤姆逊无线电公司收购了英国的雷卡尔电子公司，同年更名为泰雷兹集团，并与雷神公司组建了空中防务领域的泰雷兹雷神系统公司。2007 年，泰雷兹集团成立了泰雷兹阿莱尼亚宇航公司，收购了阿尔卡特—朗讯集团的运输、安全和空间的业务，将法国海军水面业务出售给法国国有船舶制造企业，同时从法国政府手中收购了法国国有船舶制造企业 25% 的股份。2009 年，达索航空公司成为泰雷兹集团的主要股东，持有泰雷兹集团 25.3% 的股份。2011 年，泰雷兹集团在法国国有船舶制造企业的持股增至35%。

如今，泰雷兹集团在多个军工技术关键领域都处于领先地位，在斯德哥尔摩国际和平研究所百强军工企业排行榜、美国防务新闻百强军工企业排行榜中都处于领先位置。

组织机构

泰雷兹集团总部位于法国，在德国、荷兰、英国、美国、加拿大等14个国家设有分公司或合资公司。泰雷兹集团有三大业务部：航空航天业务部、防务与安全业务部、运输业务部，其组织机构如图9.1所示。

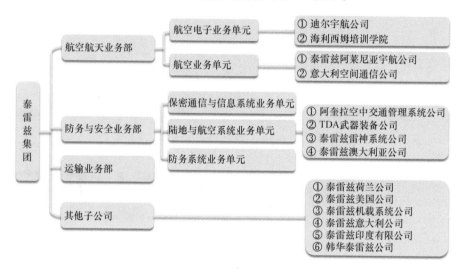

图9.1 泰雷兹集团组织机构图

一、航空航天业务部

泰雷兹集团航空航天业务部拥有全球第一的空中交通管理系统，在航空电子、机载娱乐等领域都处于领先地位。该部下设航空电子全球业务单元和航天全球业务单元。

（一）航空电子业务单元

航空电子业务单元提供的产品与服务涵盖了导航、飞机控制系统、电力发电与转换、机载娱乐设施、连接系统，军用飞机、军用和民用直升机的模拟与训练解决方案，及微波与成像子系统等，在包括驾驶舱和机舱在内的机载设备领域和地面设备领域（如雷达）均处于全球领先地位。

1. 迪尔宇航公司

迪尔宇航公司总部位于德国的于伯林根，于2006年由德国迪尔集团旗下的迪尔宇航系统公司与泰雷兹集团合资成立，双方分别持股51%和49%。迪尔宇航公司的军用和民用飞机照明设备与内饰系统世界领先，其技术与系统被空中客车公司、波音公司、庞巴迪公司及欧洲直升机公司等广泛采用，如用于空中客车公司的 A350XWB，A400M 及 A380 等。

2. 海利西姆培训学院

海利西姆培训学院①成立于2000年，由泰雷兹集团、空中客车直升机公司与防务培训国际公司共同建立，合资三方分别持股45%、45%和10%。海利西姆培训学院位于法国马里尼亚讷的马赛普罗旺斯国际机场，约有52名员工，每年约培训3 300名飞行员，与澳大利亚空军、法国国防部等签有多年的培训合同。

（二）航天业务单元

航天业务单元主要提供涉及电信、雷达、地球光学观测、卫星导航与宇宙探索等领域的空间系统与解决方案。

航天业务单元通过空间联盟提供产品与服务。空间联盟成立于2005年，是莱昂纳多公司和泰雷兹集团在航天领域战略合作关系的证明。空间联盟包含两个合资公司：泰雷兹阿莱尼亚宇航公司和意大利空间通信公司。

1. 泰雷兹阿莱尼亚宇航公司

泰雷兹阿莱尼亚宇航公司②的前身是2005年成立的阿尔卡特阿莱尼亚航天公司③，阿尔卡特朗讯集团和莱昂纳多公司分别持股67%和33%。2007年，阿尔卡特朗讯集团将其持有的股份出售给泰雷兹集团，莱昂纳多公司和泰雷兹集团各持股33%和67%。

泰雷兹阿莱尼亚宇航公司是欧洲领先的卫星系统提供商，在轨道基础设施建设、卫星导航、防务与安全、全球环境与安全监测等领域也处于领先地位，是国际空间站的重要供应商。

2. 意大利空间通信公司

意大利空间通信公司④是全球领先的卫星服务企业，成立于1961年。2002年，意大利空间通信公司成为莱昂纳多公司的子公司。2007年，意大利空间通信公司又成为莱昂纳多公司与泰雷兹集团的合资公司，双方分别持股67%和33%。

---

① http://www. helisim. fr/index. phplenl/.

② http：//www. thalesaleniaspace. com/.

③ 阿尔卡特阿莱尼亚航天公司由阿尔卡特宇航公司和阿莱尼亚宇航公司合并成立，是阿尔卡特朗讯集团的下属公司。

④ http：//www. telespazio. com/.

意大利空间通信公司管理着意大利国内外几个著名的航天中心和电信港，最重要一个航天中心是建于 20 世纪 60 年代的富奇诺航天中心。该中心是世界上最大的民用卫星通信中心，负责管理欧洲和美国的第一个卫星通信试验项目。

2014 年，泰雷兹集团的航空航天业务部的收入约为 50.14 亿欧元（约 56.70 亿美元）。

二、防务与安全业务部

泰雷兹集团的防务与安全业务部是全球第一大吊放式声呐提供商，是全球第二大军用无线电通信提供商，是全球第三大、欧洲第一大陆军和海军用场面雷达提供商，是欧洲第一大防务电子提供商，为世界各国军队提供覆盖海、陆、空、赛博空间的全面服务。

2014 年，泰雷兹集团的防务与安全业务部的收入约为 64.80 亿欧元（约 73.28 亿美元）。泰雷兹集团的防务与安全业务部根据业务侧重可以分为以下 3 个业务单元。

（一）保密通信与信息系统业务单元

保密通信与信息系统业务单元主要为军队、安全部等提供通用保密的信息与电信系统，包含无线电通信产品、网络与基础设施系统、防务系统、关键信息系统与赛博安全系统，应用的新技术涉及 4G 移动通信、云计算、大数据等。

（二）陆地与航空系统业务单元

陆地与航空系统业务单元涉及空中交通管理系统、武器系统、光电业务、装甲军用车辆等业务。陆地与航空系统业务单元下属的公司具体如下。

1. 阿奎拉空中交通管理系统公司

阿奎拉空中交通管理系统公司①成立于 2010 年，由泰雷兹集团与英国领先的空中导航服务专家——英国国家航空交通服务控股公司合资成立，双方各持股 50%。阿奎拉空中交通管理系统公司位于英国汉普郡，主要提供空中交通管理系统及服务。

2. TDA 武器装备公司

TDA 武器装备公司②成立于 1994 年，由泰雷兹集团和原欧洲宇航防务集团德国分公司合资成立，双方各持股 50%。2005 年，泰雷兹集团收购了欧洲

---

① http：//www. aquila - atms. com/.

② http：//www. tda - armements. com/.

宇航防务集团德国分公司持有的 50% 的股份，TDA 武器装备公司成为泰雷兹集团的全资子公司。TDA 武器装备公司位于法国的拉弗尔泰圣奥班和比利时的赫斯塔尔，在飞机火箭系统、灵巧弹药、安全与装备单元和区域控制系统的开发与制造等领域有着较高的专业水平，其独有的产品有线膛迫击炮、感应火箭等。

弗吉斯泽布勒赫公司①是 TDA 武器装备公司的全资子公司，在火箭系统和弹药领域有多年历史经验。弗吉斯泽布勒赫公司位于比利时的赫斯塔尔，有 60 多名员工，主要研制、集成、生产 2.75″火箭系统和弹头。

3. 泰雷兹雷神系统公司

泰雷兹雷神系统公司是泰雷兹集团和雷神公司于 2001 年成立的合资公司，双方各持股 50%，位于法国巴黎的马西和美国加利福利亚州的富勒顿，约有 1 600 名员工。泰雷兹雷神系统公司是领先的国际空中防御公司和知名的任务系统集成商，主要提供空中作战指挥控制系统、监视雷达和地基武器定位雷达等产品。泰雷兹雷神系统公司还是北约的空中指挥控制系统的主承包商。

4. 泰雷兹澳大利亚公司

泰雷兹澳大利亚公司的历史可追溯至 19 世纪90 年代。2006 年，泰雷兹集团收购了澳大利亚防务工业公司，与澳大利亚的国防科学与技术组织、联邦科学与工业研究组织等有密切合作。

泰雷兹澳大利亚公司是澳大利亚和新西兰重要的武器装备供应商，为澳大利亚、新西兰乃至全球的防务、航空航天和空间、安全和运输市场提供先进的产品和系统，在全球防务和安全市场占据着重要位置，曾是斯德哥尔摩国际和平研究所百强军工企业之一。

澳大利亚弹药公司是泰雷兹澳大利亚公司的一个业务公司，其历史可追溯至 19 世纪晚期成立的殖民地弹药公司，是澳大利亚国防军最大的爆炸军械供应商，提供弹药、推进剂、炸药及相关服务，还向新西兰国防军提供小型武器弹药等。

2014 年，泰雷兹澳大利亚公司的收入达 10 亿美元，约有 3 200 名员工。

5. 泰雷兹导弹电子公司

泰雷兹导弹电子公司位于英格兰，是专业的为复杂武器系统和导弹设计、开发、制造高性能的引信、导弹引头和传感器的公司，是欧洲领先的导弹和精确制导弹药及电子系统的供应商。

6. 泰雷兹先进武器系统公司

泰雷兹先进武器系统公司位于北爱尔兰，专注于超短、短程和中程地面防空产品及系统和相关服务的提供。

---

① http：//www.fz.be/.

7. Optrolead 公司

Optrolead 公司由泰雷兹集团与赛峰集团旗下的萨吉姆公司于 2012 年合资成立，双方各持股 50%，主要负责未来光电系统在防务领域的销售。2014 年，Optrolead 公司被选中为法国"蝎子"项目的光电组件提供更新服务。

8. 荣汉斯微技术公司

荣汉斯微技术公司①由泰雷兹集团与迪尔集团于 2008 年合资组建，双方分别持股 45% 和 55%。荣汉斯微技术公司的历史可追溯至 1861 年，是世界领先的防务用机械与电子精密设备供应商，在精密工程、电机、电子、材料等领域的领先技术为其高性能引信及点火系统提供技术保障。

（三）防务系统业务单元

在防务系统领域，泰雷兹集团在机载作战和情报监视侦察电子系统、海军水面和水下作战系统等领域有着全球公认的领先地位，其业务覆盖了空中、海上、陆地和赛博空间，为全世界的军队和安全部队提供全方位、高水平的服务，主要包括机载作战任务、机载 ISR 任务、水面海军作战、水下作战任务等 4 个系统业务，并进行威胁评估、信息管理、快速指挥决策等，以应对各种防务和安全威胁。

泰雷兹集团防务系统领域的系统与产品受到法国海军、印度空军、马来西亚皇家海军、澳大利亚国防部的青睐。

三、运输业务部

泰雷兹集团的运输业务部是全球领先的轨道交通集成监控通信系统和轨道信号供应商，还提供运输基础设施运营管理系统、先进售检票系统、公路收费解决方案等。

2014 年，泰雷兹集团的运输业务部的收入约为 14.02 亿欧元（约 15.86 亿美元）。

四、泰雷兹集团的其他子公司

泰雷兹集团的业务遍布全球，在多个国家设有子公司或分公司。以下 10 个公司是泰雷兹集团的部分子公司或分公司。

（一）泰雷兹荷兰公司

泰雷兹荷兰公司的历史可追溯至 1922 年成立的海斯梅尔信号设备厂，最初为海军提供火控和雷达系统，1945 年被荷兰政府收购并更名为荷兰电信设备公司，增加了计算机和空中交通控制设备业务。1990 年，荷兰电信设备公司又被汤姆逊无线电公司收购，更名为汤姆逊无线电信号设备公司，2000 年

① http://www.junghans-microtec.com/.

更名为泰雷兹荷兰公司。

泰雷兹荷兰公司是荷兰最大的防务公司，曾是斯德哥尔摩国际和平研究所百强军工企业之一，约有 2 000 名员工，主要提供防务、安全、运输等领域的业务，设计、生产专业的电子防御和安全产品，如海军雷达、作战管理系统、通信系统等。

（二）泰雷兹美国公司

泰雷兹美国公司的历史可追溯至 1892 年。2009 年，泰雷兹北美公司更名为泰雷兹美国公司，同年建立了泰雷兹美国防务和安全公司，用来拓展与美国国防部和国土安全局等安全机构的业务。泰雷兹集团在美国的业务主要集中在海军、陆军、商业航空、军事航空、安全、交通和空间等领域，主要有 21 家分公司和办事处，如泰雷兹航空电子公司[①]、泰雷兹元件公司[②]、泰雷兹防务与安全公司等。

（三）泰雷兹机载系统公司

泰雷兹机载系统公司位于法国布雷斯特，是泰雷兹集团的全资子公司，是全球机载和海军防务任务系统及设备的重要供应商，主要为战斗机、无人机、直升机、特殊任务飞机、海军平台等提供解决方案和支持服务，也为海上巡逻和监视、地空和卫星监视、电子情报收集提供创新解决方案，与世界多个国家的武装部队有着密切的合作关系。

（四）泰雷兹意大利公司

泰雷兹意大利公司成立于 2004 年，由泰雷兹空中交通管理公司、泰雷兹航空电子公司[③]、泰雷兹通信公司、泰雷兹元件公司[④]和泰雷兹光电子公司 5 家公司合并而成。2009 年，随着泰雷兹电子交易公司和泰雷兹安全解决方案与服务公司的并入，泰雷兹意大利公司成为泰雷兹集团在意大利的独立法律实体。泰雷兹意大利公司在航空航天、运输、防务和安全领域有 20 多年的经验，在空中交通管理领域提供技术解决方案，在防务领域有军事通信和电子战的业务，在运输领域有铁路信号传输的业务，在安全领域有关键基础设施的保护和监管的业务。泰雷兹意大利公司在意大利有 500 多名员工，在意大利主要有 4 个基地。

● 塞斯托—菲奥伦蒂诺基地，历史可追溯到 20 世纪 30 年代的一家电话线制造商，20 世纪 90 年代被阿尔卡特公司收购，之后又被泰雷兹集团收购。该基地拥有领先的光纤技术，是意大利著名的通信设备制造商。

---

① Thales Avionics Inc.
② Thales Components Corporation.
③ Thales Avionics SpA.
④ Thales Components SpA.

- 基耶蒂基地，源于电话电子技术公司于 1972 年建立的防务系统部。1998 年，该基地成为汤姆逊无线电公司电子系统意大利分部的的工业基地，20 世纪 90 年代成为意大利武装部队电子通信的基建主干，21 世纪初成为泰雷兹意大利公司的一个部门，目前主要为意大利的两家国家网络——联合部队数字网和意大利联合部队光导纤维网——提供维修服务。

- 戈尔根朱勒基地，是原汤姆逊无线电公司收购的一个无线电业务基地，1999 年成为无线电导航和空中交通管制的业务基地，2002 年增加了任务关键 IT 系统的业务，除提供咨询服务外，也为国外客户提供各项支持和远程管理的服务。

- 韦尔贾泰基地在 1988 年成为一家传统的航空电子公司——萨芬纳意大利公司的基地，1989 年更名为赛克斯坦特航空电子公司，10 年后成为汤姆逊无线电赛克斯坦特意大利公司，2001 年成为泰雷兹航空电子公司，2004 年并入泰雷兹意大利公司。

（五）泰雷兹英国公司

泰雷兹英国公司有 40 多年的行业经验，主要有 5 个业务单元，分别为航空电子、防务任务系统、地面运输系统、陆地及航空系统、安全信息通信系统。泰雷兹英国公司有 2 000 多位科学家，其产品与服务主要为英国国防部提供支持。

（六）泰雷兹德国公司

泰雷兹德国公司位于德国的迪琴根，在防务、安全、运输、航空航天和空间领域有着重要地位和作用。2014 年，泰雷兹德国公司的销售收入达 10 亿欧元，约有 4 500 名员工。

（七）泰雷兹西班牙公司

泰雷兹西班牙公司业务主要涉及防务、航空和空间、安全等领域，在阿里坎特、巴塞罗那、毕尔巴鄂等 7 个地区设有办事处，与西班牙国防部、西班牙机场与航空管理局、西班牙公共工程部等机构有着密切合作。

（八）泰雷兹日本株式会社

泰雷兹日本株式会社是世界领先的电子产品和系统公司，有 40 多年的行业经验，业务涉及防务和安全、空间、激光产品、民用航空、地面运输、网络安全、组件和子系统、培训等。

（九）泰雷兹印度有限公司

泰雷兹印度有限公司的历史可追溯至 1953 年。2003 年，泰雷兹国际印度有限公司成立。2007 年，泰雷兹软件印度有限公司成立，2008 年，泰雷兹公司在印度所有独立实体合并，成立了泰雷兹印度有限公司。泰雷兹印度有限公司在德里、科钦、瓜廖尔等地设有 8 个办事处，有 300 多名员工，业务涉及防

务、民用航空航天和运输等，主要向印度海陆空武装力量提供装备和系统。

（十）韩华泰雷兹公司

韩华泰雷兹公司[①]的前身是三星泰雷兹公司。2015 年，韩华集团完成对三星集团旗下三星特克温公司 32.4% 的股权及三星综合化学公司 57.6% 的股权的收购，并获得三星泰雷兹公司和三星道达尔石化公司的联合管理控制权。完成收购之后，韩华集团将三星泰雷兹公司更名为韩华泰雷兹公司，韩华集团通过此次收购，成为韩国国防工业的领军企业。

韩华泰雷兹公司在陆地指挥控制系统、光电、指挥控制与通信系统、雷达、海军作战管理系统、航空电子/电子战系统及未来作战系统等领域为韩国国防提供支持与保障。

业务与产品

泰雷兹集团的业务覆盖了航空、航天、运输、防务与安全等领域，并在多个领域处于领先地位。

一、航空航天业务

在航空航天业务领域，泰雷兹集团是航空电子、空中交通管理、空间系统的全球市场领导者，是世界领先的机载设备和地面设备生产商，世界大约 2/3 的飞机上都装有泰雷兹集团的设备，涉及的领域主要包括：

（一）空中交通管理

泰雷兹集团是世界上唯一可以提供空中交通控制所需的所有部件的公司，为所有的空中客车集团、ATR 飞机公司、波音公司、庞巴迪公司、达索集团、湾流航空公司和苏霍伊公司生产的飞机提供航电系统。在空中交通管理领域，泰雷兹集团的业务与产品具体如下。

1. 自动化与空中交通管理

在自动化与空中交通管理领域，泰雷兹公司提供 TopSky 空中交通管理解决方案，包括 TopSky – ATFM，TopSky – ATC/Maestro，TopSky – AIM/Atalis，TopSky – Simulation/Scansim，TopSky – Tower，TopSky – AMHS 等。

2. 导航辅助与机场解决方案

在导航辅助与机场解决方案领域，泰雷兹集团是地基传统导航设备与卫星空中导航设备的世界领先者，产品销往 170 多个国家和地区。产品包括传统的甚高频全向无线电信标 CVOR 431、多普勒甚高频全向无线电信标 DVOR 432、

---

① http：//www. hanwhathales. com/eng/main. asp.

测距仪 DME 415/435 RPM、仪表着陆系统 ILS 420、地基升推系统 DGRS 610/615、微波着陆系统 MLS 480、无定向性信标 NDB 436、自动外来物检测系统 FODetect®、战术空中导航系统 TACAN 551、战术空中导航系统 TACAN 453 和机场交钥匙解决方案等。

3. 监视雷达与传感器

在监视雷达与传感器领域，泰雷兹集团将雷达技术与非雷达技术完美结合，为用户提供全面的监视解决方案。产品包括单脉冲二次监视雷达 RSM 970S、S 波段固态进近雷达 STAR 2000、L 波段固态航路雷达 TRAC 2000 N、广播式自动相关监视系统 AX/BX680、多点定位和广播式自动相关地面监视系统以及空中交通控制新型一次监视雷达 STAR NG。

（二）飞行航空电子

泰雷兹集团是全球主要的航空电子套件、组件、机上设备等产品的供应商，是空中客车集团第一大航空航天产品供应商。业务包括商业航空电子产品、军用航空电子产品、直升飞机航空电子产品，并提供相关的服务支持。

1. 商业航空电子

泰雷兹集团在传感器、关键信息系统、安全信息系统和通信信息系统等领域拥有关键技术，代表性的商业航空电子产品有飞行管理和精确定位系统、综合模块化航空电子解决方案、智能用户界面和正在为空客 A350 XWB 研发的综合航空电子套件等。

2. 军用航空电子

泰雷兹集团的军用航空电子产品有广泛应用。适用的战斗机机型有阵风战斗机、幻影 - 2000 战斗机、米格战斗机、苏霍伊战斗机等；适用的运输机包括空客 A400M、未来战略加油机、巴西 KC 390 运输机、C295 中型运输机和 C130 运输机等；适用的导弹及发射器包括飞鱼导弹、"阿丽亚娜"运载火箭和斯卡普导弹；适用的无人机包括"守望者"无人机、"梭鱼"无人机和"神经元"隐形无人机等。

3. 直升机航空电子

直升机航空电子产品主要为军用和民用直升机提供飞行管理、导航、通信和监视的系统和解决方案，由泰雷兹集团位于全球的 21 个服务支持中心为 2 000 家军用直升机客户和 5 000 家民用直升机客户提供产品与服务。其产品适用的机型有西科斯基 S - 76D 直升机、北约 NH90 直升机、阿古斯特维斯特兰 A109 轻型通用直升机、空客虎式直升机、英国国防部的波音—支努干直升机、阿古斯特维斯特兰 AW159 野猫直升机等。另外，泰雷兹集团的 TopDeck®航空电子套装是世界上最先进的直升飞机驾驶舱配件产品。

4. 导航解决方案

导航解决方案产品用于民用和军用航空航天领域，也可满足发射器、卫星、无人机及舰船等平台的需求。产品包括用于军用和民用飞机的高性能惯性参数系统、TopAxyz 高性能惯性测量单元、适用各种型号飞机的 TopStar 200 全球定位系统定位解决方案、TopShield 超级全球卫星定位系统抗干扰解决方案、TopAlert 全球导航卫星系统监视解决方案、适用各型号飞机的综合电子备份仪表等。

5. 支持与服务

相关的支持与服务包括新飞机可选择性航空电子设备、电子飞行包解决方案、改装和附加型证书、飞机停场支持等。其中，军事服务支持包括维护和维修、服务公告、服务信息信件等技术文档、定制支持合同和"按小时修理"计划等，代表性客户有法国空军、阵风战斗机和空客直升机等。泰雷兹集团在全球有约 1 100 名维修人员，30 多个支持中心，每年服务约 2 000 架飞机。

（三）电气系统

泰雷兹集团在飞机用电气系统的许多关键技术领域都处于领先地位，为飞机、直升机、航空结构等提供有效的动力支持。产品包括直流和交流电机、电力转换系统和发电设备与服务等。客户主要有空中客车集团、波音公司、达索集团、欧洲直升机公司和中航工业直升机公司等。

（四）培训系统

泰雷兹集团在军用和民用培训应用领域也走在世界前列。从培训设备到复杂的交钥匙培训服务，再到泰雷兹培训学院，泰雷兹集团为客户提供一流的培训服务。

军用培训解决方案领域的业务，覆盖了喷气式战斗机、运输机、加油机、直升机、陆地车辆、海军平台及相关武器与系统等。

在民用培训领域，泰雷兹集团也是世界领先者，培训范围包括直升机培训解决方案与服务、驾驶、能源与智慧城市应用等。

泰雷兹培训学院拥有最先进的全飞行模拟器 AS350，可以优化飞行员的技能技巧、减少培训总成本，并提高总体安全水平。

二、空间业务

泰雷兹空间业务由泰雷兹阿莱尼亚宇航公司提供，主要设计、集成、测试、运营、交付创新性的空间系统，服务于众多的空间、防务、科学及安全领域的客户。

泰雷兹阿莱尼亚宇航公司的卫星和有效载荷系统在传递通信与导航服务方面是全球公认的参照标准。泰雷兹阿莱尼亚宇航公司是国际空间站的主要供应商之一，在太空探索领域也是重要的参与者与推动者。泰雷兹阿莱尼亚宇航公司的业务涉及以下领域。

（一）电信

泰雷兹阿莱尼亚宇航公司的解决方案包括高性能部件与设备、完整系统的交钥匙解决方案等。泰雷兹阿莱尼亚宇航公司拥有110多颗卫星、3个卫星星座，为客户提供全方位的电信服务。

（二）地球观测

在地球观测领域，泰雷兹阿莱尼亚宇航公司主要提供先进的卫星工具来观察和监测地球的气候、环境、自然资源，是法国国家空间研究中心和NASA的合作伙伴。交付的产品有MetOp气象卫星、三代气象卫星、环境卫星等，用于天气预报、自然资源管理、气候预测。

尤其在防务领域，泰雷兹阿莱尼亚宇航公司的防务解决方案可保护军事客户敏感的语音通信和数据传输，是德国的联邦国防军卫星通信系统、意大利两代西克拉尔军事卫星系统和法国三代军事通信卫星"锡拉库斯"的承包商，提供的卫星通信产品有密码设备和卫星系统等。

（三）科学与太空探索

泰雷兹阿莱尼亚宇航公司曾是欧洲两个最大的太空监测设备——赫歇尔太空望远镜和普朗克太空望远镜的主承包商，现在是欧洲航空航天局火星探测计划ExoMars的合作伙伴，将发射可侦测火星上甲烷及其他气体的"火星微量气体探测器"，还参与了法国天文卫星Corot、智利阿塔卡玛大型毫米波天线阵列等太空项目。

（四）导航

泰雷兹阿莱尼亚宇航公司的导航业务包括设置天基导航的标准，整合导航和通信系统，为电信、运输和特殊用户解决方案提供卫星下游媒体，并且能够执行系统工程、系统整合和进行承包等。其产品涵盖了空中交通管理工具，如先进的导航评估工具、基于定位的解决方案以及导航和航空通信系统等。

（五）轨道基础设施与太空运输

泰雷兹阿莱尼亚宇航公司是国际空间站的主要参与者之一，负责为欧洲航空航天局和NASA的"天鹅座"项目提供自动转移飞行器货物飞船，也是NASA开发的"猎户座"多用途载人航天器的主要参与者。

泰雷兹阿莱尼亚宇航公司为国际空间站设计建造了穹顶舱、哥伦布实验室结构、综合货运飞船、多功能增压后勤舱、节点舱2号、节点舱3号等，还提供用来保障人员、货物和操作再入的安全的空间运输系统。

三、防务业务

泰雷兹集团是全球防务部队的顶级合作伙伴，是全球第一大先进空中防御、空中 C^4I 系统提供商，是欧洲第一的防务电子提供商，业务涉及无线电通信、联合系统、培训与模拟、军事卫星通信等，为空军、陆军、海军及联合部队提供服务。

（一）通信指挥控制系统

在通信指挥控制系统领域，泰雷兹集团通过泰雷兹雷神系统公司提供集成空中指挥控制和战场监视与协调等系统，并开发了主动分层战术弹道导弹防御架构。

Comm@nder 是泰雷兹集团研制的基于标准化和开放架构的 C^4I 解决方案，可提供战术通信和作战信息系统，为作战决策提供助力。

多传感器图像解译与传播系统可进行实时数字采集，具有地面监视与瞄准的功能。

网络化图像开发系统可捕捉所有光波下的战场图片，共享资源和态势感知。

数字绘图产品系统可进行 3D 对象合成、项目数据管理等。

（二）任务服务与支持

泰雷兹集团为客户提供培训、寿命周期支持、维修、升级、有水平保障的作战可行性等延伸服务解决方案，使客户能够专注于核心任务、保证作战战略的实施。

（三）防护与任务/作战系统

泰雷兹集团提供的防护与任务/作战系统业务为武装部队提供海、陆、空全方位的防护，如应对简易爆炸装置等非对称威胁。

泰雷兹集团提供的防护与任务/作战系统业务具体如下。

1. 空中作战系统

空中作战系统业务领域，主要为作战飞机平台提供一整套的电子设备，满足战术态势评估的需求，包括电子战系统、火控雷达、任务计算机等。产品包括有源电子扫描阵列 RBE2 雷达、机载监视电光系统、用于阵风战斗机的光谱系统、"达摩克利兹" 瞄准吊舱、机载海上态势与控制系统、直升机瞄准与射击平视显示器 T－100 等。

2. 武器系统与装备

武器系统与装备业务领域，主要通过 TDA 武器装备公司为客户提供作战系统射击、通信设备、电子战系统、迫击炮系统、弹药、光电、火箭系统、传感器、声呐及战舰项目承包等，其中：迫击炮产品包括 120 mm RT 迫击炮、120 mm 2R2M 迫击炮、81 mm LLR 迫击炮以及一系列迫击炮系统的军需弹药；火箭系统产品包括火箭感应激活技术、数字火箭发射器、次度量精确火箭以及武器集成系统等。

3. 水面作战

水面作战业务领域，可以满足客户在水面和反空战的需求，具有监视、指挥、作战功能，并为武器系统提供支持。产品包括 Tacticos 作战管理系统、

Commander C3 系统、监视系统（如 Smart – S Mk2 监视雷达、APAR 和 Herakles 多功能雷达、新一代 MRR 3D NG 忠诚多功能雷达、Smart – L 系列雷达）、武器控制与导弹制导系统、电子战系统（如 Vigile 雷达电子支援措施、Scorpion 2 雷达电子对抗措施、有源和无源雷达诱饵系统）、海军防空作战系统等。

4. 水下作战

在水下作战业务领域，泰雷兹集团为反潜战和反雷战提供声学和通信系统及子系统。相关的解决方案及服务可用于潜艇、水面舰艇、船舶、直升机、海上巡逻机、无人海军系统等各种平台，包括用于水面舰艇、潜艇系统和机载系统的反潜战系统、水雷战系统、无人海军系统、鱼雷自导头、通信系统、识别与导航系统如大功率远程联合询问应答机和询问机系统等，以及直升机用可折叠轻型声学系统、低频率宽波段声呐系统、多元化 M – CUBE 任务系统、海军集成通信系统、海军局域网等。

（四）监视、探测与情报系统

泰雷兹集团在 ISTAR[①] 系统领域尤其无人机战场监视领域是全球领导者，设计、提供极度精确的瞄准、探测与识别系统解决方案，提供保密长距日/夜视觉系统的光电设备，还设计各种型号的监视、火控与多功能雷达如空防雷达、机载与舰载雷达等，为各种水面作战舰艇、潜艇、无人海军航行器等提供声呐套装，为满足海上巡逻与监视及陆海空监视的作战需求开发创新系统。

（五）无线电通信

泰雷兹集团是欧洲领先的战术无线电和陆海空部队机载通信解决方案提供商，是世界领先的为所有军事平台（如战斗机、直升机、任务机、运输机、加油机、无人机等）提供通信导航与识别集成解决方案的供应商，包括战术无线电、卫星通信终端、识别产品与通信电子战产品等。泰雷兹集团是世界领先的海军通信供应商，为 40 多个海军提供通信产品与服务，如 IP 集成通信系统，可支持海军平台内外部通信，适用于潜艇、航空母舰、截击艇及护卫舰等。

四、安全业务

泰雷兹集团是世界第一的银行间电子交易安全系统提供商、欧洲第一大信息系统安全提供商，在硬件安全模块领域也占据领先地位，其业务涉及机场安全、边境监视、关键信息系统与赛博安全、基础设施安全、城市安全等。

在赛博空间业务领域，泰雷兹集团是世界领先的加密安全产品的提供商，服务政府和军队关键基础设施、卫星网络、能源与公用事业、银行与保险、高

---

① ISTAR 是指 Intelligence, Surveillance, Target Acquisition and Reconnaissance，意为情报、监视、目标获取及侦查。

技术及运输领域等，为用户提供托管安全服务、云计算、混合信息技术外包、赛博安全咨询与评估、信任管理、移动安全、保密网络、军事信息安全、大数据、安全多媒体平台、软件解决方案等。

在军事信息安全领域，泰雷兹集团拥有专业的密码系统与军事网络，向客户提供高度保密的产品与解决方案。

- TEOREM，保密通信设备，可确保绝密声音和短信通信；
- XOmail，通过自动网关和插件确保保密邮件信息传送；
- THEMIS，从单一计算机终端访问多个安全级别和域；
- ELIPS – SD，将关键信息系统网络与不同安全级别设备联系起来；
- CYBELS，可从泰雷兹集团的安全操作中心对互联网攻击进行24h的预防、监视、探测、分析并反击。
- Echinops 和 TCE 621 解决方案可通过高度安全的虚拟私人网络保护客户的 IP 网络，其中：Echinops 已通过法国国防部、欧盟和北约的保密级别认证；TCE621 则通过北约宇宙最高机密①级别的认证。

五、运输业务

泰雷兹运输业务可为美洲、欧洲、亚洲和中东等地区的客户提供铁路、公路和公共运输领域的解决方案。

军工合作

作为全球知名的军工企业，泰雷兹集团主要向法国及欧洲国家的政府与军队提供产品与服务，并在多个军工项目和产品上与其他军工企业合作，进行产品研发和技术创新。以下是2014年泰雷兹集团获得的部分合同。

- 2014 年 11 月，旗下的阿奎拉空中交通管理系统公司获得英国国防部为期 22 年、价值约 15 亿英镑的合同，为英国的军用机场提供 Marshall 军用终端空中交通管理设备和系统及相关服务，以确保飞机能进行有效管理、有序起降。
- 2014 年 8 月，泰雷兹阿莱尼亚宇航公司获得了欧洲航空航天局的合同，向其提供 EGNOS 导航系统。
- 2014 年 8 月，泰雷兹阿莱尼亚宇航公司与意大利宇航局签订价值 6 600万欧元的合同，为其提供第二代 COSMO – SkyMed 的下一阶段产品与服务。
- 2014 年 7 月，泰雷兹集团与合作伙伴获得了航空航天发展伙伴关系计

---

① NATO Cosmic Top Secret.

划价值 640 万英镑的基金，参与协调天线、无线电与网络 （HARNet）战略研究项目。

- 2014 年 7 月，泰雷兹阿莱尼亚宇航公司与印尼电信公司签订合约，为后者建造电信卫星。

- 2014 年 6 月，获得英国国防部价值 5 600 万英镑的合同，为其提供未来反水面制导武器系统的展示和生产服务。

- 2014 年 5 月，泰雷兹雷神系统公司签署谅解备忘录，向哈萨克斯坦空军提供 GM400 远程防空雷达。

- 2014 年 5 月，签署合同，向巴西陆军的 36 架直升机提供综合电子备份仪表。

- 2014 年 5 月，泰雷兹集团获得了空中客车防务与航天公司价值数百万英镑的合同，向英国皇家空军的空客 A400M 军用运输机提供全飞行模拟器。

- 2014 年 5 月，泰雷兹阿莱尼亚宇航公司获得韩国电信公司旗下的子公司韩国电信卫星公司的合同，为其建造两个电信卫星：韩国卫星 - 7 和韩国卫星 - 5A。

- 2014 年 4 月，泰雷兹防务与安全公司获得美国陆军"不确定交付时间/不确定交付数量"合同，向其提供 SRW - A 无线电系统。

- 2014 年 4 月，泰雷兹澳大利亚公司获得日本防卫省的订单，向日本陆上自卫队提供 4 辆大毒蛇装甲车。

- 2014 年 2 月，获得荷兰达门斯海尔德海军造船厂的合同，向其提供 SCOUT Mk3 海军监视雷达。

- 2014 年 2 月，作为与法国国防采办局签署的合同的一部分，泰雷兹集团向法国国有造船企业提供最新的敌我识别系统，用来装备法国海军的戴高乐号航空母舰和两艘地平线护卫舰。

- 2014 年 2 月，获得合同，为马来西亚皇家海军的巡逻艇和战舰提供 SMART - S Mk2 海军监视雷达系统和 CAPTAS - 2 拖曳声呐系统。

联系方式

地　　址：45 rue de Villiers, 92526 Neuilly - sur - Seine Cedex, France
联系电话：+33 （0） 157778000
网　　址：http://www.thalesgroup.com/en

第十章

莱昂纳多公司

意大利莱昂纳多公司是全球排名前列的军工企业之一，同时也进入了美国国防部 2014 年百大承包商的排行榜，从美国国防部获得了价值 3.66 亿美元的防务合同。莱昂纳多公司在欧洲和北美市场获得的收入约占其 2014 年总收入的 80%，而这些收入增长点主要依赖于该集团收购或兼并的公司获得。尽管莱昂纳多公司的航天业务在 2014 年无显著收入，但公司总体收入仍比 2013 年增长了 9.73 亿欧元。

莱昂纳多公司的前身是芬梅卡尼集团，由意大利工业复兴集团公司在 1948 年建立，2016 年 1 月，芬梅卡尼集团更名为莱昂纳多公司，总部位于意大利罗马。2014 年，莱昂纳多公司的收入约为 146.63 亿欧元（约 168.45 亿美元），约有员工 54 380 人。

自成立以来，莱昂纳多公司先后建立了塞列尼亚公司、阿利塔利亚公司、阿莱尼亚公司①、安萨尔多能源公司、安萨尔多布雷达公司、塞莱克斯 ES 公司、安萨尔多公司等公司或品牌。

莱昂纳多公司通过收购，或与其他军工企业建立合资企业，来增强自己的实力，如收购美国 DRS 技术公司、成立阿古斯特韦斯特兰公司、组建欧洲导弹集团等。

2012 年，莱昂纳多公司与阿维奥集团、意大利航天技术区、意大利航空航天系统和国防工业协会、意大利航空航天局、意大利国家研究所等机构一起成立了国家航天技术集群，旨在通过联合意大利航空航天业务领域的大型公司、中小

---

① 阿莱尼亚公司由塞列尼亚和阿利塔利亚公司合并成立。

型企业、大学及研究中心等，来更好地参与到高价值技术创新项目中去。

莱昂纳多公司是意大利主要的工业集团，也是意大利高科技领域的领头羊，业务主要集中在直升机、防务电子与安全、航空、航天等领域，主要在意大利、英国、美国和波兰等市场开展业务。

组织机构

意大利莱昂纳多公司旗下设 7 个业务部，每个业务部下设负责不同业务的公司。此外，莱昂纳多公司也非常重视研发工作，设有研发部，如图 10.1 所示。

图 10.1　莱昂纳多公司组织机构图

一、阿古斯特韦斯特兰公司

莱昂纳多公司的直升机业务主要是通过阿古斯特韦斯特兰公司①来开展。

———————————

① http：//www.agustawestland.com/.

阿古斯特韦斯特兰公司成立于 2000 年，由莱昂纳多公司负责直升机业务的阿古斯特公司与英国吉凯恩集团旗下负责直升机业务的吉凯恩—韦斯特兰直升机公司合并组成，合

资双方各持股 50%。2004 年，莱昂纳多公司收购吉凯恩集团持有的股份后，阿古斯特韦斯特兰公司成为莱昂纳多公司的全资子公司。2010 年，阿古斯特韦斯特兰公司收购波兰的直升机制造商——斯维德尼克公司①，扩展了其在东欧的市场。

2014 年，阿古斯特韦斯特兰公司的收入达 50.27 亿美元，订单金额达 45.56 亿美元，有员工约 12 850 人，在研发上的投入达 4.68 亿美元，约占其总收入的 11%。

阿古斯特韦斯特兰公司积极参与到合资公司的创建及与欧洲和美洲大型的航空航天公司的合作中，其主要的合资公司具体如下。

（一）北约直升机工业公司

北约直升机工业公司②成立于 1992 年，由空中客车直升机公司、荷兰飞机制造商福克飞机结构公司与阿古斯特韦斯特兰公司（原阿古斯特公司）合资组建，其中：空中客车直升机公司持有其 31.25% 的股份，空中客

车直升机公司德国分公司持有其 31.25% 的股份，荷兰福克飞机结构公司持有 5.5% 的股份，阿古斯特韦斯特兰公司则持有 32% 的股份。北约直升机工业公司是 NH90 舰载多用途直升机的主承包商，该直升机所需的部件在法国、意大利、德国、西班牙、芬兰及奥地利等国生产，最后进行组装。

（二）HeliVert 公司

HeliVert 公司③成立于 2008 年，由阿古斯特韦斯特兰公司与俄罗斯直升机公司合资成立，阿古斯特韦斯特兰公司持有其 50% 的股份。HeliVert 公司主要负责 AW139 中型双发直升机在俄罗斯的组装与生产。

（三）江西昌河阿古斯特直升机有限公司

江西昌河阿古斯特直升机有限公司成立于 2005 年，由阿古斯特韦斯特兰公司与江西昌河飞机工业公司合资成立，阿古斯特韦斯特兰公司持有 40% 的股份。江西昌河阿古斯特直升机有限公司主要对 AW109 E 轻型 3t 双引擎直升机进行总

---

① 波兰斯维德尼克公司成立于 1951 年，代表性的产品有 W-3 "猎鹰" 直升机（PZL W-3 Sokół）和 PZL SW-4 Puszczyk 直升机，网址：http://www.pzl.swidnik.pl/。

② http://www.nhindustries.com/site/en/ref/home.html.

③ http://www.helivert.aero/en/.

装，并为其生产的直升机提供全方位的技术支援、航材供应和售后服务。

（四）利比亚—意大利先进技术公司

利比亚—意大利先进技术公司，由阿古斯特韦斯特兰公司与利比亚航空工业公司合资成立，阿古斯特韦斯特兰公司持有 25% 的股份。利比亚—意大利先进技术公司主要提供培训和技术支持服务，未来将扩展至维修、组装及销售等。

（五）印度旋翼飞机有限公司

印度旋翼飞机有限公司是阿古斯特韦斯特兰公司与印度塔塔集团，依据双方于 2010 年签订的协议合资成立的。印度旋翼飞机有限公司于 2014 年 4 月开始 AW119Ke 直升机的组装工作。

（六）其他合作

阿古斯特韦斯特兰公司还与波音公司一起合作研制了英国的阿帕奇 AH Mk.1 和 ICH –47F 飞机，与川崎重工业株式会社一起合作生产了日本 AW101 飞机，与南非国有的航空航天与防务技术公司——丹尼尔公司在 AW109 LUH，AW109 Power 和 AW119 Ke 等项目上开展合作，与土耳其航空工业公司就 T129 攻击直升机项目开展合作。此外，土耳其航空工业公司与阿古斯特韦斯特兰公司旗下的斯维德尼克公司还合作生产了多个机型的直升机机身。

二、防务与安全电子业务部

莱昂纳多公司的防务与安全电子业务部主要通过塞莱克斯 ES 公司和 DRS 技术公司来开展，还持有电子防御设备（电子战）生产商意大利电子设备公司 31% 的股份。

2014 年，防务与安全电子业务部的收入达 49.80 亿欧元（约 57.21 亿美元），收到的订单达 50.74 亿欧元（约 58.29 亿美元），有员工约 21 920 人，投入到研发中的资金达 6.86 亿欧元（约 7.88 亿美元）。

（一）塞莱克斯 ES 公司

塞莱克斯 ES 公司[①]成立于 2013 年，是莱昂纳多公司的全资子公司，其电子技术和信息技术研发实力在防务系统、航空、航天、数据、基础设施、陆地安全及防护和可持续智能解决方案等领域处于领先水平。2014

年，塞莱克斯 ES 公司的的收入约为 35.77 亿美元，约有员工 16 500 人。

塞莱克斯 ES 公司的总部和核心市场在意大利和英国，但是在美国、德国、土耳其、罗马尼亚、巴西、沙特阿拉伯、印度及阿联酋等地市场也有不俗的

---

① http：//www. selex – es.com/.

表现。

塞莱克斯 ES 公司是由莱昂纳多公司旗下的塞莱克斯伽利略公司与塞莱克斯·埃尔萨格公司和塞莱克斯系统集成公司合并组成。新成立的塞莱克斯 ES 公司有三大主要业务。

◎ 航空航天部提供所有的机载能力、技术和产品，从无人系统和集成任务系统到雷达、电子战装备、航空电子设备、仿真系统和传感器；

◎ 地面与海上系统部提供复杂系统结构设计、战术集成系统、海上对抗管理系统、地面与海上雷达和态势感知传感器和军用通信设备；

◎ 安全与灵敏系统部为国土安全防护提供网络设施、系统构建和空中与船舶运输管理。

1. 塞莱克斯·伽利略公司

塞莱克斯·伽利略公司是世界领先的传感器和航空电子系统供应商，是在不断兼并收购英国和意大利公司的过程中发展壮大的。

塞莱克斯·伽利略公司的意大利部分的历史可追溯至 1864 年伽利略公司的成立，随后伽利略公司收购了航海与航空雷达公司、意大利无线电电子设备制造公司、Meteor 公司，扩展了其在雷达、航空设备及自动飞行系统领域的业务，后来通过兼并阿莱尼亚公司扩展了其航空电子业务。

塞莱克斯·伽利略公司的英国部分的历史可追溯至 1898 年英国马可尼公司的成立。1946 年，英国马可尼公司被英国电气公司兼并，1968 年被通用电气公司收购。后来，通用电气公司收购了英国普莱西公司的雷达和飞机系统业务以及电子和雷达供应商英国费伦蒂公司，并成为防务承包商，其防务武器业务在 1999 年被英国宇航公司收购并组成英国宇航系统公司。2005 年，英国宇航系统公司的航空电子业务并入意大利莱昂纳多公司，命名为塞莱克斯传感器和机载系统部门，2008 年更名为塞莱克斯伽利略公司。

2. 塞莱克斯·埃尔萨格公司

塞莱克斯·埃尔萨格公司成立于 2011 年，由塞莱克斯通信公司与埃尔萨格达特马特公司合并组成，是国防通信高技术系统领域的工程和开发专家。

塞莱克斯通信公司是通信与网络安全领域的领导者，历史可追溯至 1948 年由马可尼无线电报公司与莱昂纳多公司成立的合资企业——马可尼工业集团，同时也是英国电子工业两大公司——马可尼电子公司和普莱西公司的创立者。

埃尔萨格达特马特公司源自成立于 1905 年的圣乔治奥公司。

3. 塞莱克斯系统集成公司

塞莱克斯系统集成公司是意大利国防电子生产商，历史可追溯至 1951 年成立的米克洛拉姆布达公司①。1960 年，该公司被新成立的塞莱尼亚电子工业公司收购。

1990 年，阿莱尼亚公司成立，业务涉及航空、雷达、海军系统、导弹、航天、航空发动机等。20 世纪 90 年代后期，阿莱尼亚公司拆分成两个企业：阿莱尼亚防务公司和阿莱尼亚航空公司。2005 年，阿莱尼亚防务公司更名为塞莱克斯系统集成公司。2008 年年底，塞莱克斯系统集成公司收购了英国的维格集团，并对其英国业务进行重组，形成了塞莱克斯系统集成公司和维格咨询服务公司。2010 年，塞莱克斯系统集成公司收购了埃尔萨格达特马特公司的防务、物流和环境等业务。

（二）DRS 技术公司

DRS 技术公司②成立于 1968 年，总部位于弗吉尼亚州的阿灵顿，2008 年被莱昂纳多公司收购。DRS 技术公司是世界上领先的坦克、军舰导弹控制系统生产商，业务涉及热成像设备、作战演示工作站、电子传感器系统、动力系统、加固计算机系统、空中作战训练系统、任务记录仪、可展开的飞行事故记录仪、战术通信解决方案、飞机装载机、军用挂车和帐篷、综合物流与支持服务等，是美国著名的防务承包商。

2014 年，DRS 技术公司的收入约为 14.13 亿美元，约有 5 420 名员工。

三、阿莱尼亚·马基公司

莱昂纳多公司的航空业务通过阿莱尼亚·马基公司开展。阿莱尼亚·马基公司③的历史可追溯至 1913 年，新的公司于 2012 年由阿莱尼亚航空公司和飞机制造商马基公司以及航空电子设备生产商阿莱尼亚 SIA 公司重组成立。

阿莱尼亚·马基公司是意大利航空航天业务的领导者，在世界航空航天业务中处于领先行列，主要从事民用飞机、军用飞机、训练机、无人机等系统的设计、研发和制造，并提供物流、培训等支持服务。2014 年，阿莱尼亚·马基公司收入达 31.44 亿美元，获得的订单金额达 31.13 亿美元，投入到研发中的资金达 2.61 亿美元，有员工约 12 000 人。

阿莱尼亚·马基公司下有几个合资企业或业务分支。

（一）支线运输机公司

支线运输机公司成立于 1981 年，总部位于法国图卢兹，是一家由法国宇航公司（现属于空中客车集团）和意大利的阿利塔利亚公司组成的飞机制造商，空中客车集团和阿莱尼亚·马基公司各持股 50%。支线运输机公司主要

---

① 米克洛拉姆布达公司是一家雷达系统制造商，由莱昂纳多公司和美国雷神公司共同成立。

② http：//www.drs.com/.

③ http：//www.aleniaaermacchi100.it/.

生产 ATR 系列的支线涡轮螺旋桨飞机，主打产品是 50 座和 70 座的 ATR42飞机。

（二）超级喷气飞机国际公司

超级喷气飞机国际公司是阿莱尼亚·马基公司和苏霍伊航空控股公司共同成立的合资公司，合资双方分别持股 51% 和 49%。超级喷气飞机国际公司主要负责苏霍伊超级喷气机 100 在西方市场和全球的销售及产品支持。

（三）苏霍伊民用飞机公司

苏霍伊民用飞机公司[①]于 2000 年由苏霍伊控股公司和阿莱尼亚·马基公司合资成立，其成立源于支线客机项目——苏霍伊超级喷气机 100 的开发。自2009 年 4 月 7 日开始，苏霍伊控股公司持有其 75% -1 的股份，而阿莱尼亚·马基公司持有其 25% +1 的股份。

（四）欧洲战斗机公司

欧洲战斗机公司成立于 1986 年，总部位于德国慕尼黑，源于意大利、德国、英国、西班牙等 4 个国家提出的欧洲战斗机计划，该计划由北约欧洲战斗机和狂风战斗机管理局管理。

欧洲战斗机公司由 4 个公司控股：阿莱尼亚·马基公司持有 21% 的股份，英国宇航系统公司持有 33% 的股份，空中客车集团的空中客车防务与航天公司的德国公司和西班牙公司则分别持有 33% 和 13% 的股份。

四、航天业务部

莱昂纳多公司的航天业务主要通过与法国泰雷兹集团建立的空间联盟展开。空间联盟成立于 2005 年，是莱昂纳多公司和泰雷兹集团在航天领域战略合作关系的证明。空间

联盟包含两个合资公司：泰雷兹阿莱尼亚宇航公司和意大利空间通信公司。

1. 泰雷兹阿莱尼亚宇航公司

泰雷兹阿莱尼亚宇航公司[②]的前身是 2005 年成立的阿尔卡特阿莱尼亚航天公司[③]，阿尔卡特朗讯集团和莱昂纳多公司分别持股 67% 和 33%。2007 年，阿尔卡特朗讯集团将其持有的股份出售给泰雷兹集团，由莱昂纳多公司和泰雷

---

① http：//www. scac. ru/en/.

② http：//www. thalesaleniaspace. com/.

③ 阿尔卡特阿莱尼亚航天公司由阿尔卡特宇航公司和阿莱尼亚宇航公司合并成立，是阿尔卡特朗讯集团的下属公司。

兹集团各持股 33% 和 67% 。

泰雷兹阿莱尼亚宇航公司是欧洲领先的卫星系统提供商，在轨道基础设施建设、卫星导航、防务与安全、全球环境与安全监测等领域也处于领先地位，是国际空间站的重要供应商。

2. 意大利空间通信公司

意大利空间通信公司①是全球领先的卫星服务企业，成立于 1961 年。2002年，意大利空间通信公司成为莱昂纳多公司的子公司。2007 年，意大利空间通信公司又成为莱昂纳多公司的与泰雷兹集团的合资公司，双方分别持股67% 和 33% 。

意大利空间通信公司管理着意大利国内外几个著名的航天中心和电信港，最重要的一个航天中心是建于 20 世纪 60 年代的富奇诺航天中心，该中心是世界上最大的民用卫星通信中心，负责管理欧洲和美国的第一个卫星通信试验项目。

2014 年，泰雷兹集团的航空航天业务部的收入约为 50.14 亿欧元（约56.70 亿美元）。

另外，莱昂纳多公司旗下的塞莱克斯 ES 公司也在航天领域的电光设备、飞行传感器及卫星有效载荷设备等业务上达到了一定的国际水准。

五、防务系统业务部

莱昂纳多公司的防务系统业务在全球很有影响力。在导弹业务上，旗下有合资企业欧洲导弹集团。在其他领域，则通过奥托梅莱拉公司和白头水下系统公司开展业务。

2014 年，莱昂纳多公司防务系统业务部的收入达 4.95 亿欧元（约 5.69亿美元），获得的订单达 2.09 亿欧元（约 2.4 亿美元），投入到研发中的资金约为 5 300 万欧元（约 6 088.69 万美元），约有 1 470 名员工。

（一）奥托梅莱拉公司

奥托梅莱拉公司②的历史可追溯至 1905 年，2001 年成为莱昂纳多公司的一部分。奥托梅莱拉公司是世界著名的中小口径舰炮生产商，其研发活动覆盖了火炮系统、装甲车辆、弹药、防空系统、无人地面车辆等。奥托梅莱拉公司的两个主要工厂位于拉斯佩齐亚和布雷西亚，产品销往 5 大洲的 60 多个国家。

奥托梅莱拉公司有两个分公司：一个是成立于 2003 年位于西班牙的奥托梅莱拉伊比利亚公司，另一个是成立于 2013 年 11 月位于巴西的奥托梅莱拉巴西公司。

---

① http://www.telespazio.com/.
② http://www.otomelara.it/.

2014 年，奥托梅莱拉公司收入约为 3.89 亿欧元（约 4.47 亿美元），有员工 1 000 多人。

（二）白头水下系统公司

白头水下系统公司①成立于 1875 年，以世界上第一个发明鱼雷的人罗伯特·怀特海德（Robert Whitehead）的名字命名，1995 年成为莱昂纳多公司的一部分。白头水下系统公司是先进的水下系统领域的重要公司，主要生产重型和轻型鱼雷、潜艇和水面舰艇的反鱼雷对抗系统、水下监视声呐系统等，最新的产品是重型鱼雷"黑鲨"，已被应用到多国的潜艇上。白头水下系统公司还为其产品提供技术支持服务，并为其系统提供全寿命周期服务。

白头水下系统公司在意大利的里窝那和那普勒斯设有工厂，业务覆盖全球 20 多个国家和地区。

（三）欧洲导弹集团

欧洲导弹集团成立于 2001 年，由英国宇航系统公司、空中客车集团（原欧洲宇航防务集团）和莱昂纳多公司合资成立，合资三方的持股比例分别为 37.5%、37.5% 和 25%。欧洲导弹集团在 5 个欧洲国家和美国设有制造工厂，是世界领先的导弹制造商，也是唯一一个能够设计和生产满足陆、海、空三军各种导弹和导弹系统需求的综合防务公司，生产有 45 种导弹系统，并有多种对抗项目在研发，为世界 90 多个武装部队提供产品。

2014 年，欧洲导弹集团的收入达 24 亿欧元（约 27.57 亿美元），约有 10 000 名员工，在英国、意大利、德国、西班牙、美国等地设有分公司。

六、意大利法塔公司

意大利法塔公司是莱昂纳多公司的全资子公司，成立于 1936 年，位于都灵，是意大利工业工厂工程及建设领域的领先提供商，业务涉及石油、天然气、不锈钢、铜、铝业等。

七、研发部

莱昂纳多公司的研发部成立于 2006 年，旨在通过对国家和国际经济地理政治问题以及与莱昂纳多公司相关的重要问题进行分析探讨，为集团的高层决策提供支持，相当于莱昂纳多公司的智囊团。莱昂纳多公司重视研发工作，每年将总收入的约 11% 投入到研发中，2014 年全年的研发投入是 15.60 亿欧元

---

① http：//www. wass. it/.

（约 17.92 亿美元）。

莱昂纳多公司的研发部与意大利及世界上多个著名智库及研究机构展开项目合作，合作机构包括英国皇家国际事务研究所、国际战略研究所、新美国安全中心、欧洲政策研究中心、富布赖特委员会、牛津经济研究院，以及位于意大利的安萨尔多基金会—科学委员会、意大利外交事务研究所、全球研究所、国际政治研究所、北约防务学院基金会、经济研究所及意大利行业经济研究所等。

莱昂纳多公司的研发部出版有不定期论文①及相关研究报告。

业务与产品

意大利莱昂纳多公司的业务涉及直升机、防御与安全电子、航空航天、防务系统、运输等领域，这里重点介绍与航空航天、军事相关的业务与产品。

一、直升机业务

莱昂纳多公司的直升机业务和产品通过旗下的阿古斯特韦斯特兰公司提供，该公司生产 AW 系列飞机及与其他一些机构合作研制的飞机。

- AW109Power 直升机，是一款轻型双发多用途直升机，可用于商业、公务、军用等，可挂载机炮吊舱、火箭筒以及反坦克飞弹等。
- AW169 直升机，是一种新型双发直升机，采用多种新技术以满足不同用途。
- AW609 倾转旋翼飞机，结合了直升机和固定翼飞机的优点，可在极端天气条件下起降。
- Grand New 直升机，采用复合材料机身，配备数字化玻璃座舱，使用最新技术、具有高性能。
- Apache AK Mk 1 直升机，源于美国的 AH - 64D 阿帕奇直升机，由波音公司授权阿古斯特韦斯特兰公司为英国陆军建造该飞机。
- AW101 直升机，是一款中型多任务直升机，可执行陆地和海上任务。
- AW109 轻型通用直升机，是一款双发、多用途直升机，可执行政府物资运输、近海航行、监视、军队巡逻等任务。
- AW193M 多任务军用直升机，是 AW239 直升机的军用改型，配备有高清晰度前视红外系统、航电系统等，具有很低的热信号和声学信号，设有结冰防护系统，还配备有装甲座椅、高弹伤容限自密封油箱、可挂载机枪吊舱、导弹和空—地火箭弹的外挂系统。

---

① Occasional Paper.

◐ AW149 中型多用途直升机，最大巡航速度可达 295km/h，配备有战场支持系统，可执行作战搜救、侦察、监视、医疗后送等任务。

◐ AW159 直升机，源自阿古斯特韦斯特兰公司的"山猫"系列直升机，是最新的双发、多任务直升机，可执行侦察、指挥和控制、部队和物资运输以及武装保护等任务，陆军型和海军型将具有高度的通用型。

◐ NH90 直升机，是一款中型多用途直升机，配置有一体化的通信与识别管理系统和先进的电子战设备，可以携带空地导弹和空空导弹。NH90 直升机有两种型号："北约护卫舰型"，通常称为海军型，以及"战术运输型"。NH90 战术运输型直升机主要用于人员与物资的战术性运输，后舱可搭载一辆轻型运输车辆，可执行医疗救护、电子战、飞行训练、要员运输等任务，并能作为空中指挥所使用。

◐ 超级山猫 300 直升机，是最新一代多任务、多用途直升机，可执行反水面战、反潜战、搜救和海上侦察等任务。

◐ 支努干 ICH－47F 直升机，是支努干 CH－47F 直升机的最新订制版，是为满足意大利陆军保密通信系统、自防护系统和先进数据链系统的要求而研制的。

◐ T129 武装直升机，是全天候多任务攻击直升机，在 AW129 直升机的基础上研制，由阿古斯特韦斯特兰公司与土耳其航宇工业集团共同打造。

◐ SW－4 直升机，是一款 5 座轻型、单发涡轴直升机，以航空煤油为燃料，装备性能优良、可靠性高的罗尔斯·罗伊斯 250－C20/2 发动机，可广泛用于执法巡逻、乘客运输、货物运输、医疗救援、飞行员训练、农林喷洒等领域。

◐ AW119 Kx "考拉" 直升机，是一款单引擎直升机，由双引擎的 AW119 直升机衍变而来。

◐ AW139 直升机，是一款中型双引擎直升机，可执行多种任务，如执法、搜救、电子对抗、离岸任务、协同任务和特殊人员运输等。AW139 直升机可在全天候、全天时情况下执行任务，甚至可以搭载在军舰上使用。

◐ W3－A "猎鹰" 直升机，是一款 6t 级双发多用途直升机。

◐ W3 "猎鹰" 直升机，是一款中型双发多用途直升机，由阿古斯特韦斯特兰波兰飞机制造厂制造，可进行作战支持，摧毁移动或静止装甲目标及敌军部队。

◐ AW189 直升机，是一款 8t 级中型双引擎多任务直升机。该飞机载重大、航程远、可靠性高，适用于海上油气平台的运输和搜救任务等。

二、防务与安全电子业务

莱昂纳多公司的防务与安全电子领域的两个公司的业务与产品各有侧重，现分别进行介绍。

（一）塞莱克斯 ES 公司

塞莱克斯 ES 公司的业务覆盖了防务系统、航空航天、数据、电子、信息安全、高密度监视、基础设施、陆地安全及防护以及可持续的智能化解决方案等。

1. 机场解决方案及空中交通管理

塞莱克斯 ES 公司在在机场解决方案及空中交通管理领域提供机场及空中交通管理相关的系统与解决方案，如自适应多点定位系统、机场综合管理系统提供离港/到港空中交通监视服务的 ATCR－33S、空中交通控制模拟解决方案、行李处理解决方案、地面空中一体化解决方案、全球卫星导航系统空中交通控制交互系统、综合机场管理解决方案、终极无线电系统、多项分拣行李处理系统、多项分拣托盘系统、标准空中交通控制自动化系统等。

2. 船舶交通管理系统

船舶交通管理系统领域的产品有带有多个传感器的阿基米德监控系统、船舶交通管理与信息系统等。

3. 空中无人系统及模拟器

空中无人系统及模拟器领域的产品有空中战术观测与监视系统、Drako 垂直起降无人机系统、隼式战术无人机系统、隼式 EVO 无人机系统、战斗机任务训练器、消防演示器、可为台风战机提供服务的一体化航空电子维修训练器、多模式机载雷达模拟器软件工具、MIRACH 100/5 空中目标系统、可重构模拟器内核、融合了机载监视与瞄准和电光技术的"规避意识"[1] 功能、模拟与培训系统、最新型的多任务综合传感器系统 SkyISTAR、Spyball－B 涵道风扇、电动微型无人机系统、无人机战斗实验室及 VIR3X 图像生成系统等。

4. 自动化系统

自动化系统领域的产品有 BIPIANO 新建分拣系统、行李处理解决方案、扁平型函件分拣机、全球测距系统、混合邮件通信系统、综合编码服务、多项排序行李处理系统、多项排序包裹处理系统、多尺寸垂直分拣机、多项分拣托盘系统及流程自动化系统和追踪溯源系统等。

5. 航空电子

航空电子领域的产品有驾驶座舱任务展示处理器、机载模块声学系统、激光防撞系统、M424B1 敌我识别应答器、M425 敌我识别应答器、导航传感器单元、NFH90 直升机使用的 OTS90 超音系统、PXI 航空电子总线分析仪模块、

---

[1] Sense to Avoid.

RT－200/400 系列中高频接收器、用于固定翼及无人机直升机的多波段多模式收发器 RT－700、雷达测高仪系列产品、SHUD 1000 智能抬头显示器、甚高频/超高频机载无线电 SRT－700 和 SRT651 系列产品等。

6. 网络安全与信息安全保障

网络安全域信息安全保障领域的业务与产品有 CN1000 和 CN3000 以太网加密机、网络安全解决方案、网络安全和信息保障、"火眼"安全保护工具集成智能系统等。

7. 防务通信系统

塞莱克斯 ES 公司的防务通信系统的产品涉及长距通信、网络化通信、士兵无线电及软件无线电设备等。

- 长距通信有 HF2000 高频通信系统、微型甚小口径终端、智能信息传播与管理服务、先进的 1m 多波段 Talon Lite 卫星终端系统等。

- 网络化通信有电子对抗设备"卫士"、集成天线解决方案、海军通信系统、单兵无线电、哨兵模拟终端适配器、哨兵全 IP 通信、哨兵桌面接入单元及其升级版、哨兵 ISDN 终端适配器、哨兵局域网分布系统、哨兵 MSR115 和哨兵 MSR165 多业务交换路由器、移动哨兵、哨兵无线电交互单元、无线电接口单元、哨兵软件、哨兵战术话音终端、哨兵基于互联网协议的语音电话等。

- 士兵无线电及软件无线电设备有支持陆海空相干通信的 CTX 智能交换机、隐蔽天线、改进型单人无线电设备、电磁解决方案、定基防护系统、士兵系统无线电补丁、SWave™ 单通道软件定义手持无线电设备、前线士兵无线电通信工具、耳内型听力保护系统、TacSat Razor 天线等。

8. 电子战

塞莱克斯 ES 公司在电子战领域为客户提供光线拖曳式诱饵 ARIEL、飞机网关处理器、"辉云"可抛放式有源诱饵、电子战天线系统、电子战作战支持、直升机综合防御辅助系统（HIDAS）及 HIDAS－15、Miysis 定向红外对抗、Praetorian 防御辅助子系统、电子支援工具 SAGE、SEER 雷达预警接收器等。

9. 国土安全与关键基础设施

国土安全与关键设施领域的业务与产品包括汽车牌照自动识别器、自动指纹识别系统、BRENT 2 保密电话、隐蔽天线、关键型通信、ElettraSuite Adaptanet® IP、ElettraSuite 紧凑型基站、ElettraSuite PUMA T3 Plus，ElettraSuite PUMA T3 Plus2 EX，ElettraSuite VS 3000/4000、全球测距系统、综合执法系统、PERSEUS CSP、巡逻支持系统、RBS4000 110W 无线电基站、RBS4000－25W 无线电基站、RGW4000 110W 无线电基站、RGW4000 25W 无线电基站、安全手册、哨兵移动版、射击训练系统、Thamer 高级别点对点加密器、视频监视设备等。

10. ISTAR

塞莱克斯 ES 公司在 ISTAR 领域提供机载战术侦察与监视系统、多任务综合传感系统 SkyISTAR 等。

11. 陆基与战场系统

塞莱克斯 ES 公司在陆地与战场系统领域为客户提供自动化的计算机化的移动设备、前方作战基地防护解决方案、Forza 网络赋能能力解决方案、陆地与海上系统手册、传感器管理与战术态势感知软件 Vantage 等。

12. 海上与空中防御系统

塞莱克斯 ES 公司在在海上系统领域为客户提供"雅典娜"结构与技术海军电子化操作应用（ATHENA）、多功能雷达 KRONOS MFRA、多功能雷达 KRONOS NAVAL、融合了舰载传感器及光电子系统等的 UNIMAST 等。

塞莱克斯 ES 公司在空中防御系统领域为客户提供 S 波段的 2D 海岸监视雷达系统 Argos – 73、Aulos 无源雷达系统、为陆基战术作战而设计的 KRONOS GRAND 移动多功能系统、移动多功能雷达系统 KRONOS LAND、陆基与海上系统手册、L 波段固态相控阵 3D 监视雷达 RAT 31DL、战术长距雷达 RAT 31DL/M 等。

13. 航天产品与解决方案

塞莱克斯 ES 公司的航天产品与解决方案包括自动化性跟踪器、高灵敏度的氘代 L － 丙氨酸硫酸三甘肽探测器（DLATGS）、ExoMars 钻孔系统、红外地球传感器、闪电成像仪、被动型氢钟、超频谱电光传感器 Prisma 有效载荷、智能太阳传感器、陆地与海面高精确度双扫描温度辐射计、Saphira 高速红外探测器、太阳能发电机、新型星跟踪器 Spacestar、可视红外热成像分光仪等。

14. 光电系统

塞莱克斯 ES 公司的光电系统产品可以分为 5 类。

- 机载光电系统产品包括带有 4 个高性能地球观测传感器的 EOST46 多传感器转塔系统、轻量导航前视红外仪 FLIR 111、Titan 385ES – HD 多传感器转塔系统、通过多个红外和可视光电传感器提供态势感知的 VigilX 等。
- 陆基光电系统产品有 EOST46、凝视型焦平面阵列 ERICA FF、便携式热成像仪 ERICA MP、提供高分辨率和高灵敏度图像辨别的 ERICA PLUS、敌方火炮定位系统、Hydra 声学传感器、Hydra 网络化监视系统等。
- 陆基瞄准系统领域的产品有司机夜视系统、远程可控武器系统 Enforcer Ⅱ RWS 与 Enforcer RWS、间视电光微型 Colibrì、提高作战能力的 TURMS – D、为坦克等作战车辆提供夜间被动式红外观测及火攻能力的 Thetis 等。

◎ 陆基热探测领域的产品有集成多功能个人武器系统 ASPIS、双波段红外探测器 Condor Ⅱ、长波红外探测器 Eagle LWIR、中波红外探测器 Eagle MW、高工作温度 Hawk 中波红外探测器、Harrier 长波红外探测器、Hawk 中波及长波红外探测器、Horizon 中波红外热成像照相机、集成监视成像系统、高性能多传感器产品 Janus、手持全天候目标捕获系统 LINX、陆基光电热瞄准源工具 Lothar、M－20 中波红外探测器、梅林长波与中波红外探测器、夜鹰红外探测器、Observer 可快速展开监视平台、Osprey－C 中波红外探测器、Osprey－S 长波与中波红外探测器、SLX Condor Ⅱ 热成像照相机、SLX Harrier 相机、SLX Hawk 热成像照相机、SLX Hawk－S 高性能中波红外热成像相机、最新的第三代热成像照相机 SLX Merlin、2D 冲刺模块、Thetis、Tilde 及 Tilde－S 热成像仪等。

◎ 海上光电系统领域的产品有 ERICA PLUS、Hawk 长波与中波红外探测器、Janus－N 高性能多传感器海军装备套装、MEDUSA MK4/B 轻量型电光火控系统、新型红外搜索与跟踪系统、SLX－Hawk 热成像照相机及 SLX Hawk－S 等。

15. 雷达与先进瞄准

塞莱克斯 ES 公司的雷达与先进瞄准产品与解决方案有突发照明先进瞄准激光器、先进机载突发照明激光雷达、GRIFO－346 机载火控雷达、GRIFO－S 第四代 X 波段相干脉冲多普勒多模式火控雷达、Gabbiano 监视雷达、为机载平台提供指示照明功能的高能激光测距仪/指示器 HLRD、PICOSAR 有源电子扫描阵列雷达、Pirate IRST 被动式红外机载跟踪设备、Raven ES－05 被动式红外机载跟踪雷达、SeaSpray 5000E 有源电子扫描阵列多模式监视雷达 SeaSpray 7000E 有源电子扫描阵列多模式监视雷达 SeaSpray 7500E 有源电子扫描阵列多模式监视雷达、Skyward 红外搜索跟踪雷达、Type 158 LRDI 激光器、Type 163 LTD 激光目标指示器等。

16. 智能化解决方案

塞莱克斯 ES 公司的智能化解决方案包括汽车牌照自动识别探测器、自动指纹识别系统、CityInspired 互操作传感器解决方案、关键通信解决方案、Di－BOSS 数字大厦操作系统解决方案、全球测距系统、综合执法系统、主操作中心、油气基础设施系统、PERSEUS 通信服务平台、巡检支持系统、安全手册、视频监视系统等。

17. 支持与服务解决方案

塞莱克斯 ES 公司的支持与服务解决方案包括战斗机任务训练器、消防演示器、集成航空电子维修训练器、多模机载雷达模拟器、网络通信模拟环境解决方案、PXI 航空电子总线分析仪模块、PXI 光纤模块板、可重构模拟器核心组件、模拟与培训系统、无人机作战实验室、VIR3X 图像生成系统等。

(二) DRS 技术公司

DRS 技术公司在热成像设备、作战演示工作站、电子传感系统、动力系统、计算机系统、空中作战训练系统、任务记录仪、可展开飞行事故记录仪、环境控制系统、电信系统、飞机装载机、军用挂车和帐篷、综合物流与支持服务等业务领域处于领先地位。

DRS 技术公司的业务与产品有以下 8 类。

1. 情报监视与侦查

DRS 技术公司在情报监视与侦查业务领域为客户提供以下产品和服务。

- 态势感知系统：驾驶员视觉增强器、广角驾驶员视觉增强器。
- 瞄准与火控系统：改进型"布拉德利"定位子系统、M1A2 SEP 第二代热成像系统、远程高级侦察监视系统、GS410 – LD 稳定多传感器瞄准系统、桅顶瞄准具、阿帕奇直升机的"箭头"现代化目标捕获指示瞄具/飞行员夜视传感器、"密集阵"热像仪、船舶热成像仪、MX – 3A 耐环境热成像仪、WatchMaster® Pro 热成像仪等。
- 部队防护与安全：远方哨兵监视系统、WatchMaster® Pro + 与 Watch-Master® Pro 中距热成像监视系统。
- 士兵作战：武器热瞄具 Ⅱ、MX – 2A 多用途微型热成像仪、MX – 3A 耐环境热成像仪等。
- 情报监视与侦察系统：GS410 稳定多传感器 10″万向节等。
- 对抗系统：定向红外对抗系统。
- 相机与模块：Zafiro™640 E3510S 未制冷 320 × 240 分辨率 25μm 像素间距长波热红外相机、E6010 未制冷 640 × 480 分辨率 25μm 像素间距长波热红外相机、UC640 – 17 未制冷 640 × 480 分辨率 17μm 像素间距长波热红外相机、M6000 未制冷 640 × 480 分辨率 25μm 像素间距长波热红外相机模块等。
- 探测器：CD640 – 12 – MW 制冷 640 × 480 分辨率 12μm 像素间距中波红外集成杜瓦制冷组件、CD1280 – 12 – MW 制冷 1280 × 720 紧缩中波红外高清电视集成杜瓦制冷组件、UD320 – 25 未制冷 320 × 240 分辨率 25μm 像素间距长波红外探测器、UD640 – 25 未制冷 640 × 480 分辨率 25μm 像素间距长波红外探测器、UD640 – 17 未制冷 640 × 480 分辨率 17μm 像素间距长波红外探测器、CC640 – 15 – LW 制冷 640 × 480 分辨率 15μm 像素间距长波红外集成杜瓦制冷组件。
- 雷达与监视系统：手持监视与目标捕获雷达、SQUIRE 战场监视雷达、C 波有源阵雷达、KRONOS 及 SCOUT Mk 2 等。

2. 耐环境计算

DRS 技术公司的耐环境计算业务与产品具体如下。

- 超级耐环境计算机：军用坚固型平板电脑、悬挂系列计算系统、RVS－330坚固车辆系统、Scorpion™耐环境作战管理、Scorpion™耐环境车辆终端。
- 控制台/机架安装：MC50A 耐环境计算机、OPUS 2 多功能耐用控制台、RP－8200 手持耐环境工作站、RP－航空地面设备、Genesis 多平台耐环境计算机、Genesis Ultra 3、ARMOR C12 加固型可转换笔记本电脑等。
- 显示器/嵌入工作站：21″与 18″坚固机载显示器，彩色平板显示器、监视员视觉增强器显示器控制模块、手持控制单元、海军嵌入式显示器工作站、机动显示器系统、车辆嵌入式显示器工作站、VTI－5 热成像浏览器、CTD10 地面站等。
- 掌上电脑：Scorpion™ H1 与 Scorpion™ H2 型掌上电脑。
- 耐环境服务器：V1－Plus Rugged 1U 与 V1－Plus Rugged 2U 服务器979 系列。

3. 战术通信与网络

在战术通信与网络领域，DRS 技术公司有用于视频与数字传播的 OmniScape®及 SHINCOM 3100 舰载综合通信产品。

4. 海军显示器与网络

DRS 技术公司在海军显示器与网络方面的产品有多显示器工作站、双显示器工作站、中型屏幕显示其及大型屏幕显示器、AN/UYQ－70 高端显示系统、综合战术指挥与控制操作台等。

5. 动力与能源系统

在动力与能源系统领域，DRS 技术公司的业务与产品具体如下。

- 综合动力与能源管理：用于悍马等战术车辆的车载电源、战术智能电源系统、可再生电力系统等。
- 综合海上系统：机械控制系统、船舶推进系统集成、开放架构软件。
- 船用推进及发电：电力转换基础系统、船舶电力推进、混合船舶电力推进、蒸汽轮机的设计安装与维修、旋转机械封装。
- 船用配电：综合持续作战电源系统、主配电板、断路器等。
- 船用电力转换与调节：模块化电源转换（千瓦—毫瓦）、138－01 电源转换器、137－01B 直升机/车辆起动器、用于海上防御的不间断电源、225－01充电器等。
- 电机控制与驱动：电机控制器、变频驱动器、海军电子电机操控器等。

- 船用辅助永磁电动机与发电机：永磁轴向气芯电动机与发电机、永磁径向场嵌入式磁系列电动机、永磁轴向系列电动机与发电机等。
- 移动发电机：战术静音发电机、CHAMMPS©联合供热空调中型移动电源系统、远征庇护所支持系统等。
- 不间断电源：可信任的机架固定件系列全球不间断电源系统、手提箱式全球不间断电源系统、IVS1500 致密电压转换与电源隔离设备等。
- 电源频率逆变器与转换器及车辆系统：10kW 车辆方舱逆变系统、MIL – SPEC 频率转换器、车辆环境控制等。
- 公用发电：燃气轮机的方形底座桨片修改流程，电动机与发电机。

6. 部队保障物流与支持

- 平台系统集成：化学—生物防护掩体、M1200 装甲骑士、布莱德利火力支援车辆任务装备包。
- 液体运输与输送：快速安装流体运送系统、模块燃料系统、折叠式加油装备、模块化现场厨房、卫浴拖车系统、350GPM 泵等。
- 水包装与回收：远征水包装系统、WTC 500 GT 水净化系统等。
- 邮政自动化系统：PPU – D 自动卸箱机、集装箱装载机、双通道粗拣系统、综合邮件处理系统。
- 车辆自动测试设备：接触测试套装Ⅱ – 组织水平测试套装、多用途笔画与光栅显示器、雷达航空电子补给测试站、AN/USM – 643 及 AN/USM – 617（V1）移动电子测试装备、射频移动电子测试套装、高功率设备测试系统、De – Gas/De – Moist 单元、电子作战端—端测试系统、天线耦合器组、通用光发射体测试系统、改进的通用光发射体测试系统、欧洲战机在机测试系统及天线耦合器组、Hot Mock – Up Benches、M 型模块模拟多功能仪器系列（MAVIS™）、可升级的通用自动化测试设备（SCATE®）。
- 系统嵌入式诊断/视情维修：BlueRing®数据采集系统、External Side-car®数据采集单元、诊断控制器组件。
- 大容量飞机物料处理：Tunner 60K 飞机货物装载机/运输机。
- 重型运输系统：M989A1 重型增程移动弹药拖车、M1000 重型装备运输拖车。
- 复杂移动结构：Swing – Thru 集装箱拖车。
- 保障：伪装大块开放区域装备（CLOAK™）、模块开放地面罐（MOAT™）。
- 舰载空气调节系统：海军空调机组、航海级空调机组、Navy Coils、Marine Coils、海军制冷设备。
- 移动发电机、不间断电源、电源频率逆变器与转换器。

- 地面环境控制系统：60K 改进环境控制单元、轻量型环境控制单元、化学生物分包环境控制单元、远征掩体支持系统、多温度冷冻柜系统、固定设备的环境控制系统。
- 掩体与拖车：地面控制站、培训与模拟掩体、移动及固定掩体、广播车。
- 化学、核、生物、放射性解决方案：小型联合军种移动式洗消系统。
- 航线地面支持：137 – 01B 直升机/车辆启动器、GH100 防爆移动加热器、MA – 3D 航线空调等。

7. 边境与港口安全

DRS 技术公司在安保领域的业务与产品有远程哨兵、WatchMaster® Pro 与 WatchMaster® Pro + 、战术智能电源系统及可再生电力系统。

8. 航空与 MRO

在航空与 MRO 业务领域，DRS 技术公司的业务与产品具体如下。

- 机载飞行安全记录仪：飞机监控单元、CPI – 406 可展开应急定位发射器、2100 可展开飞行事故记录仪套装、应急航空电子系统 3000（EAS3000），EELB3000F 与 EAS3000F 应急定位/记录仪系统等。
- 成像系统：机载分离视频系统、机载分离视频系统。
- 任务记录仪：机载战术服务器。
- 雷达系统：用于 F – 5 战斗机的火控雷达系列 AN/APQ – 153/157/159（V1 ~ V5）、"战斗禽爪 – Ⅱ"雷达系统等。
- 高容量飞机物料处理：Tunner 60K 飞机货物装载器、运输器。
- 补给站服务。
- 自动测试设备：雷达航空电子设备库试验站、AN/USM – 643 移动电子测试套装、AN/USM – 617（V1）移动电子测试套装、射频移动电子测试套装（METS/RFMETS）、高动力装置测试系统、De – Gas/De – Moist 单元、电子作战端—端测试系统、天线耦合装置、通用光学发射测试系统及改进版、欧洲战机飞机测试系统及天线耦合装置等。

三、航空业务

莱昂纳多公司的航空业务通过阿莱尼亚·马基公司开展，该公司在民用和军用航空市场都有重要地位，生产的军用飞机用于防务、运输、训练及特殊任务等，该公司的民用飞机则有涡轮机螺旋桨式飞机及喷气式支线飞机等。阿莱尼亚·马基公司还为其产品提供相关的物流及综合培训服务。

在军用航空业务上，阿莱尼亚·马基公司参与了一些重要的防务飞机项目，如欧洲战斗机及 F – 35 联合攻击机、M – 346 先进训练机、C – 27J 占地空军机以及无人机系统等。

在民用航空业务上，阿莱尼亚·马基公司的业务与产品涉及支线运输，如50 座的 ATR42 飞机、70 座的 ATR72 飞机、SSJ100 超级喷气飞机等。

另外，阿莱尼亚·马基公司还在飞机结构及先进材料方面有所成就，是波音767/777/787 飞机、空中客车 A380/A320 以及庞巴迪 C 系列飞机的重要合作伙伴。

四、航天业务

莱昂纳多公司的航天业务是欧洲的领先者，集团旗下的阿莱尼亚航天公司是欧洲卫星导航项目"伽利略"的系统与地面任务部分的主承包商，而意大利空间通信公司则运营着"伽利略"项目的控制中心。

在地面观测领域，意大利空间通信公司参与了意大利的"商业发射地中海盆地观测小卫星星座"（COSMO – SkyMed）项目的开发，泰雷兹阿莱尼亚航空公司则作为主承包商负责整个系统的开发。这两个公司还是欧洲环境观测项目"哥白尼"的重要合作伙伴，泰雷兹阿莱尼亚航空公司负责建造 Sentinel – 1 和 Sentinel – 3 卫星，而意大利空间通信公司则通过马特拉航天中心提供 X 波段和有效载荷数据处理服务。

意大利空间通信公司和泰雷兹阿莱尼亚航空公司还是欧洲第一个军事及对欧空间通信合作项目的合作伙伴。意大利空间通信公司参与了 SICRAL 1B 和 SICRAL 2 的建设投资，也负责意大利和法国任务中心的互联系统。

泰雷兹阿莱尼亚航空公司是 SICRAL 第一代与 SICRAL 2 的战略供应商，还是法国意大利共用的"雅典娜—忠实"军用通信卫星的主承包商，意大利空间通信公司则负责管理发射服务并参与了地面设计的落实工作。

五、防务系统业务

莱昂纳多公司的防务系统业务在全球很有影响力，其火炮系统、武器装备、水下系统都处于领先水平，在导弹业务上还是全球的领先者。

火炮系统产品有 HITFACT® 高集成技术火攻作战坦克炮塔、HITFIST® 高集成技术小火力炮塔、STRALES 系统、HITROLE® 高集成技术远程塔顶光电系列炮塔、制导炮弹等。

水下系统产品有 A244 S Mod 3 轻量型鱼雷、重型鱼雷"黑鲨"和 A184 mod 3、世界上最小的拖曳阵声呐鱼雷"黑蛇"、用于潜艇的 C303/S 反鱼雷抗干扰系统、用于水面舰艇的 C310 反鱼雷抗干扰系统、适用于声学鱼雷的 CTS106 静态人造目标、FLASH BLACK 非传统轻量型鱼雷、机载鱼雷系统、帮助声呐和鱼雷接近移动声音目标的 FLIPPER 设备、PTR 移动 3D 水下手持追踪测距设备、PANOR 手持噪音范围测试设备、ORACOM 多任务系统、攻击型核潜艇声呐、STS 鱼雷发射系统以及 MU90/lMPACT 先进轻量型鱼雷等。

导弹产品有 MARTE MK2 中程反舰导弹系统、ASPIDE 2000 导弹、Aster 导弹系列、Milas 导弹系统、OTOMAT MK2 Block Ⅳ导弹系统等。

军工合作

意大利莱昂纳多公司除了向本国的国防部门、政府及军队提供产品与服务外，还向其他国家的相关部门提供军事产品与服务，并通过合资公司或技术合作等多种形式与其他军工企业展开合作。莱昂纳多公司是美国国防部的百大防务承包商之一。以下是莱昂纳多公司近年获得的部分合同。

- ☾ 2014 年 7 月，旗下的阿古斯特韦斯特兰公司获得一份价值 1.13 亿欧元的合同，向英国国防部皇家空军的 AW159 "野猫"直升机提供重型和轻型未来反水面目标制导武器整合、试验与安装。
- ☾ 2014 年 7 月，旗下的阿古斯特韦斯特兰公司获得一份价值约 1.17 亿欧元的合同，为巴西海军海军航空兵部队的 8 架 Lynx Mk21A 直升机提供升级服务，升级内容包括发动机、导航及航空电子系统等。
- ☾ 2014 年 2 月，旗下的阿莱尼亚·马基公司与波兰国防部签订价值 2.8 亿欧元的合同，为波兰提供 8 架 M－346 大师高级教练机，并提供物流支持以及对飞行员和工程师的培训服务、地面培训系统等。
- ☾ 2014 年 1 月，旗下的阿古斯特韦斯特兰公司获得两份总价值约 9.1 亿欧元的合同，为英国国防部提供 25 架 A2101 梅林直升机，并为英国国防部的阿帕奇 AH Mk.1 攻击直升机编队提供 5 年的支持与维修服务。
- ☾ 2013 年 12 月，旗下的塞莱克斯 ES 公司获得澳大利亚军品组织价值约 1.25 亿欧元的合同，为澳大利亚皇家海军的 8 艘 Anzac 级护卫舰提供通信系统现代化支持服务。
- ☾ 2013 年 1 月，旗下的阿莱尼亚·马基公司与埃尔比特系统公司签署了一份价值 1.4 亿美元的合同，为以色列空军的 M－346 编队提供承包商后勤支持（CLS）。
- ☾ 2013 年 1 月，与韩国签订了价值 5.6 亿欧元的合同，为韩国提供 8 架 AW159 直升机，并提供综合的支持和一系列的培训服务。

联系方式

地　　址：Pizza Monte Grappa, 4, 00195 Rome－Italy
联系电话：＋39 06 324731
传　　真：＋39 06 3208621
网　　址：www.leonardocompany.com

后 记

军工企业是一个特殊的行业。不同的军工企业在武器研制生产能力、创新发展能力等方面差距很大，在整个行业中所处的地位、发挥的作用也有很大的差别。行业的整体发展历程和发展状况，不仅折射出所在国家政治、经济、军事、技术等方面的发展情况，也反映了国家形势的发展变化。因此，全面关注国外军工企业的发展，持续开展国外军工企业多维度多层次的研究，是国防科技领域研究人员客观了解国际形势的重要需求。

当今世界，先进技术得到快速发展与应用，新技术、新材料、新工艺在武器装备上的应用不断升级，推进了武器装备的先进性、智能化，提升了装备性能，改变了武器装备的使用方式。特别是随着电子战、信息战、网络战等新型军事行动模式的出现，甚至扩展了武器装备概念的内涵范围，作为武器装备承包商和供应商的军工企业，一直以来都是新概念武器研发、新理念发展、新材料新工艺应用的重要参与者和引领者。在承接军事及国防项目、研制生产各种类型的武器装备、开发相关的指挥控制平台，以及为各国政府防务及军事需求提供问题解决方案的过程中，军工企业自身也不断得到发展完善。

本书仅对有代表性的著名军工企业发展及其业务与产品情况进行了概括性介绍，后续将不断扩展关注范围，深化研究深度，持续跟进发展情况，以期及时、全面、深入地向读者介绍全球的军工企业生存与发展情况，进一步满足国防科技领域研究人员的信息需求。

附　录

（文中机构名称中英文对照表）

中文名称	英文名称
Alco 水上飞机公司	Alco Hydro – Aeroplane Company
AOAXinetics 公司	AOAXinetics
Axsys 技术公司	Axsys Technologies Inc. , AXYS
bwtech@ UMBC 研究园的网络孵化器	Cyber Incubator@ bwtech
C. Plath 公司	C. Plath Company
C2 未来实验室	C2 Futures Lab
COMLOG 公司	COMLOG GmbH
CTA 国际公司	CTA International，CTAI
DRS 技术公司	DRS Technologies，Inc.
EBV 爆炸物环境公司	EBV Explosives Environmental Company
EWK 公司	Eisen Werke Kaiserslautern
E – 系统公司	E – Systems
FNSS 防务系统公司	FNSS Savunma Sistemleri A. Ş. , FNSS Defence Systems
GTE 政府系统、通信系统和电子系统及全球电信系统业务部	GTE Government Communication，Electronic Systems and Worldwide Telecommunication Systems Divisions
HeliVert 公司	Closed Joint Stock Company Helivert，Heli-Vert，CJSC
HS 电力系统公司	HS Elektronik Systeme GmbH
HS 马斯顿航空航天公司	HS Marston Aerospace Limited
L – 3 通信公司	L – 3 Communications
Logicon 公司	Logicon Corporation
M5 网络安全公司	M5 Network Security

MBB 公司	Messerschmitt – Bölkow – Blohm
NASA 全球鹰项目办公室	NASA Global Hawk Project Office
Optrolead 公司	Optrolead
Sytex 集团公司	The Sytex Group Inc. , TSGI
TDA 武器装备公司	TDA Armements SAS
TIMSA 公司	Tecnologias Internacionales de Manufactura, S. A. de C. V. , TIMSA
Vernitron 公司	Vernitron Corp
阿伯丁集成中心	Aberdeen Integration Center, AIC
阿尔卡特阿莱尼亚航天公司	Alcatel Alenia Space
阿尔卡特公司	Alcatel
阿尔卡特朗讯集团	Alcatel Lucent
阿尔卡特宇航公司	Alcatel Space
阿贡国家实验室	Argonne National Laboratory, ANL
阿古斯特公司	Agusta
阿古斯特韦斯特兰波兰飞机制造厂	Agusta Westland Świdnik
阿古斯特韦斯特兰公司	Agusta Westland SpA
阿奎拉空中交通管理系统公司	Aquila Air Traffic Management Systems
阿拉伯联合酋长国高等技术学院	Higher Colleges of Technology
阿莱尼亚·马基公司	Alenia Aermacchi
阿莱尼亚 SIA 公司	Alenia SIA
阿莱尼亚防务公司	Alenia Difesa
阿莱尼亚公司	Alenia
阿莱尼亚航空公司	Alenia Aerospazio
阿莱尼亚马可尼系统公司	Alenia Marconi Systems
阿莱尼亚宇航公司	Alenia Spazio
阿里斯特姆公司	Astrium
阿利塔利亚公司	Aeritalia
阿姆斯国家实验室	Ames Laboratory
阿斯塔纳航空公司	Air Astana
阿维奥集团	Avio S. p. A. , Avio
埃尔坎公司	ELCAN
埃尔萨格达特马特公司	Elsag Datamat
艾博化学品公司	Expro Chemical Products
艾奕康公司	AECOM Global
安防光电公司	Cassidian Optronics GmbH

安防系统公司	Cassidian
安萨尔多布雷达公司	Ansaldo Breda
安萨尔多公司	Ansaldo STS
安萨尔多基金会—科学委员会	Ansaldo Foundation-Scientific Committee
安萨尔多能源公司	Ansaldo Energia
安萨尔多运输公司	Ansaldo Trasporti
奥的斯电梯公司	Otis Elevator Company，OTIS
奥林公司	Olin Corporation
奥托梅莱拉巴西公司	OTO Melara do Brasil LTDA，ODB
奥托梅莱拉公司	OTO Melara
奥托梅莱拉伊比利亚公司	OTO Melara Iberica
奥维多兵器制造厂	Oviedo Arms Factory
澳大利亚国防科学与技术组织	Defence Science and Technology Organisation，DSTO
澳大利亚防务工业公司	Australian Defence Industries，ADI
澳大利亚国防军	Australian Defence Force
澳大利亚海神科学仪器公司	Poseidon Scientific Instruments Pty Ltd
澳大利亚皇家空军	Royal Australian Air Force，RAAF
澳大利亚军品组织（澳大利亚国防物资组织，国防物资局）	Australian Defence Materiel Organisation，DMO
澳大利亚联合无线电国防工业公司	AWA Defence Industries，AWADI
澳航国防服务公司	Qantas Defence Services Pty Limited
巴布科克·威尔科克斯公司	Babcock & Wilcox，B&W
巴斯钢铁公司	Bath Iron Works Company，BIW
巴西陆军	Brazilian Army
白沙导弹试验场	White Sands Missile Range
白头水下系统公司	Whitehead Sistemi Subacquei，Whitehead Underwater Systems，WASS
北美防空联合司令部	North American Air Defense Command，NORAD
北约的空中指挥控制系统	Air Command and Control System，ACCS
北约防务学院基金会	NATO Defence College Foundation
北约联盟地面监视管理局	NATO Alliance Ground Surveillance Management Agency，NAGSMA
北约欧洲战斗机和狂风战斗机管理局	NATO Eurofighter and Tornado Management Agency，NETMA

北约直升机工业公司	NATO Helicopter Industries, NHI
比奇洛空间站	Bigelow Space Station
标准钢铁螺旋桨公司	Standard Steel Propeller Company
波兰奥博茹尼控股公司	Polski Holding Obronny sp. z o. o. , PHO
波兰国防部	Ministry of National Defense, Poland
波兰国防控股公司	Polish Defence Holding, PDH
波音澳大利亚防务公司	Boeing Defence Australia, BDA
波音发射服务公司	Boeing Launch Services
波音防务、航天与安全发展部	BDS Development
波音防务、空间与安全集团	Boeing Defense, Space & Security
波音防务英国公司	Boeing Defence U. K. Ltd, BDUK
波音飞机公司	Boeing Airplane Company
波音工业技术集团	Boeing Industrial Technology Group
波音公司	Boeing Company
波音公司共享服务集团	The Boeing Company Shared Services Group, SSG
波音公司商用航空服务公司	Commercial Aviation Services
波音公司网络参与中心	Cyber Engagement Center
波音公司虚拟作战中心	Virtual Warfare Center
波音鬼怪工厂	Boeing Phantom Works
波音国际公司	Boeing International
波音海军系统公司	Boeing Naval Systems
波音航空结构澳大利亚公司	Boeing Aerostructures Australia
波音航空运输公司	Boeing Air Transport, BAT
波音军用飞机部	Boeing Military Aircraft, BMA
波音民用飞机集团	Boeing Commercial Airplanes
波音商业太空公司	Boeing Commercial Space Company, BCSC
波音实验室网络	Boeing Laboratory Network, LabNet
波音西科斯基国际服务有限公司	Boeing Sikorsky International Services LLC, BSIS
波音系统分析实验室	Boeing Systems Analysis Laboratory
波音资本公司	Boeing Capital Corporation, BCC
波音综合防务系统集团	Integrated Defense Systems
布雷达火车设备制造公司	Breda Costruzioni Ferroviarie
布里斯托尔飞机公司	Bristol Aeroplane Company
布鲁克海文国家实验室	Brookhaven National Laboratory, BNL
布斯装饰公司	Booth Veneers™

部队防护公司	Force Protection Inc
查尔斯湖维修与改进中心	Lake Charles Maintenance and Modification Center, LCMMC
超级喷气飞机国际公司	SuperJet International SpA
臭鼬工厂	Skunk Works®
传感器无限公司	Sensors Unlimited, Inc.
传感系统技术公司	SenSy Tech, Inc
达索航空公司	Dassault Aviation
大陆数据图形公司	Continental Data Graphics
戴姆勒·克莱斯勒宇航公司	Daimler Chrysler Aerospace AG, DASA
导弹防御一体化作战中心	Missile Defense Integration and Operations Center
导弹和火控公司	Missile and Fire Control
德帝克集团	Detica Group Plc
德国 LFK 导弹系统公司	LFK – Lenkflugkörpersysteme GmbH
德国安舒茨公司	Anschütz
德国道尼尔飞机公司	Dornier Flugzeugwerke
德国迪尔集团	Diehl Group
德国联邦边防局	German Federal Border Guard
德国宇航公司	Deutsche Aerospace
德哈维兰飞机公司	Hawker de Havilland
德科航空航天公司	Derco Aerospace Inc.
德科修理服务公司	Derco Repair Services, Inc.
德克萨斯仪器公司	Texas Instruments Inc.
德拉文喷嘴技术公司	Delavan Spray Technologies
德莱顿飞行研究中心	Dryden Flight Research Center
迪拜航天企业	Dubai Aerospace Enterprise, DAE
迪尔雷神导弹系统公司	Diehl – Raytheon Missile Systeme GmbH
迪尔宇航公司	Diehl Aerospace GmbH
迪尔宇航系统公司	Diel Aerosystems
迪卡公司	Decca Company
底特律飞机公司	Detroit Aircraft Corporation
电话电子技术公司	TELETTRA
俄罗斯联邦航天局	Russian Federal Space Agency, Roscosmos
俄罗斯直升机公司	Russian Helicopters, JSC
法国阿丽亚娜空间公司	Arianespace

法国地球信息公司	Infoterra
法国国防采办局	French Defence Procurement Agency
法国国家空间研究中心	Centre National d'Etudes Spatiales, CNES
法国国有船舶制造企业	Direction des Constructions Navales Services, DCNS S. A.
法国空军	French Air Force
法国马特拉宇航公司	Aérospatiale – Matra
法国宇航公司	Aerospatiale
法国装备总局	Direction générale de l'armement, General Directorate for Armament, DGA
防务培训国际公司	Defense Conseil International, DCI
飞行测试仪器实验室	Flight Test Instrumentation Lab
飞机系统测试实验室	Aircraft Systems Test Labs
飞利浦集团	Philips Group
菲利尔系统公司	FLIR Systems, Inc.
费德里斯安全系统公司	Fidelis Security Systems
芬沃尔安全系统公司	Fenwal Safety Systems
风洞测试实验室	Wind Tunnel Testing Labs
弗吉斯泽布勒赫公司	FORGES DE ZEEBRUGGE, FZ
福克飞机结构公司	Fokker Aerostructures
负责采办、后勤与技术的助理部长办公室	Office of the Assistant Secretary of the Army for Acquisition, Logistics, and Technology
复合材料和黏合剂实验室	Composites and Adhesives Labs
富布赖特委员会	Fulbright Commission
富奇诺航天中心	Fucino Space Center
伽利略公司	Officine Galileo
格鲁曼飞机工程公司	Grumman Aircraft Engineering Corporation
格鲁曼公司	Grumman
格鲁曼航空工程公司	Grumman Aeronautical Engineering Company
格鲁曼航空公司	Grumman Aerospace Corporation
格伦·L·马丁公司	Glenn L. Martin Company
古德里奇公司	Goodrich Corporation
古德里奇照明系统公司	Goodrich Lighting Systems GmbH
光谱航天公司	Spectrum Astro
国防部长办公室高能激光器联合技术办公室	Office of the Secretary of Defense – High Energy Laser Joint Technology Office

国防科学与技术实验室	Defence Science & Technology Laboratory, Dstl
国际电话电报公司	ITT
国际飞机租赁公司	Lease Corporation International, LCI
国际航空发动机公司	International Aero Engines AG, IAE
国际战略研究所	International Institute for Strategic Studies, IISS
国际政治研究所	Istituto per gli Studi di Politica Internazionale, Institute for International Political Studies, ISPI
国家安全技术有限责任公司	National Security Technologies, LLC, NSTec
国家工业化公司	National Industrialization Company
国家航天技术集群	National Aerospace Technology Cluster
国土安全咨询委员会赛博技能任务组	Homeland Security Advisory Council Cyber Skills Task Force
哈尔滨哈飞空客复合材料制造中心有限公司	Harbin Hafei Airbus Composite Manufacturing Centre
哈里发科技研究大学	Khalifa University of Science, Technology and Research
哈里斯公司	Harris Corporation
哈萨克斯坦空军	Kazakh Air Force
海尔法系统公司	Hellfire Systems LLC
美国海军研究局	Office of Naval Research, ONR
海利西姆培训学院	Helisim Training Academy
海上前进集结基地	Afloat Forward Staging Bases, AFSBs
海斯梅尔信号设备厂	NV Hazemeyer's Fabriek Van Signaalapparaten
海湾投资公司	Gulf Investment Company
韩国第一信号旅	1st Signal Brigade, Korea
韩国电信公司	KT Corporation
韩国电信卫星公司	KT Sat
韩国航空航天工业公司	Korea Aerospace Industries, KAI
韩国时代航空航天公司	Times Aerospace Korea
韩华泰雷兹公司	Hanwha Thales Co. Ltd
汉密尔顿标准公司	Hamilton Standard
汉密尔顿金属飞机部门	Hamilton Metalplane Division
汉胜动力系统公司	Hamilton Sundstrand Power Systems
汉胜公司	Hamilton Sundstrand
汉胜航空航天公司	Hamilton Sundstrand Aerospace GmbH
航空航天发展伙伴关系计划	Aerospace Growth Partnership, AGP

航空技术服务公司	Aerospace Technical Services
航空培训国际有限公司	Aviation Training International Limited, ATIL
航空喷气发动机公司	Aerojet
航空喷气发动机—洛克达因公司	Aerojet Rocketdyne
航空信息系统有限公司	AeroInfo Systems Inc
浩特利尔公司	L'Hotellier
荷兰达门斯海尔德海军造船厂	Damen Schelde Naval Shipbuilding
荷兰电信设备公司	N. V. Hollandse Signaalapparaten
黑鸟技术公司	Blackbird Technologies
亨格勒计算机咨询公司	Henggeler Computer Consultants Inc.
横河电机公司	Yokogawa Electric
华欧航空培训及支援中心	Hua – Ou Aviation Training Centre & Support Centre
霍尔斯顿陆军弹药厂	Holston Army Ammunition Plant, HSAAP
霍克·西德利公司	Hawker Siddeley Group
霍兰鱼雷艇公司	Holland Torpedo Boat Company
霍尼韦尔宇航与防务服务公司	Honeywell Aerospace and Defence Services
机器人协作技术联盟	Robotics Collaborative Technology Alliance, RCTA
机载多情报实验室	Airborne Multi – INT Laboratory, AML
基诺莎电力系统部	Electric Systems Kenosha
吉凯恩 – 韦斯特兰直升机公司	GKN – Westland Helicopters
集宝公司	Chubb Company
技术与职业培训公司	Technical and Vocational Training Corporation
加拿大兵工厂有限公司	Canadian Arsenals Ltd. , CAL
波音加拿大飞机公司	Boeing Aircraft of Canada
加拿大联合飞机公司	United Aircraft of Canada, UAC
加拿大普惠飞机有限公司	Canadian Pratt & Whitney Aircraft Limited
加州技术公司	CA Technologies
尖端光电科技公司	Cutting Edge Optronics, CEO
江西昌河阿古斯特直升机有限公司	Jiangxi Changhe Agusta Helicopter, CAH
杰普逊·桑德森公司	Jeppesen Sanderson
金库普公司	Gen Corp
进步设计局	TsSKB Progress
矩阵联盟	Metrix Consortium
军人培训联盟	Warrior Training Alliance

卡耐基·梅隆大学	Carnegie Mellon University，CMU
开放内核实验室	Open Kernel Labs，OK Labs
开利公司	Carrier Corporation
凯德多依格拉公司	Kidde Deugra
凯德格莱维诺公司	Kidde Graviner
凯德航空航天公司	Kidde Aerospace
凯德航空航天与防务澳大利亚公司	Kidde Aerospace & Defense – Australia
凯德航空航天与防务公司	Kidde Aerospace and Defense，KAD
凯德双谱公司	Kidde Dual Spectrum
凯德消防安全公司	Kidde Company
康普凯研究公司	Compucat Research Pty. Ltd
康斯伯格集团	Kongsberg
康维尔公司	Convair
考爱岛导弹试验靶场	Kauai Test Facility，KTF
考达咨询公司	CORDA
科泰克公司	Ktech Corporation
可视化分析有限公司	Visual Analytics Incorporated
克拉弗勒姆有限公司	Claverham Limited
克朗普顿技术集团公司	Crompton Technology Group Limited，CTG
空间联盟（泰雷兹集团）	Space Alliance
空军情报分析局	Air Force Intelligence Analysis Agency
空军研究试验室	Air Force Research Laboratory，AFRL
空客（北京）工程技术中心	The Airbus （ Beijing ） Engineering Centre，ABEC
空中客车防务与航天公司	Airbus Defence and Space，ADS
空中客车工业公司	Airbus Industrie
空中客车公司	Airbus S. A. S.
空中客车集团	Airbus Group NV
空中客车集团	Airbus Group SE
空中客车军用飞机公司	Airbus Military
空中客车零件中心	Airbus Spares Centre
空中客车美国制造中心	Airbus U. S. Manufacturing Facility
空中客车美洲公司	Airbus Americas
空中客车培训中心	Airbus Training Centre
空中客车直升机公司	Airbus Helicopters S. A.

空中客车直升机公司德国分公司	Airbus Helicopters Deutschland
空中客车直升机公司美国分公司	Airbus Helicopters, Inc
空中客车直升机公司西班牙分公司	Airbus Helicopters España
空中客车直升机公司英国分公司	Airbus Helicopters UK Ltd
空中客车中东公司	Airbus Middle East
空中客车中国有限公司	Airbus China Company Limited
快速成型中心	Rapid Prototyping Center
奎奈蒂克集团	QinetiQ Group plc
拉蒂埃—菲雅克公司	Ratier – Figeac
莱昂纳多公司	Leonardo Company
劳伦斯伯克利国家实验室	Lawrence Berkeley National Laboratory, LBNL
勒奈尔系统国际公司	Lenel Systems International, Inc
雷德福陆军弹药厂	Radford Army Ammunition Plant, RAAP
雷卡尔电子公司	Racal Electronics
雷神 BBN 技术公司	Raytheon BBN Technologies
雷神 Solipsys 公司	Raytheon Solipsys
雷神埃尔坎光学技术公司	Raytheon ELCAN Optical Technologies
雷神安舒茨巴西分公司	Raytheon Anschuetz do Brasil
雷神安舒茨公司	Raytheon Anschütz GmbH
雷神安舒茨上海分公司	Raytheon Anschütz Shanghai Office
雷神安舒茨圣地亚哥分公司	Raytheon Anschütz US Office, San Diego
雷神安舒茨新加坡分公司	Raytheon Anschuetz Singapore
雷神安舒茨英国分公司	Raytheon Anschütz Portsmouth
雷神澳大利亚公司	Raytheon Australia Pty Ltd
雷神采购公司	Raytheon Procurement Company
雷神德国公司	Raytheon Deutschland GmbH
雷神格伦罗西斯芯片设计和制造铸造厂	Raytheon Glenrothes Chip Design and Manufacturing Foundry
雷神公司	Raytheon Company, Raytheon
雷神公司情报信息服务部	Intelligence, Information and Services, IIS
雷神极地服务公司	Raytheon Polar Services Company, RPSC
雷神技术服务公司	Raytheon Technical Services Company LLC, RTSC
雷神加拿大公司	Raytheon Canada Limited, RCL
雷神可视化分析公司	Raytheon Visual Analytics Incorporated, RVAI
雷神全球商业服务集团	Raytheon Global Business Services, GBS

雷神赛博产品公司	Raytheon Cyber Products, RCP
雷神特立杰公司	Raytheon Teligy, Inc.
雷神系统法国公司	Raytheon Systems France, RSF
雷神系统有限公司	Raytheon Systems Limited, RSL
雷神信赖计算机解决方案公司	Raytheon Trusted Computer Solutions, RTCS
雷神英国公司	Raytheon UK Limited
雷神制造公司	Raytheon Manufacturing Company
雷神专业服务公司	Raytheon Professional Services GmbH
雷神专业服务有限责任公司	Raytheon Professional Services LLC, RPS
利比亚航空工业公司	Libyan Company for Aviation Industry
利比亚意大利先进技术公司	Libyan Italian Advanced Technology Company, LIATEC
利顿工业公司	Litton Industries
联邦科学与工业研究组织	Commonwealth Scientific and Industrial Research Organisation, CSIRO
联合发射联盟	United Launch Alliance L. L. C. , ULA
联合飞机公司	United Aircraft Corporation
联合飞机与运输公司	United Aircraft and Transportation Corporation, UATC
联合国防工业公司	United Defense Industries, UDI
联合国家集成中心	Joint National Integration Center, JNIC
联合航空运输公司	United Air Lines Transport
联合技术公司建筑与工业系统业务部	UTC Building & Industrial Systems
联合技术航空航天系统公司	UTC Aerospace Systems, UTAS
联合技术航空航天系统公司工程聚合物产品部	Engineered Polymer Products, EPP
联合技术航空航天系统公司全球工程中心	Global Engineering Center
联合技术环境、控制与安防部	UTC Climate, Controls & Security, CCS
联合技术消防安防公司	UTC Fire & Security
联合技术研究中心	United Technologies Research Center, UTRC
联合技术远东公司	United Technologies Far East Ltd
联合空间联盟	United Space Alliance, USA
罗克韦尔国际公司	Rockwell International Corporation
洛克希德·马丁公司	Lockheed Martin Corporation, LMC
洛克希德·马丁公司先进技术中心	Lockheed Martin Advanced Technology Center, ATC

洛克希德·马丁航空公司	Lockheed Martin Aeronautics Company
洛克希德·马丁全球公司	Lockheed Martin Global Inc.
洛克希德·马丁网络安全联盟	Lockheed Martin Cyber Security Alliance
洛克希德飞机公司	Lockheed Aircraft Company
洛克希德公司	Lockheed Corporation
洛斯阿拉莫斯国家实验室	Los Alamos National Laboratory, LANL
洛希德飞行器制造公司	Loughead Aircraft Manufacturing Company
麻省理工学院	Massachusetts Institute of Technology, MIT
马丁·玛丽埃塔公司	Martin Marietta Corporation
马恒达集团	Mahindra & Mahindra
马基公司	Aermacchi
马可尼北美公司	Marconi North America
马来西亚皇家海军	Malaysian Royal Navy
马来西亚沙布拉安全技术公司	Sapura Secured Technologies
马里兰大学巴尔的摩分校 bwtech@ UMBC 研究园	University of Maryland, Baltimore County's Research & Technology Park
马林股权合作伙伴公司	Marlin Equity Partners
马萨诸塞州运输部	Massachusetts Department of Transportation
马塞尔·达索工业集团	Groupe Industriel Marcel Dassault, GIMD
马特拉·英国航宇动力公司	Matra BAE Dynamics, MBD
马特拉航空航天动力公司	British Matra BAe Dynamics
马歇尔航天中心	Marshall Space Flight Center, MSFC
玛雅维兹有限公司	MAYAVizLtd
迈克菲公司	McAfee
麦克唐纳·道格拉斯公司	McDonnell – Douglas Corporation
曼恩航空集团（工程公司）	Mann Aviation Group（Engineering Ltd.）
美蓓亚集团	Minebea Group
美国 MTC 技术公司	MTC Technologies Inc.
美国电话电报公司	AT&T
美国电力转换公司	APC by Schneider Electric
美国防御信息系统局	Defense Information Systems Agency, DISA
美国高等研究计划署网络	Advanced Research Projects Agency Net, ARPANET
美国国防部高级研究计划局	Defense Advanced Research Projects Agency, DARPA
美国国防情报局	Defense Intelligence Agency

美国国家地理空间情报局	National Geospatial – Intelligence Agency, NGA
美国国家海洋和大气管理局	National Oceanic and Atmospheric Administration, NOAA
美国国家核安全管理局	National Nuclear Security Administration, NNSA
美国国家侦察局	National Reconnaissance Office, NRO
美国海军供应系统司令部	U. S. Naval Supply Systems Command
美国海军海上系统司令部	Naval Sea Systems Command, NAVSEA
美国海军航空系统司令部	U. S. Naval Air Systems Command, NAVAIR
美国海军军事海运司令部（海上补给司令部）	Military Sealift Command
美国海外海运集团	General Dynamics American Overseas Marine LLC, AMSEA
美国航空公司	American Aviation Corporation
美国航空武器中心	Air Armament Center
美国空间和海上作战中心	Space and Naval Warfare Systems Center, SSC
美国空军第九侦察联队	U. S. Air Force 9th Reconnaissance Wing
美国空军空间导弹系统中心	U. S. Air Force Space and Missile Systems Center, SMC
美国空军气象中心	Air Force Weather, AFW
美国跨领域解决方案办公室	Unified Cross Domain Management Office, UC-DMO
美国联邦航空管理局	Federal Aviation Administration, FAA
美国联邦资助研发中心	Federally Funded Research and Development Centers, FFRDC
美国联合技术公司	United Technologies Corporation, UTC
美国陆军空间与导弹防御司令部未来作战中心	U. S. Army Space and Missile Defense Command Future Warfare Center
美国陆军空中战术服务司令部	U. S. Army's Air Tactical Service Command, ATSC
美国陆军装甲旅战斗队	Armored Brigade Combat Team, ABCT
美国玛丽埃塔公司	American Marietta Corporation
美国喷气工业公司	American Jet Industries
美国器械公司	American Applicance Company
美国摄影测量与遥感学会	American Society for Photogrammetry and Remote Sensing, ASPRS
美国网域存储技术有限公司	NetApp
美国总务管理局	General Services Administration, GSA
美捷特公司	Meggit PLC

米克洛拉姆布达公司	Microlambda
米拉贝尔航空航天中心	Mirabel Aerospace Centre
米罗技术公司	Miro Technologies
摩托罗拉公司综合信息系统集团	Motorola's Integrated Information Systems Group
莫瓦格公司	MOWAG GmbH
墨西哥海军	Mexican Navy
墨西哥航空服务公司	Aeroservicios Especializados, S. A. de C. V. , ASESA
耐特沃克斯伙伴公司	Niteworks
南澳大利亚乌美拉试验场	Woomera Test Range
南非丹尼尔公司	Denel SOC Ltd
南加利福尼亚州大学	University of Southern California, USC
南加州大学—洛克希德·马丁量子计算中心	USC—Lockheed Martin Quantum Computation Center, QCC
内华达国家安全区(内华达试验场)	Nevada National Security Site, NNSS
牛津经济研究院	Oxford Economics
纽波特纽斯造船公司	Newport News Shipbuilding
纽约橡胶公司	New York Rubber Company
诺德米科公司	Nord – Micro AG & Co OHG
诺斯洛普·格鲁曼网络安全研究联盟	Northrop Grumman Cybersecurity Research Consortium, NGCRC
诺斯洛普·格鲁曼网络学院	Northrop Grumman Cyber Academy
诺斯洛普·格鲁曼综合防务服务公司	Northrop Grumman Integrated Defence Services Pty Limited, IDS
诺斯洛普·格鲁曼公司	Northrop Grumman Corporation
诺斯洛普·格鲁曼公司导弹工程中心	Missile Engineering Center
诺斯洛普·格鲁曼公司无人系统保障中心	Unmanned Systems Sustainment Center, USSC
诺斯洛普·格鲁曼斯伯利航海公司	Northrop Grumman Sperry Marine B. V. , Sperry Marine
诺斯洛普飞机公司	Northrop Aircraft Corporation
诺斯洛普公司	Northrop Corporation
欧洲导弹集团	Matra BAE Dynamics Alenia, MBDA
欧洲导弹集团德国分公司	MBDA Deutschland GmbH
欧洲航空航天局	European Space Agency, ESA
欧洲鹰公司	EURO HAWK ® GmbH
欧洲宇航防务集团	European Aeronautic Defense and Space Company NV, EADS

欧洲宇航防务集团德国分公司	EADS Deutschland GmbH
欧洲战斗机公司	Eurofighter Jagdflugzeug Gmbh
欧洲直升机集团	Eurocopter Group
帕米拉基金公司	Permira Funds
派克沃克斯公司	Pikewerks Corporation
佩奇航空航天公司	Page Aerospace Limited
喷气机航空公司	Jet Aviation
普渡大学	Purdue University
普惠艾特航空制造（成都）有限公司	Pratt & Whitney Aerotech Manufacturing Co. Ltd
普惠飞机公司	Pratt& Whitney Aircraft Company
普惠公司	Pratt & Whitney Company
普惠公司火箭动力业务部	Pratt & Whitney Rocketdyne
普惠管理（上海）有限公司	Pratt & Whitney Management （Shanghai） Co., Ltd
普惠航空动力业务单元	Pratt & Whitney AeroPower
普惠加拿大公司	Pratt & Whitney Canada, P&WC
普惠军用发动机业务单元	Pratt & Whitney Military Engines
普惠中国公司	Pratt & Whitney China
普惠中国客户培训中心	Pratt & Whitney China Customer Training Center
普莱特和惠特尼飞机公司	Pratt & Whitney Aircraft Company
普雷斯顿航空解决方案公司	Preston Aviation Solutions
普利迈克斯技术公司	Primex Technologies Inc.
普利司通股份有限公司	Bridgestone
钱斯·沃特公司	Chance Vought Corp
全球网络靶场	Global Cyber Range
全球研究所	Institute for Global Studies
任务系统和培训公司	Mission Systems and Training, MST
日本防卫省	Japanese Ministry of Defence
日本陆上自卫队	Japan Ground Self – Defence Force
日本三菱重工集团	Mitsubishi Heavy Industries, MHI
日本未来产业金属与复合材料研究发展院	Research and Development Institute for Metal and Composites for Future Industries, RIMCOF
日本宇宙航空研究开发机构	Japanese Aerospace Exploration Agency, JAXA
日立集团	Hitachi

荣汉斯微技术公司	JUNGHANS Microtec GmbH
瑞典国防装备管理局	Swedish FMV
瑞莫提克公司	Remotec Inc
萨博公司	Saab AB
萨凡纳工厂	Savannah Plant
萨凡纳航空中心	Savannah Air Center
萨芬纳意大利公司	Sfena Italia Company
萨吉姆公司	Sagem
萨拉姆飞机公司	Alsalam Aircraft Company
萨马拉航天中心	Samara Space Center, TsSKB – Progress
萨马拉中央设计局	TsSKB Central Samara Design Bureau
塞莱克斯·埃尔萨格公司	SELEX Elsag
塞莱克斯·伽利略公司	SELEX Galileo Inc.
塞莱克斯 ES 公司	SELEX ES S. p. A
塞莱克斯通信公司	SELEX Communications
塞莱克斯系统集成公司	SELEX Sistemi Integrati
塞莱尼亚电子工业公司	Selenia Industrie Elettroniche Associate
塞列尼亚公司	Selenia
赛峰集团	Safran Group
赛孚耐公司	SafeNet, Inc
赛克斯坦特航空电子公司	Sextant Avionique
赛门铁克公司	Symantec
三星道达尔石化公司	Samsung Total Petrochemicals
三星泰雷兹公司	Samsung Thales Co. Ltd
三星特克温公司	Samsung Techwin
三星综合化学公司	Samsung General Chemicals
桑迪亚公司	Sandia Corporation
桑迪亚国家实验室	Sandia National Laboratories, SNL
桑迪亚基地	Sandia Base
桑迪亚科技园	Sandia Science & Technology Park, SSTP
桑迪亚科技园开发公司	Sandia Science & Technology Park Development Corporation, SSTPDC
沙特阿拉伯国防航空部	Kingdom of Saudi Arabia's Ministry of Defense and Aviation
沙特阿拉伯国民警卫队	Saudi Arabian National Guard, SANG

沙特阿拉伯国王大学	King Saud University
沙特阿拉伯航空公司	Saudi Arabian Airlines
沙特先进产业公司	Saudi Advanced Industries Company
上海雏鹰科技有限公司	Shanghai Little Eagle Science and Technology
上海普惠飞机发动机维修有限公司	Shanghai Pratt & Whitney Aircraft Engine Maintenance Company
上海西科斯基飞机有限公司	Shanghai Sikorsky Aircraft Company
圣乔治奥公司	San Giorgio Company
胜德斯特兰德公司	Sundstrand Corporation
数字接收器技术公司	Digital Receiver Technology, DRT
数字系统资源公司	Digital Systems Resources, DSR
斯巴宇航公司	Spar Aerospace Limited
斯伯利陀螺罗盘公司	Sperry Gyrocompass
斯德哥尔摩国际和平研究所	Stockholm International Peace Research Institute, SIPRI
斯蒂尔曼飞机公司	Stearman Aircraft Company
斯卡尔德复合材料公司（比例复合材料公司）	Scaled Composites, LLC
斯塔赛克公司	Stratsec. net Pty Ltd
斯塔森姆公司	Starsem
斯泰尔－戴姆勒－普赫股份公司	Steyr－Daimler－Puch AG
斯泰尔－戴姆勒－普赫有限责任公司	Steyr－Daimler－Puch Spezialfahrzeug GmbH
斯托特航空公司	Stout Airlines
斯维德尼克公司	PZL－ŚWIDNIK S. A.
松下株式会社	Panasonic
苏格兰航空公司	Scottish Aviation
苏格兰航空学院公司	Scottish College of Aviation Ltd
苏霍伊航空控股公司	Sukhoi Aviation Holding Company（JSC）
苏霍伊民用飞机公司	Sukhoi Civil Aircraft Corporation, SCAC
索诺马光子学公司	Sonoma Photonics, Inc. , SPI
太空探索公司	SpaceX
太平洋航空产品公司	Pacific Aero Products Company
太平洋航空运输公司	Pacific Air Transport, Inc
太阳微系统公司	Sun Microsystems
泰雷兹阿莱尼亚宇航公司	Thales Alenia Space SAS
泰雷兹安全解决方案与服务公司	Thales Security Solutions & Services
泰雷兹澳大利亚公司	Thales Australia Ltd

泰雷兹北美公司	Thales North America
泰雷兹导弹电子公司	Thales Missile Electronics
泰雷兹德国公司	Thales Deutschland GmbH
泰雷兹电子交易公司	Thales E – Transactions
泰雷兹防务系统部	Thales Defence Systems Division
泰雷兹防务与安全公司	Thales Defense & Security, Inc.
泰雷兹戈尔根朱勒基地	Thales Gorgonzola Site
泰雷兹光电子公司	Thales Optronique
泰雷兹国际印度有限公司	Thales International India Pvt. Ltd.
泰雷兹航空电子公司	Thales Avionics Inc
泰雷兹荷兰公司	Thales Nederland BV
泰雷兹机载系统公司	Thales Systèmes Aéroportés SAS
泰雷兹基耶蒂基地	Thales Chieti Site
泰雷兹集团	Thales Group
泰雷兹空中交通管理公司	Thales Atm
泰雷兹雷神系统公司	Thales Raytheon Systems Company LLC, TRS
泰雷兹美国防务和安全公司	Thales USA Defense and Security, Inc
泰雷兹美国公司	Thales USA, Inc
泰雷兹培训学院	Thales Training Academy
泰雷兹日本株式会社	Thales Japan Kabushiki Kaisha, TJKK
泰雷兹软件印度有限公司	Thales Software India Pvt. Ltd
泰雷兹塞斯托—菲奥伦蒂诺基地	Thales Sesto Fiorentino Site
泰雷兹通信公司	Thales Communications
泰雷兹韦尔贾泰基地	Thales Vergiate Site
泰雷兹西班牙公司	Thales Espana Grp, SAU
泰雷兹先进武器系统公司	Thales Advanced Weapon Systems
泰雷兹意大利公司	Thales Italia SpA
泰雷兹印度有限公司	Thales India Pvt. Ltd.
泰雷兹英国公司	Thales UK Ltd
泰雷兹元件公司	Thales Components Corporation
汤姆逊－布朗特公司	Thomson – Brandt
汤姆逊无线电公司	Thomson – CSF
汤姆逊无线电赛克斯坦特意大利公司	Thomson – CSF Sextant Italia
汤姆逊无线电信号设备公司	Thomson CSF Signaal
汤姆逊—休斯顿电力公司	Thomson – Houston Electric Corp

汤姆逊—休斯顿法国分公司	Compagnie Française Thomson – Houston, CFTH
汤普森—拉莫—伍尔德里奇公司	TRW Incorporated
特里达因车载系统公司	Teledyne Vehicle Systems
特里达因瑞安航天公司	Teledyne Ryan Aeronautical
特尼克斯防务公司	Tenix Defence
天文航天公司	Astro Aerospace
天文研究公司	Astro Research Corporation
通用电气公司	General Electric Company, GE
通用动力 C4 系统公司	General Dynamics C4 Systems
通用动力电船公司	General Dynamics Electric Boat, GDEB
通用动力公司	General Dyanmics Corporation, GD
通用动力公司海上系统集团	General Dynamics Marine Systems Group
通用动力公司航空航天集团	General Dynamics Aerospace Group
通用动力国家钢铁造船公司	General Dynamics National Steel and Shipbuilding Company, NASSCO
通用动力海上系统集团	General Dynamics Marine Systems Group
通用动力机器人系统公司	General Dynamics Robotic Systems Inc. , GDRS
通用动力加拿大公司	General Dynamics Canada, GD Canada
通用动力军械与战术系统 Simunition 作战公司	General Dynamics Ordnance and Tactical Systems – Simunition Operations, Inc.
通用动力军械与战术系统公司	General Dynamics Ordnance and Tactical Systems
通用动力军械与战术系统公司加拿大瓦莱菲尔德分公司	General Dynamics Ordnance and Tactical Systems – Canada Valleyfield Inc
通用动力军械与战术系统加拿大公司	General Dynamics Ordnance and Tactical Systems – Canada Inc. , GD – OTS Canada
通用动力军械与战术系统加拿大公司雷朋堤尼装载、组装、包装工厂	GD – OTS Canada Load, Assemble and Pack Plant
通用动力军械与战术系统加拿大公司尼克利特检验、测试与评估办公室	GD – OTS Canada Proofing, Testing and Evaluating Site
通用动力军械与战术系统加拿大公司圣奥古斯丁德摩尔金属锻造工厂	GD – OTS Canada Metal Forming Plant
通用动力军械与战术系统加拿大公司瓦莱菲尔德含能材料工厂	GD – OTS Canada Valleyfield Energetic Materials Plant
通用动力陆地系统澳大利亚公司	General Dynamics Land Systems – Australia
通用动力陆地系统公司	General Dynamics Land Systems, GDLS

通用动力陆地系统加利福尼亚技术中心	General Dynamics Land Systems – California Technical Center
通用动力陆地系统加拿大公司	General Dynamics Land Systems – Canada
通用动力媒体件公司	General Dynamics Mediaware
通用动力欧洲陆地系统德国公司	General Dynamics European Land Systems – Germany
通用动力欧洲陆地系统公司	General Dynamics European Land Systems, GDELS
通用动力欧洲陆地系统捷克公司	General Dynamics European Land Systems – Czech, s. r. o. , GDELS – Czech
通用动力欧洲陆地系统莫瓦格公司	General Dynamics European Land Systems – Mowag GmbH
通用动力欧洲陆地系统圣塔芭芭拉公司	General Dynamics European Land Systems – Santa Bárbara Sistemas
通用动力欧洲陆地系统斯泰尔公司	General Dynamics European Land Systems – Steyr
通用动力全球成像技术公司	General Dynamics Global Imaging Technologies
通用动力任务系统公司	General Dynamics Mission Systems
通用动力卫星通信技术公司	General Dynamics SATCOM Technologies
通用动力无线服务公司	General Dynamics Wireless Services
通用动力先进信息系统公司	General Dynamics Advanced Information Systems, GD – AIS
通用动力信息技术公司	General Dynamics Information Technology, GDIT
通用动力信息技术英国分公司	General Dynamics Information Technology Limited UK
通用动力信息系统技术集团	Information Systems and Technology Group
通用动力英国有限公司	General Dynamics UK Limited, GD UK
通用动力中东分公司	General Dynamics – Middle East
通用动力作战系统集团	Combat Systems Group
通用汽车防务公司	GM Defense
通用汽车防务公司澳大利亚分公司	General Motors Defence Australia
通用汽车公司	General Motor Cars
通用汽车加拿大公司柴油机分公司	Diesel Division General Motors of Canada
土耳其国家铁路	Turkish State Railways
土耳其航宇工业集团	Turkish Aerospace Industries, TAI
土耳其努罗尔控股公司	Nurol Holding of Turkey
托诺帕试验场	Tonopah Test Range, TTR

湾流航空公司	Gulfstream Aerospace Corporation
湾流美国公司	Gulfstream American
威睿公司	VMware
微电子产品与服务公司	Microelectronic Products & Services, MPS
韦里迪安公司	Veridian
维格集团	VEGA Group PLC
维格咨询服务公司	VEGA Consulting Services
温思劳救生筏公司	WINSLOW™ LifeRaft Company
无人机战斗实验室	UAV Battlelab
武器评估测试实验室	Weapons Evaluation Test Laboratory
西安安泰叶片技术有限公司	Xi'an Airfoil Technology Co. Ltd
西安中航汉胜航空电力公司	Xi'an AVIC UTAS Aviation Electric Co., Ltd. , AUAE
西班牙公共工程部	Spanish Ministry of Public Works
西班牙国防部	Spanish Ministry of Defence
西班牙国家工业研究所	Instituto Nacional de Industria, Spanish National Industrial Institute, INI
西班牙航空制造公司	Construcciones Aeronáuticas SA, CASA
西班牙机场与航空管理局	Aerospuertos Españoles y Navegaciòn Aerea, AENA
西班牙加那利航空公司	Spain's Binter Canarias
西科斯基飞机公司	Sikorsky Aircraft Corporation
西科斯基航空工程公司	Sikorsky Aero Engineering Corporation
西科斯基航空公司	Sikorsky Aviation Corporation
西科斯基航空航天服务公司	Sikorsky Aerospace Services, SAS
西科斯基吉事通直升机公司	Sikorsky's Keystone Helicopter
西科斯基联合飞机集团公司	Sikorsky's Associated Aircraft Group Inc. , AAG
西科斯基支持服务公司	Sikorsky Support Services Inc. , SSSI
西科斯基制造公司	Sikorsky Manufacturing Corporation
西图公司	CH2M Hill
西屋电气公司	Westinghouse Electric Corporation
下一代网络创新与技术中心	NexGen Cyber Innovation and Technology Center
先进概念与技术分部	Advanced Concepts & Technologies Division, AC&TD
橡树岭国家实验室	Oak Ridge National Laboratory

小口径弹药工厂	Industries Valcartier Inc. , IVI
新美国安全中心	Center for a New American Security, CNAS
新西兰国防军	New Zealand Defence Force
信赖计算机解决方案公司	Trusted Computer Solutions
信息系统和全球解决方案公司	Information Systems & Global Solutions, IS&GS
休斯电子公司	Hughes Electronics Corporation
休斯飞机公司	Hughes Aircraft Company
休斯莱茨光学技术公司	Hughes Leitz Optical Technologies Ltd
旋翼飞机航空电子创新实验室	Rotorcraft Avionics Innovation Laboratory, RAIL
雅马哈公司	Yamaha Motor Corporation
亚贡传感系统技术公司	Argon ST Inc.
以色列飞机工业公司	Israeli Aircraft Industries, IAI
以色列航空航天工业公司	Israel Aerospace Industries, IAI
以色列拉斐尔高级国防系统公司	Rafael Advanced Defense Systems Ltd
以色列叶片技术国际公司	Airfoil Technology International
易安信公司	EMC Corporation
意大利电子设备公司	Elettronica
意大利法塔公司	FATA SpA
意大利芬梅卡尼卡集团	Finmeccanica S. p. A.
意大利工业复兴集团公司	Istituto Per La Ricoctmzione Industriale, IRI
意大利国家研究所	The Italian National research Council, CNR
意大利行业经济研究所	Prometeia
意大利航空航天局	Agenzia Spaziale Italiana, Italian Splace Agency, ASI
意大利航空航天系统和国防工业协会	Federazione Aziende Italiane per l'Aerospazio, la Difesa e la Sicurezza, Italian Industries Association for Aerospace & Defence, AIAD
意大利航天技术区	Aerospace Technological Districts
意大利经济研究所	Società di Studi Economici, Nomisma, Economic Research Institute
意大利空间通信公司	Telespazio S. P. A.
意大利联合部队光导纤维网	Italian Joint Forces Optical Fibre Network, RIFON
意大利外交事务研究所	Istituto Affari Internazionali, Italian Institute of Foreign Affairs, IAI
意大利武装部队	Italian Armed Forces

银河宇航公司	Galaxy Aerospace Company
银色天空公司	SilverSky
印度防务陆地系统公司	Defence Land Systems India
印度斯坦航空公司	Hindustan Aeronautics Ltd
印度塔塔集团	Tata Sons
印度旋翼飞机有限公司	Indian Rotorcraft Limited, IRL
印尼电信公司	Telkom
英国 A. C. 科索公司	A. C. Cossor Company
英国皇家国际事务研究所	Royal Institute of International Affairs Chatham House, Chatham House
英国电气公司	English Electric Company
英国电气航空公司	English Electric Aviation Company
英国飞机公司	British Aircraft Corporation, BAC
英国国家航空交通服务控股公司	NATS Holdings
英国皇家空军	Royal Air Force
英国吉凯恩集团	GKN plc
英国马可尼公司	Marconi Company
英国宇航澳大利亚公司	British Aerospace Australia
英国宇航公司	British Aerospace, BAe
英国宇航公司北美公司	British Aerospace North America
英国宇航系统澳大利亚公司	BAE Systems Australia
英国宇航系统北美公司	BAE Systems North America
英国宇航系统德帝克公司	BAE Systems Detica
英国宇航系统公司	BAE Systems plc
英国宇航系统公司平台与服务业务部（国际）	Platforms & Services, International
英国宇航系统公司平台与服务业务部（美国）	Platforms & Services, US
英国宇航系统公司平台与服务业务部（英国）	Platforms & Services, UK
英国宇航系统公司赛博与情报部	BAE Systems Cyber & Intelligence
英国宇航系统公司先进技术中心	Advanced Technology Centre, ATC
英国宇航系统公司支线飞机公司	BAE Systems Regional Aircraft
英国宇航系统赫格隆茨分公司	BAE Systems Hägglunds AB
英国宇航系统美国分公司	BAE Systems Inc.
英国宇航系统沙特阿拉伯分公司	BAE Systems Saudi Arabia
英国宇航系统斯坦航空软件公司	BAeHAL Software Ltd, BAeHAL
英国宇航系统印度服务公司	BAE Systems India（Services）Pvt. Ltd
英国宇航系统应用情报业务部	BAE Systems Applied Intelligence

英国战车公司	Combat Vehicles（UK）
应用物理科学公司	Applied Physical Sciences
应用信号技术公司	Applied Signal Technology
应用智能实验室	Applied Intelligence Laboratories，AI Labs
原子能委员会	Atomic Energy Commission
约翰逊航天中心	Johnson Space Center
云帽技术公司	Cloud Cap Technology，CCT
瞻博网络公司	Juniper Networks
战斗机演示中心	Fighter Demonstration Center，FDC
战术级作战人员信息网	Warfighter Information Network – Tactical，WIN – T
长弓国际公司	LONGBOW International
真人临境实验室	Human Immersive Lab，HIL
支线运输机公司	Avionsde Transport Regional，ATR
直升机支持服务公司	Helicopter Support Inc.，HSI
殖民地弹药公司	Colonial Ammunition Company
中国航空器材进出口集团公司	China Aviation Supplies Import & Export Group Corporation
中国商用飞机制造公司	Commercial Aviation Corporation of China，COMAC
中国西安航空发动机集团有限公司	Xi'an Aircraft Industry（Group）Co.，Ltd
中航工业直升机公司	Avicopter
中航机电公司	AVIC Electromechanical Company Limited，AVIC EM
株洲南方普惠航空发动机有限公司	South Pratt & Whitney Aero – Engine Company，Ltd